毛利土地上的萊茵河

——帶你深度遊覽紐西蘭　　　　　　　南太井蛙・著

◆ 秋林野趣（周永傑／攝）

◆ 紐西蘭式生活（周永傑／攝）

◆ 瑪塔卡納市集上製作巧克力之婦人（本書作者／攝）

◆ 農夫市集上之磨刀人（本書作者／攝）

◆ 奧克蘭無上裝大巡遊（本書作者／攝）

◆ 納皮亞裝飾藝術節上的香車美人（本書作者／攝）

◆ 心愛之酒（本書作者／攝）

◆ 節日野餐的紐西蘭女孩（本書作者／攝）

◆ 紀念日的志願兵（本書作者／攝）

◆ 金色的大地（周永傑／攝）

◆ 天光雲影共徘徊（周永傑／攝）

◆ 至清之水（周永傑／攝）

◆ 廊前小憩（本書作者／攝）

◆ 瑪塔卡納小河弄舟之村童（本書作者／攝）

◆ 鳥島黃昏（周永傑／攝）

◆ 南島仲秋（周永傑／攝）

◆ 母親之河的出海口（本書作者／攝）

◆ 湖上飛鳥（周永傑／攝）

◆ 晚秋的劍橋鎮（本書作者／攝）

◆ 都鐸皇朝建築（羅托露瓦博物館）（本書作者／攝）

◆ 羅托露瓦近郊的紅杉（周永傑／攝）

◆ 晨之寧謐（周永傑／攝）

◆ 格倫威奇湖畔（本書作者／攝）

◆ 街頭彈唱的毛利少女（本書作者／攝）

◆ 秋陽下的湖波（周永傑／攝）

◆ 霧裡古鎮仍甜睡（周永傑／攝）

◆ 米佛遜灣的飛瀑流泉（周永傑／攝）

◆ 蒂卡帕湖畔之牧羊犬雕像（周永傑／攝）

◆ 萋萋黃草連雪山（周永傑／攝）

◆ 皇后鎮的蒸汽輪船（本書作者／攝）

◆ 箭鎮之秋（本書作者／攝）

本書使用之照片概為周永傑、孫嘉瑞之原創

寫在前面

　　曾有人問我：紐西蘭，地之南陲的這個小國，最美最值得一遊的地方在哪裡？每遇此問，必無言以對。居紐經年，足跡遍踏南北兩島、東西海岸，實在是推舉不出哪一處最美。其因無非就是處處皆美，也處處值得一遊。

　　許多人來過紐西蘭，在離去的瞬間都會心有遺憾，感到遺憾的不是紐西蘭不夠美，而是自己未能有足夠的時間去領略她無所不在的美。

　　來這個國家觀光，還真的不可以來也匆匆，去也匆匆，在調適時差生物鐘的同時，更要調適現代社會急驟緊迫的節奏與心態。你一旦踏上這塊土地，紐西蘭另類而獨特的風貌，會令你感到身在另一天地，你的心靈也就自由、鬆弛、解脫了。與此同時，你可能須要讓自己的身心都融入這一新天地。

　　每至一地觀光，感興趣的不外有三，一為景致，二為美食，三為民俗與歷史。前兩者許多紐國觀光手冊已多有圖文並茂之推介，惟後者的民俗與歷史見諸於文字的並不多。余非專門研究這方面的學者，只是記寫下旅途中所到之處的感受，這些感受是率性、即興的，所以只能算是浮光掠影。

　　在居住紐西蘭的歲月裡，一直思考何為「紐西蘭精神」？個人覺得紐西蘭精神就是人與人以及人與自然的和諧親密團結。

　　紐西蘭人很清楚地處偏遠南陲是先天劣勢，所以紐西蘭政府與人民一直努力跟國際接軌，人口少、內需市場小，妨礙了經濟發展。所以國民特別了強調合作，無論是生產還是服務，各行各業都必須考慮到是否達到世界標準，在國際市場是否俱備競爭力。

故海倫・克拉克（Helen Clark）總理任內，曾談到紐西蘭這個偏遠小國的生存之道，只能是主動積極聯繫世界，對世界作貢獻，在世界上包裝形象並行銷自己，否則人口這麼少，又離世界這麼遙遠，即使在某一天消失了，也未必會引人注意。

曾有人這樣形容：「紐西蘭的農產品，從奶粉、奇異果、再到羊毛等，都是農民合作創辦的企業。紐西蘭最重要的運動帆船賽，橄欖球，也是靠團隊合作才能應付大國的挑戰。觀察紐西蘭的發展，正是充滿著一小國如何化劣勢為優勢的精神。」

一位居住奧克蘭的記者拉塞爾・布朗曾經充滿感慨提到紐西蘭人的口頭禪「八號鐵絲」（number-eight wire），意指一個紐西蘭普通農民，僅用一根八號鐵絲（這是用來修築農場圍欄的標準鐵絲），就可以圓滿解決所有難題。

「八號鐵絲」概括了這個國家獨特的文化，它是孤立的地理位置以及先驅們創造出來的。只要靈機一動，就可以因陋就簡，白手起家，用紐西蘭式的發明，創造出工具或制訂出方針，在實用性和創造力的結合點，游刃有餘地找到解決問題的辦法。

有了這一紐西蘭文化與國民精神的產物，再加上大自然得天獨厚的恩賜，紐西蘭的魅力就更加沒法擋了。

其實在我心目中，紐西蘭最美的地方是我家的院子，有一株前人栽下的青蘋果樹，三兩株山茶，早春蜜鳥會在這裏歌唱，本書中許多文章是在花前樹下，在不聞市聲的靜謐中寫就。

親愛的讀者或未能被一一邀請來這小院作客，但你來到紐西蘭便已置身另一個大院子，那就是上帝的後花園。

目次

北島篇

一、紐西蘭北島遠北地區

Cape Reinga 雷英格海角—Kaitaia 凱第亞—Russell 羅素：雷英格海角與羅素鎮

在二百九十公尺高的懸崖上，我小心翼翼探出身子去，想看看下面那株八百年老樹，毛利人認為它的樹根下面隱藏著地獄之門，死者的靈魂就是從這裏躍下離開人間進入地獄的。斧削般的崖壁實在太陡峭，齊膝的山草也阻擋了視線，終於放棄尋找這株樹的打算，否則冒險的結果，說不定又有一個靈魂在此倉促地告別世界。

儘管重新修築了觀景台與步道，但雷英格海角（Cape Reinga）依然彌漫著一種地老天荒亙古不變的荒涼，那是人跡所湮沒或破壞不了的。雖然毛利神話把它視為毛伊魚尾，我總認為比作船舵更為貼切，它便是足下這近乎黑色的一道石壁，堅定地插入塔斯曼海與太平洋的波濤之中，引導著紐西蘭這艘諾亞方舟，駛向遠離紛爭的彼岸。

倚著被烈日炙得發燙的岩石，隨風偃伏的綠草黃花下面，是藍得醉眼的海水，由翠綠漸化為深藍。塔斯曼海這邊，有一帶沙丘，為青山綠水抹上一筆嫵媚的金黃。那邊卻只見草坡連著壁立的崖岸，面對太平洋強勁的海風，更多幾分冷峻的滄桑。

遊人幾近摩肩擦踵，十之八九感嘆已及海角天涯，在燈塔邊立著的方向標上，他們各自尋找家園的方向，然而水天一色間，有界或無際，天地之廣袤，卻為何不曾予人以些微少許的啟示?!

在我們日顯狹小陰暗的思想空間裡，善與惡已經逐漸停止交

鋒，因為惡似乎戰勝了善。再沒有一種宗教、哲學或政治，能夠消弭人心中對他人或群體的敵意、甚至仇怨。這已經與科技和知識無關，也與政治和社會無關，人心敗壞、道德淪亡應被視為人類遺傳基因的突變。

當今有那麼一種人總想「解構」，解構世界、解構歷史、解構文明、解構傳統、解構普世價值，其內心無非是意欲取而代之，即使才不足、力不及取代，起碼可以得到宣洩滿足，但這些人是沒有自我的理念與信仰的。他們不過是像殘存在雷英格海角下老樹間的霧靄，作為鬼魅魍魎的化身，張牙舞爪恫嚇旭日不要升起，留住黑暗籠罩世界任其肆虐施害而已。

同伴遞來一束採自路邊的野花，中斷了我「哲思」，登車再行至沙丘，駛入河中，水草叢生的兩岸，盡見返照著陽光的一片白沙。攀爬至頂，尖叫著飛速滑下，絕對是種全新的刺激體驗。

這裏的沙在乾燥時呈白色，見水後便現金黃。乾沙者，人在上面可以滑行；濕沙者，車在上面可以行駛。由雷英格海角附近開始的九十哩海灘，就是一條平坦寬闊的海上「高速公路」，儘管仍有潮水湧來，大巴小車風馳電掣地馳騁往來，輪下水花迸濺，蔚為奇觀。人類建造高速公路，每公里耗資百萬，還要保養維修。造物主略施小技，在此撮沙抹平為路，任憑風吹浪捲，千載暢行，萬年不變。

乘車飛馳於沙上水中，一邊是白浪翻捲，另一邊是沙堤綠樹，上有海鷗翱翔，下見企鵝信步，真是畢生難忘的奇異之旅。

曾經有個叫Te Kao的毛利勇士，沿這個近百公里長的海灘南下，跑了很遠的路到阿希帕拉（Ahipara），從Te Rarawa人這裏偷了兩筐甘薯，然後在Rarawa人憤怒的追逐下，又帶著贓物飛跑安然回家。為了紀念每年三月都會舉行Te Houtawea Challenge挑戰賽，以一場特殊馬拉松來隆重紀念這位甘薯大盜。

極具諷刺意味的是，在九十里海灘的起點卡塔亞（Kaitaia），至今仍有公開告示提醒人們，Te Kao 後繼有人，只不過他們偷的不再是甘薯，而是遊客的用品與汽車。世界著名的旅遊工具書「Lonely Planet」作者托尼，就在自己的書裡特別提到這一點，要求訪客把自己的汽車鎖好。雖然在南太平洋諸島，部族村社遺風仍存，互通有無甚至不問自取都很平常，但甘薯大盜的被紀念，總讓人覺得紀念了一些不值得提倡的東西。

在派希亞（Paihia）住下，卻一如既往地喜愛對岸的羅素（Russell）小鎮，海邊一列維多利亞老房子，幾乎都漆成悅目的奶油與淺灰，配以雪白通雕檐飾，散發著濃郁的英國風情。當年的英人已經在印度學會了門廊的設計與運用，除了可遮去紐西蘭並不強烈的陽光，還延伸了家居社交活動的空間，在三面開放的門廊裡，聆聽起居室裡飄來的琴聲，面向大海喝錫蘭紅茶，看灣中帆影幢幢，可能是當年這些海邊舊宅主人渡過的最美好時光之一。

紐西蘭聖誕樹的紅花業已開盡，針狀的落英鋪成一地暗紅，樹下擺著小桌三兩張，清亮晨曦中，連近得似乎可以撲到桌前的海水，都是柔柔的淡藍。只想坐在桌邊喝杯咖啡，畫點速寫，記下心中即興隨想。後悔沒帶那冊「大衛·考帕菲爾」來，在海的微風中讀狄更斯，唸經典之作，不僅可提昇「文化素養」，其實也是做人應有的「文化認知」。我之喜愛狄更斯，概因他首度把都市意識寫入英國文學，刻劃描寫社會黑暗面，表現工業文明的衝擊，充滿對小人物的憐憫，同情他們內心的掙扎、情感的衝突。他筆下那種深刻的人性與渾厚的博愛，從我還是個孩子時就影響了我！

羅素是個「小城故事多」的地方，城外 Maiki 山頂是當年毛利人四度砍倒米字旗之處，一八四五年，驍勇的毛利武士還將英軍逼退到水面軍艦上，最後羅素鎮在「冒險號」的加農炮火下被夷為平地。

　　除了毛利人與英人之爭，這裏的海灘還發生過「姑娘之
爭」，兩對來自海灣一南一北的毛利姑娘，為爭得布林德船長的
青睞大打出手，導致雙方親友族人加入混戰，在半個月的打鬥中
有數百人死傷。

　　「物種起源」說的發明人查爾斯・達爾文曾到過這裏，並捐過
款，他對這個有「太平洋地獄」之稱的紐國舊都，印象極惡劣，稱
其充斥著娼妓、流犯、捕鯨人、酒徒的「社會渣滓」。無人可以想
像羅素鎮會變成一個如此整潔優雅、古風猶存的渡假勝地。

　　遠北地區自古聚居著許多毛利人，數不清的傳說、神話以及
歷史事件與此地區有關，懷唐伊條約屋今已對紐西蘭國民免費開
放，從沉船上撈起的大炮，馴服地臥在海濱，任孩童騎跨玩要。
在博物館、觀光介紹以及史書中，原住民與殖民者的歷史，同樣
盡可能逐漸清晰地被還原、記述與解讀。這是一種尊重，而尊重
本身就是文明的體察，史觀或有不同，史實永遠只有一個。

　　記載、保存及了解歷史，不是為了挑起仇恨，而是讓人們不
要忘記，由於思想的執迷、制度的缺失、文化的差異、野心的擴
張，曾帶給人類多少殺戮衝突與災禍苦難。即使在這次旅程中，
儘管新年將要到來，電視新聞節目還是展現了加沙衝突的血腥場
面，教人看了唏噓不已。

　　在Kawakawa街頭邂逅一位金髮女車手，腳踏寶藍色摩托，當
我在路邊取景時，她耐心地等候著，待我拍完照片，才過來把車
子停泊好。她也是慕藝術廁所之名而來。在弗裏德裏希創作的這
件藝術品面前，獨行女車手虔誠地仰首望著那載滿野草的頂蓋，
中午強烈的陽光，教她瞇上了雙眼，與她搭訕了幾句，女車手友
善而矜持地微笑傾聽，並且細聲回答。不知她由何處來又往何處
去，或許她打工幾年積蓄買了這部漂亮的機車，趁青春年少，獨
自闖蕩天涯去圓自己曾經擁有的夢。

　　當我們乘坐的古董火車如蟻爬行般駛經公路，女車手駕車如離弦之箭一掠而過，瞬間越過松林夾道的山坡，消失在遠方。我想，她的快樂應是體驗在速度中，當風聲在耳邊呼嘯，人車合為一體，那種美妙的感覺除了動能的爆發與釋放，一定還有幾許突破束縛，獲得自由的歡快。於我而言，在經歷了人生苦旅的坎坷與顛簸之後，最受用的莫過於在紐西蘭徐徐穿越迷人的田原大地，欣賞渾然天成的如畫風光，讓前塵事影就此掠過，身在天涯海角，一樣可以重新開始別樣人生。

Waitangi懷唐伊—Kawakawa卡瓦卡瓦：懷唐伊與藝術廁所

　　每至年終似乎人人都談到渡假旅行這件事，家中一子一女，一個要冒險去軍法統治下的斐濟，一個已呼朋引伴，排妥了幾天的日程。為了不在家中與妻相視枯坐，也就去了一次島嶼灣。

　　在我看來，離開原來久居之處，到另一個地方待一段時間再回來，而目的既非公幹，又不是商務，就算作旅行的了。凡一旅程，除了遊山玩水、瞻仰古跡、享用美食，其實還有更深層的體驗，如何在旅行的過程中，透過藝術、文學以及個人的經驗來瞭解旅行的奧妙，從而產生獨特的見解，是很有趣而又經久難忘的。

　　英人艾倫・狄波頓將旅行比作一種藝術，他認為旅行代表著探索人生，掙脫工作的束縛，是「實踐的幸福」。說到底一個人離家遠行，穿州過省，許多時候是出於對奇穎鮮活的新事物新景象的期待，而旅途中的僕僕風塵，也帶給我們更多的衝擊與刺激。

　　我之所以對島嶼灣（Bay of Islands）心嚮往之，除了仰慕這裏的風景，恐怕還是嚮往懷唐依（Waitangi）這個地名，這一個決定紐西蘭命運的歷史遺跡，承載著了影響多少代後人的歷史。還有那聞名全球的卡瓦卡瓦藝術廁所，據說每年有十數萬遊人來此「小解」，皆為一睹它的風采。

　　開車經過奧克蘭的北岸，先抵達旺格雷（Whangarei），再前往派希亞（Paihia），駕車穿越北島的山林原野，從來都是賞心悅目的樂事。濃郁的夏綠，是大地的主色調，去冬深褐金紅的楊樹，如今枝葉繁茂，萬千葉片被田野上吹來的風掀動著，在強烈的陽光下，反射出金屬的熠熠閃光。雖是漫山濃綠，卻也綠得極有層次，富於變化，那是一種豐腴的色彩，呈現出飽滿的活力，悠遊的富足，而夏日山野的空氣又是那麼清爽，如同剛擠下的牛奶一般新鮮，令人感到你可以一口把它喝下去。

　　行前未及預訂酒店房間，而在網上查看則整個島嶼灣大小酒店概已爆滿。打定主意只要駛近派希亞，找到第一間酒店能有空房，就立刻住下。松林旅舍的老闆是義大利人，對房間收費標準支支吾吾，推諉說要由他太太來決定，待那位忙得團團轉的義大利婦人接待我們，一間剛騰出的空房，已經漲了一倍價錢。滿臉堆笑的她，手指正不耐煩地敲打著櫃檯，我相信她並不希望我們接受這個價錢，因為我們只住一宵。

　　過夜的地方有著落，進入派希亞鎮就氣定神閑了。海濱的一列鐵木結構建築，連接著碼頭，到海灣對面羅素鎮（Russell）的渡輪，一千六百匹馬力的噴氣快艇，往大岩洞與觀賞海豚的遊輪，都由這裏啟航。還有一艘中型遊艇，每晚出發在海灣諸島之間巡航，並供應海鮮晚餐，乘客還可在品嘗龍蝦生蠔的同時，近距離欣賞磅薄的哈魯魯瀑布。

　　派希亞，還有對面的羅素小鎮，都是酒店旅舍林立，渡假屋與豪宅華廈，更是多如牛毛，大街上都是畫廊、工藝品店和食肆酒廊比比皆是，到處擠滿了曬得像熟透的小龍蝦的遊客，在這裏可以聽到各國語言，見到線條優美的長腿，仿佛雕刻出來的肌肉，飄逸的金髮，比海水還要碧藍的雙眸。好像全世界各地的俊男美女，都擠到島嶼灣來了。

　　如要在派希亞和羅素兩城之間，二選其一，我會挑羅素。因為這個小城更古典，更清幽，透過開著紫花的路樹，可見到一幢幢殖民時代的老房子，小巧潔淨，被漆成柔和的淺棕淡黃。敞開的木門後面，穿蘇格蘭格子裙的孩子，正牽出一條毛茸茸的大狗來，可以看見屋頂上豎立著的鑄鐵風向標，鏽斑剝落，顯現出年代久遠的沉穩，更有著笑看塵囂的清高。

　　懷唐依條約遺址，嚴格說來只剩下四樣東西：條約之屋、毛利會堂，毛利戰舟和老旗杆。還有就是海邊那一片草坪了。

　　由於在當年是在帳篷裡簽約，當時照相術又剛剛發明不久，也沒能保存下簽約的照片。只有一幅由麥可畫的油畫，描繪了懷唐依條約簽訂的歷史場面。奇怪的是竟在遺址見不到這張畫的原作或複製品。

　　一八四零年，威廉・霍布森（William Hobson）乘坐的炮艦就停泊在島嶼灣的海面上，他和毛利酋長簽訂了兩個版本的懷唐依條約，留下許多招致爭議的瑕疵。有後人說是英人狡猾，故弄玄虛存心欺騙，然而更多人寧肯公允地認為，霍布森與其扈從，在擬訂文件之初，的確是因為缺乏條約談判經驗才留下這些漏洞敗筆。

　　懷唐依條約的起草人是雅各・巴斯比（James Busby），他是在一八三二至一八三九年間，受英國政府委派到紐西蘭保護英國利益的。巴斯比的一個突出表現，就是把許多北島的毛利族聯合在一起然後成立了「紐西蘭聯邦的部落酋長聯盟」（Confederation of the United Tribes of New Zealand）。

　　由於當時無政府無法律的現象嚴重，以及法國的威脅日增，毛利人也漸漸懼怕法國的入侵，巴斯比就替酋長們寫了一份請願書，要求英國女王的皇室保護。但英國必需在擁有新西蘭的主權這一前提下，才能依法實施保護。故在一八三九年時，英國殖民地辦公室委命威廉・霍布森（William Hobson）出任女王陛下的駐紐西蘭領事。霍布森被指示去「處理紐西蘭的原住民讓他們認可陛下在全部或部分島群的權利」。

　　一八四零年一月，霍布森從雪梨到紐西蘭，進行條約的前期準備，巴斯比撰寫條約的英文版，由傳教士亨利・威廉牧師（Henry Williams）去翻譯毛利語的版本，這個翻譯工作非常困難，因為有很多英文字找不到相同的毛利語同義詞。

　　同年二月六日，有四十五位毛利酋長跟英國政府在懷唐伊簽訂了條約。其後八個月裡，全紐西蘭的北島跟南島各個地區，一

共有三十九位元毛利酋長簽了條約的英文版本，五百一十二位酋長簽了毛利語的版本。

　　儘管懷唐伊條約仍出現許多詮釋有異的問題，但懷唐伊條約至今仍是法律與社會的重心，許多人都認為它是紐西蘭的立國檔，是保持種族關係平衡的一個支點。懷唐依條約，並沒有像大多數大英帝國與其殖民地所簽署的條約那樣，被遺忘與廢棄，而是作為立國檔，在存在爭議與受到質疑的同時，也更受到尊重。而且，毛利人雖然在過去因為這一條約，曾失去土地與權力；但在今天因為這一條約仍享受到補償與優待，成為世界上最舒服的原住民。

　　作為一個生活在紐西蘭的移民，的確應該對這段歷史有最粗淺的瞭解。走到那綠草如茵的高坡上，可以遠眺整個島嶼灣，當年英人的軍艦曾在這裏鳴炮，驚醒土著沉睡千年的古夢，在巨大的白色旗杆下徜徉，只見頭頂藍色的國旗獵獵迎風，在它下面不遠處的毛利戰舟，雖可盛載百名饒勇的武士，斬波劈浪，令人震慄，如今卻被拖到岸上，任人把玩，變作拍照存念的背景。重溫紐國這段令人難忘的歷史，憶古思今，怎能不感慨萬千?!

　　去懷唐伊必經一橋，極窄僅容一車駛過，兩端又沒有紅綠燈，甚至不設紐國常見的長短箭嘴以示何方先行的標誌，我們駛至橋中央，已見對面亦來一車，忽見橋身有一處已加工拓寬，容會車時駛入，方便靠邊相讓。就這樣兩邊來車，你避我讓，竟能相安無事暢通無阻。種族之間、人與人之間，往往也會遇到類似「冤家路窄」的狀況，有時不一定狹路相逢勇者勝，謙和禮讓，同樣可以雙贏互利。每年至此參與懷唐伊條約紀念活動的人們，經過此橋時不妨深思箇中道理。

　　歸途中繞道卡瓦卡瓦（Kawakawa），專程造訪舉世聞名的「藝術廁所」。僑居紐國的奧地利藝術家弗裏德裏希（Friedensreich hundertwasser），有見於一些城鎮日漸衰微，別具匠心創意在廳旁建造一座藝術廁所，每年拉動了十數萬遊人前來。

廁所的用料是前儲備銀行大樓拆下的碎瓷片，加上一些牛奶玻璃瓶、手製燒瓷，由紅色的腰鼓型圓柱、藍白相間的內牆、紅褐鵝卵石地板、金色圓球等組合而成，頂部是一片細小的黃草。

進入男廁，迎面只見一幅宛如教堂彩繪玻璃的奶瓶磚牆，透進來的陽光變幻不定，在這裏坐馬桶如廁，會令人產生置身教堂的錯覺。弗裏德裏希認為廁所經過藝術的改造，與教堂相似並非不可能。

我覺得這位藝術家和現代主義大師達利一樣，想像力豐富奇特，而且童心未泯，他的創作有著更多的波浪形弧線，異想天開的不規則變形，神來之筆的隨意造型。淘氣、嬉戲的背後，更有著反傳統的天馬行空。更難能可貴的是，他用自己的藝術才華，為紐西蘭留下了一個創意與實用結合的景點，一座有公用廁所功能的藝術雕塑，一處萬眾朝觀的「聖地」。

從廁所裡「朝聖」兼「方便」完出來，隔壁的女廁，輪候的女士的長龍，已擺到了夏日的豔陽下，大家都很有耐心地佇候著，因為人人心中都有數，除了「解決」之外，還要觀賞與拍照，花上比通常如廁多一倍的時間，不足為怪。一位好奇心過於強烈的女遊客，竟把頭探進男廁這邊來，真是人同此心，心同此理，我在男廁裡面時，聽到女廁那邊的驚歎聲與笑語，的確也曾心思，不知那邊是否風景獨好!?

每一個在此進出的遊人，毋論男女，都會有這種好奇的遺憾，留下對另一半未窺全貌的神秘感，或許這正是弗裏德裏希的創意其一吧？

Wairere Boulders 懷里里石谷：初探懷里里怪石谷

最近讀到一本叫《旅行就是一種 Shopping》的書，作者把旅行中用錢購物的實際消費，還有非物質的純精神消費，都歸成不同形式的 Shopping。這種很「潮」的觀念，我一時也很難接受。不過他下面這段話，倒說明作者是個觀光內行：「旅行一旦執著於別人幫我們寫好的旅行指南與既定的行程規劃，大概就會像一號國道上南北奔馳的運畜卡車裡的豬一樣，即使看到難得的景色也不知怎麼欣賞吧!?」

為了不做這隻豬，我去了懷里里怪石谷（Wairere Boulders）。駕車在沙塵漫天的山道上前行，除了驚飛一群又一群的麻雀，見不到人煙。心裡不免有點發怵與自嘲，是不是為了不做那頭在舒適車廂裡吭哧的懶豬，就必須成為一條奔波山野流浪的狗呢？

自怨自艾的理由是：懷里里怪石谷實在是太偏遠了，連 GPS 也沒有這個地名的顯示。

在入口的棚屋內，見到了來自瑞士的土木工程師費利克斯，一九八三年，他和妻子麗塔買下這片土地。四年後他們的狗追逐山羊，深入山谷，他們才發現這個堆滿怪石的地方。

在制訂開發規劃之後，夫妻二人花了近十年時間修築了棧道、木橋與步行小徑，並對公眾開放。

戴著牛仔帽的費利克斯，有一把白色的腮腮鬍子，體格健碩，秋涼時分，仍著短褲，露出兩條肌肉發達的毛腿。他給我看了施工的照片，在長達一公里多的荒谷裡，從巨石間清理掉叢生的灌木林與雜草，再修橋鋪路，可以想見工程之浩大與艱巨。

是為了賺錢嗎？只要看看門邊那只黃色的錢箱就明白了，來訪者自己放進十紐幣，就可以自行入內瀏覽，平時並無人管理，看來費利克斯並不是特別在意門票的收入。

　　在很少收費參觀景點的紐西蘭，十紐幣也許並不便宜了。但當我立在三十米高的巨石前面，撫摸那些寬達十多公分的宛如怪獸巨爪劃下的瓦楞坑紋時，就覺得這個奇景天成的山谷，真是個無價之寶。

　　很難想像是何種不可思議的神奇力量，把這麼多的巨石疏落有致地擺到了這裏，有通道鑽過石底，石壁間隙僅可一人側身擠過，還有石隙要躬身鑽過。據說這些巨石數百萬年是堆在山上的，因為地殼變動，坍陷形成山谷，這些巨石便堆積谷中，好像一條灰色石塊的溪流，被施了魔法，突然凝固不再流動似的。

　　一八五一年英國科研船「潘朵拉」號，在測繪紐西蘭海岸時，曾深入霍里昂加的懷里里山谷。其中一位叫傑克的紳士，在這裏見到了巨大的怪石以及佈滿山谷的密林。更令人吃驚的是，傑克在谷中居然見到了一位令人肅然起敬的蘇格蘭青年威廉‧韋伯斯特（William Webster）。

　　韋伯正在整理花園，他身後是自己建造的房屋，屋裡甚至有部他親手做的管風琴，可以想像傑克在深山見到這麼一座打磨得珵亮的大型風琴時，那種口呆目瞪的表情。

　　出生在蘇格蘭蒙德羅斯的韋伯，原先學醫，後來在一八四零年乘船抵達當地，一八四五年，他建立的紐西蘭第一座水力鋸木場啟動，處理砍伐下來的考裏樹。這應該是懷里里山谷人跡初至的最早記錄。

　　韋伯除了經營木材生意，還在當地行醫，深得毛利土著與歐裔移民敬重。可惜一場洪水摧毀了木材場，他把機器轉讓給一間麵粉廠，把圓盤鋸賣給了托馬斯‧亨德森。

　　如今在谷中那些有趣的步道行進，已經難尋韋伯等人在此生活的足跡，不過韋伯在一八四七年五月寫的一篇文章裡，曾描述自己在一次狩獵中，進入深谷在密林中乍見怪石的驚喜。

在長達差不多兩公里的石谷裡攀上爬下，是一種體驗也是一種考驗。主人還為許多怪石命名，「龍穴」在幾塊巨石的下面，要往下走一段路才能到達，洞內陰森潮濕，令人無心久留，趕快從另一個洞口爬出。西方人心目中的龍，都有像蝙蝠那樣的羽翼，口吐毒焰，窮凶極惡，藏身於此，恰到好處。

在陡立的石壁腳下，意外發現一叢Kawakawa，這種太平洋胡椒樹較少見於紐西蘭本島，卻廣植於薩摩亞、斐濟與東加王國，毛利人用它的葉片來療傷，其根部晒乾後可作「卡瓦」土酒飲用。土酒文化是南太平洋土著文化中的精粹之一，婚娶、生死以及酋長即位，甚至迎迓國家元首，一定要鄭重其事抬出土酒盆，由三兩壯漢唸唸有詞在盆中攪和一番，再畢恭畢敬用椰殼盛出奉上，只要遞給你，就非一飲而盡不可。在南太平洋，沒有「卡瓦」，島民土著將了無生趣。

園主費利克斯也知道Kawakawa，但只曉得嚼爛其葉可敷用傷口及瘡疥，聽我提及其根可製土酒，並且有紓緩壓力之奇效，他眼睛一亮，可惜沒有從奧克蘭家帶上一包「卡瓦」，否則即時可用山泉調製與大鬍子共飲之。

從谷中走回農場，不見怪石，又見牛羊，宛若換了天地。費利克斯不許可任何寵物進入山谷，在規劃連接各景點的步道、棧橋之初，他就考量到盡量保存整體自然生態環境，不濫伐草木，不露人工痕跡。費利克斯夫婦懷著對大自然的敬畏，與大自然合作創造出「懷里里怪石谷」這一奇觀，雖屬美景天成，卻也的確是因努力苦工才盡得人意。

從車裡回望，飛揚塵埃中只見費利克斯正往農舍走去，身材頎長的費利克斯太太倚門微笑迎接他，許是有一桌新鮮蔬果與剛烤好的小羊腿，正等著他去享用。路邊溪水潺潺，綠柳迎風，迎

面又來了一輛露營車，司機旁有個金髮小童，興奮地坐立不安、探頭探腦，想必也是充滿對懷里里怪石谷的期待而來！

Rawene拉威尼：海邊的「希臘農舍」

在達加維爾（Dargaville）郊野的路邊，停下來買了一袋沉甸甸的甘薯，剛剛掘起，土猶未乾。有輛紅色的拖拉機正在耙田，掀起漫天黃塵，這裏的砂質泥土極適宜薯類作物生長，所以達加維爾出產了全紐三分之二的甘薯。

由此沿著所謂貝殼杉海岸公路再往北，小鎮更小，人煙漸稀。一個多世紀前，這裏人聲鼎沸，伐木丁丁，響徹山林，當貝殼杉砍伐罄盡，又重歸一片荒涼。而官方環境保護的法規，禁止了對這個地區的再度開發，從穿越林海的公路前行，才又見挺拔的貝殼杉夾道相迎，卻沒有在其它地區無處不見的牧場。看來大自然的生機，惟依籍人煙稀少，方能景色天成，一旦塵囂所至，大自然必遭破壞，速現凋零。

蜿蜒的山道繞至奧普魯尼（Opononi）的山口，景致驀地豁然開朗，碧水中驚現一脈金黃沙丘，強烈的色彩對比，教人睜不開眼。身為藝術家的造物主，開天闢地之初，大筆一揮留下皚白冰川與綠原林莽，又點出湖泊，劃出河溪。許是興之所至，才在大片海藍中，童心未泯地點綴下這抹奪目的金黃。

拉威尼（Rawene），一個四百多人口的袖珍小鎮，就隱身在這片沙丘不遠的海濱。拉威尼像一個直角三角形的楔子插入海中，七、八家商店中就有三間畫廊。約翰的「希臘農舍」恰好在楔子的尖端，坐在陽臺上喝紅酒，可以聽見汽車渡輪的霧笛長鳴，連接遠北地區一號與十二號國道之間的渡輪十分繁忙，每半小時一班，幾乎班班滿載。

戴金絲眼鏡的約翰來自荷蘭，像個退休學者，兩側擺滿書籍的走廊，鋪著軟厚的織花地毯上，放著古舊但保養得很好的傢俱。漆成淡黃的板牆，懸著幾幀油畫，並非中國南方大芬村無名

畫匠流水作業的行貨，而是尼德蘭派風格的珍品。其中有張北歐田園寫生，那一樹繁花傾蓋著農舍房頂，有繽紛落英飄向如鏡的水面，雖經大半個世紀的歲月，畫面油彩仍鮮艷如新。

很喜歡在房門外的陽臺望海，波光粼粼的霍里昂加灣（hokianga）不見帆影，約翰夫人的黑貓和牠的主人一般友善，用光滑如緞的身子來蹭你的赤足，那雙綠色的眼睛，總教人覺得有種詭異的波斯風情。

鎮上還保留著幾幢古宅，醫院、教堂和酒店等，在克林頓（Clendon）街和帕耐爾（Parnell）街交界處的角落，有幢三角形的三層木屋，萍綠板牆，桔紅外框，檸黃窗戶，外加粉藍的飾條。這所童話色彩的木房子，以前是木工作坊，早期的英國移民在裡面製造門窗和棺材，現今成了畫廊，有位短髮的女畫家設計些彩繪玻璃出售。

在短髮女畫家對面是長髮毛利人的畫坊，他正忙著畫自己那些色調灰暗、筆觸生澀的油畫。畫坊同二十米開外的小餐館一樣，都是蓋在臨海的柱子上的鐵皮屋。不同的只是，餐館門口擺的桌椅，檯面上擱著咖啡和瑪芬餅，而畫坊外的小桌，卻放著一副玻璃刻的象棋，看上去似是擺出來未破解的古棋局，正等著哪位高人來過招。

毛利畫家還立了一塊告示牌，上書：「週五晚上小聚，請各位朋友帶來你們的故事與歌曲，無任歡迎。」

不知有沒有人帶來拉威尼興衰以及白種食人族的故事?!在來小鎮的途中，這些故事一直令人浮想聯翩。

十九世紀早期，紐西蘭公司在此地試圖安置首批移民的計劃宣告失敗，這一事實足以証明當時生活環境之險惡。惟獨詹姆斯‧赫爾德船長（Captain James Herd）在一八二二年從這裏成功運出第一船考裏木料，三年後赫爾德船長重返舊地，再伐木裝

船，其後還購買土地，建立船塢與木廠，拉威尼遂漸成形。儘管他購入土地的買賣備受質疑，但說赫爾德船長是拉威尼的奠基人，應該不無道理。

當然，在毛利與歐裔歷史同樣豐富多彩的霍里昂加，關於「食人族傑克」的神奇傳說，使赫爾德船長運考裏木的故事就顯得單調乏味。

傑克是從澳洲脫逃的苦役犯，他很幸運在大船上找到一份工作，一八零零年這艘船在霍里昂加海灣沉沒了。除了傑克和兩位同伴幸運逃生，全船人員全部葬身魚腹。

從叢林各處趕來的毛利武士抓住了傑克等三人，並在他面前宰了那兩名可憐的船員，做了一頓美味的人肉大餐。在一輪激昂的戰舞之後，傑克並不知道為什麼自己沒有被毛利人殺掉和煮熟，反而分得一份同伴的肉供他享用。更不可思議的是，他還得到了一位皮膚很白的毛利姑娘當老婆，等到傑克學會了毛利話，才弄懂了自己得以倖存的真正理由。

海難發生當天，傑克在混亂中碰傷了頭，撕了一塊被單包紮起來，毛利武士見了大塊白布包頭的傑克，誤把他當成擁有毛利「瑪那」（Mana意即神力）力量的大酋長，所以未敢殺他。

一八一七年歐洲商人造訪霍里昂加海灣一帶，遇見這位會講毛利話的歐裔食人族，他用流利的英語警告這些不速之客，切勿擅取當地用水，否則必遭殺身之禍。霍里昂加海灣有一位歐裔食人族的消息，自此廣為流傳。據說傑克還是造房能手，一些當地旅舍以及法官曼寧的府邸，概出自他手。

和紐西蘭其它地方一樣，拉威尼衛理公會教堂建在坡頂高處，造得特別堅固與典雅。原因其實很簡單，在繞過大半個地球的地之南陲，能把離鄉背井的拓荒者凝聚一起，給他／她們精神慰藉的，只有教堂了！在終日勞累以及對未來的憂慮中，教堂成

了大家彼此溫暖勉慰的心靈庇護之所。奇怪的是羅馬天主教在這所基督教教堂裡也佔有一部份，兩教派合用一堂，世所罕見。

夕陽下的克林頓豪宅，門窗緊閉，落葉蔽徑，這所一八六零年蓋的木屋怎麼看都說不上「豪華」。它曾是美國人克林頓（James Reddy Clendon）的私宅，從建築細部年久失修，可知拉威尼人一心維護屬於自己歷史，然而又力有不逮的難處。內子在克林頓的園子裡倒收獲頗豐，採得許多斐濟果，夠榨一杯鮮果汁作早餐用的了。

回到約翰的「希臘農舍」時，約翰正同夫人端著盤子吃晚餐，一邊收看六時的晚間新聞。他叮囑我趕快更衣，到起居室來和他聊天，我只當作是循例的客套，隨便應了一句便回了面海的小房間。其實在街上漫步時，心裡就惦念著房間外的陽臺，渴望倚著海棠綻開的圍欄，讀隨身帶來的《安妮日記》。那個十三歲的荷蘭猶太女孩，在匿藏的密室中寫下這本日記，其筆調之細膩，使人感覺得出她的呼吸與心跳，仿佛聞到那孩子淡淡的髮香。

在暖和的秋陽下，任憑帶鹽味的海風吹來掀開扉頁，我窺見了成長中的少女對自己的反省和困惑，對人際關係的迷惘，對性的幻想，對戰爭和種族主義罪惡的憎厭。

海天在夜色四合時，不再泛藍發亮，約翰走過來責備我沒到起居室同他聊天，為了安撫他我拿出速寫本，約翰凝視那些鋼筆畫良久，又把太太叫過來一同欣賞，然後從書房裡找出一本厚重的綠面紀念冊送給我，希望我能畫滿它。這本子有年頭了也極珍貴，得之心中大喜。

小客廳被約翰佈置的燈光拱照得充滿變幻的影像，青綠的羊齒蕨在牆上留下彎彎陰影，橡木櫃頂的翡翠色瓷花瓶，則在燈光折射下，現出通透玲瓏。我最喜歡那大圓筒磨砂玻璃燈罩，主人別具巧思地在裡面擱了幾枝柳條，亮燈後燈罩映現出幢幢葉影，與中國的紗窗上反照出月色竹影有異曲同工之妙。

　　靠在安樂椅上聽一曲舒曼的《栗子樹》，繼續讀安妮寫的日記，這小女孩居然可以寫出：「我希望我死後，仍能繼續活著。」這樣睿智的話來。想起約翰剛談起去世多年的雙慈，他捂著胸口笑著說：「下一個輪到我啦！」一個人能如此豁達對待生死，說明他早已大覺大悟無欲無求！

　　四十多年前約翰從荷蘭來紐西蘭，我也沒問他何時以及何故選擇安居此地，自從找到這海邊的「希臘農舍」，約翰就遠離周遭紛擾，在孤獨中尋回自己的本真，在良心的不捨不棄中得到安寧。

　　念及於此，我那葉曾在驚濤中起伏浮沉的心靈之舟，也悄然漂進了月色下的港灣，在兩三點明滅無定的漁火間，它結束遠航，停泊在這一處荒郊野渡了。

作者註：「希臘農舍」乃我擅自代取，非約翰先生的小酒店原名。

Whangarei旺格雷：留住時光的旺格雷

旺格雷（Whangarei）和其他紐西蘭大多數城鎮一樣，也有一條河流（Hatea River）穿越城中，這個北地最大的城市，就建在一處緩和而又開闊的河灣兩旁。桅檣林立的Town Basin港，已經全是大小遊艇和漁船的天下。水邊建有步道、公園、畫廊，一組佈滿食肆和精品店的古老建築，還有流線型的鐘錶博物館，使這處港灣成為旺格雷的靈魂所在。

早上離開奧克蘭沿一號公路北上，只見春色無邊，枝頭綠芽急不可待綻放，把叢叢林木染得一片嫩綠，但北地不如中南部濕潤，加上多山，望去始終帶著幾分為世遺忘的荒涼。待駛入老舊的旺格雷，就更有時光倒流的感覺，街上古色古香的店鋪，石牆上的蒼苔，甚至油漆剝落的廣告牌，都令人聯想起懷舊電影的佈景，似乎做了一夢醒來的憨豆先生，置身片場還懵然不知，只詫異為何周圍的事物回到了從前。

這種感覺在進了鐘錶博物館後，更加揮之不去。館裡那些發出不同聲音千奇百怪的鐘錶，隱藏著一個英格蘭男童的夢想，阿奇博爾德（Archibald Clapham）七歲時收到父親贈予的一個音樂盒，從此迷上發條與齒輪的組合。移居紐西蘭後仍窮畢生精力搜集數百個鐘錶，自己還動手修理與改裝，其中的創意心思巧妙之至到了異想天開的境界。這也包括阿奇發明製作的一隻逆向行走數字顛倒過來的時鐘，在圓形的鐘面上十二點的位置被設定為一點，十一點被改為二點，時分長短兩針，如此類推倒過來運行。

除了十九世紀那些曾經迷住中國皇帝的自鳴鐘，發出悅耳的音樂，顯得笨重的木雕大鐘，也有可開啟的小門，有一身戎裝的武士出來吹響號角，靠著發條齒輪的驅動，另有小型風箱可吹奏出樂曲。而金屬造的樹鐘，到正點後枝頭小鳥除了鳴囀，竟然還

會從這根樹枝跳躍到另外一根樹枝，一百多年前能工巧匠的智慧與手藝，似乎在告誡只會用大姆指發短訊的今人，某種程度的退化，早已出現在爾等身上。

一位來自丹麥的館員，指給我看古埃及的水鐘，她還笑著說中國人發明的水鐘要比埃及更早千年。而南太平洋島民的計時器卻是半隻鑽有小洞的椰殼，盛滿水後漏盡恰好是四十分鐘，想必如今島上土著尚可用作橄欖球賽上下半場計時。

丹麥太太捧起一個木雕的玩偶頭像，要我注意頭像兩眼邊上的刻度，左眼計時，右眼計分，她說這種特別的計時器是德國人之最愛。

博物館門前小廣場有具二十二米長的日晷，太陽投射的陰影移動到地面不同的刻度，千萬別小看這種看似簡單然而高度完美發展的太陽鐘，一直到十九世紀，它還是機械鐘錶調校時間的最佳標準。

在港灣那座足顯維多利亞繁榮風華的木屋裡，挑了一間人氣最旺的 Mondo's 餐廳，點了兩客鮮貝與炸魚，俯瞰河汊中停泊的老式漁船，在搖曳的樹影下用餐。

鄰座有位細心的姑娘，正一口一口餵她坐電動輪椅的妹妹，饞嘴的燕鷗也不畏人，飛到椅背上伺機想叼走盤中餐。

不遠處有幾個亞洲人神色匆匆地講手機，似乎在約什麼人，其中一位穿著桔紅色外套，因為顏色極為奪目，我多看了他一眼，見他和其他大款一樣，理了板寸頭髮型，腋下照例挾著小提包，正神色緊張地四處張望。對離自己數步之遙悠閒用餐的座上客，如此明媚的春光，似乎視若無睹也不感興趣。

我向有在路邊咖啡座觀察大千世界眾生相的習慣，試圖從匆匆路人的表情、舉止、衣著打扮，猜忖他／她們的身份，從哪裡

來又到哪裡去，要做些什麼。我猜這幾位不會是觀光客，也非大陸官員，很可能是來尋找商機的。

數分鐘後有個看上去很精明的白人與他們握手，介紹另一個衣著略顯臃腫的中年毛利人，幾個亞裔與其行碰鼻禮。我心裡的這齣人生小戲劇，也完成了最初的腳本，買家賣家甚至捐客的角色都齊了，劇情不用說也與土地相關，說不定還牽扯到跨國兼併的牛群和乳品。看來有人要付出一些什麼，有人要得到一些什麼，或許不久又有人會失去一些什麼。

一齣人生悲喜兼有之的鬧劇，說不定就發生在這個春日的午後，在這港口邊的餐廳門外……只不過讓我這個毫不相干的路人，在享用一杯咖啡的瞬間，偶然瞥見罷了。

令人羨慕的還是那對坐在台階上男彈琴來女唱歌的歌手，陶醉在陽光、春風、音樂裡，一副世間諸事與已無關的灑脫。蛙妻又來考我，要猜猜歌手來自何方。

瞇眼望著他倆足下的法蘭絨帽，以及身後桅桿上獵獵迎風的三色旗，滿可以再編出一個法國情侶駕艇環球旅行，異鄉賣藝籌措盤纏的浪漫故事來。但他們的琴音歌聲深深吸引了我，無心再去虛擬故事。何不駐足岸邊涼亭，再聽一曲，畢竟此情此景難逢不再。有幸一聞如此柔美的歌喉，何須相問你我來自哪裡?!當歌聲隨著徐徐春風飄向海天一色的遠方，讓我們記取美妙一刻，忘記彼此都是失路之人、天涯歸客吧。

Warkworth 沃克沃思：科槐花與天堂鴨

　　這裏一切都是小巧的，古董店像尋常人家的客廳，路邊的咖啡館只擺幾張桌子，老店前面的人工瀑布，僅有浴缸排出水量，就連花壇邊的座椅，也坐一人太寬坐兩人又嫌窄。在早晨不到九點的時候，沿沃克沃思（Warkworth）寂靜無人的街道信步，經過一幢幢百年古宅，仍然精心刷得雪白的窗框，在深赭的板牆上顯得鮮明醒目，鏽跡斑斑鑄鐵招牌掛在路邊，它上面的科槐花和「1862年」的圖案，會告訴你什麼叫歷史。

　　來自英國紐卡索的布朗，在一八四三年就發現了這處美麗的河谷，欣喜地看到她有著同英國家鄉相似的迷人景致。直至殖民政府測繪開發此地，他從親戚這裏得到消息，購入了一百五十三英畝土地，其後布朗的女兒阿米莉塔又跟進購買八十一英畝。當布朗獲悉將會有幾條街道如裏爾本街（Lilburn），阿尼克待（Alnwick），內維爾街（Neville）和貝塔姆街（Bertram）經過自己的土地時，在買地不到半年之後，他就在奧克蘭的報紙上刊登廣告把土地賣掉了。

　　同紐西蘭許多小鎮一樣，沃克沃思（Warkworth）也臨水而築，馬胡朗吉河（Mahurangi River）從鎮中穿過，昔日拓荒者選此定居，除了保障水源，還取其舟楫之便，能及時運進補給，輸出產品。

　　穿越山谷的馬胡朗吉河，在鎮頭的大橋底下越過最後一道石壩，水流漸見平緩，河面也愈開闊。清澈的綠波上搖曳著低垂的柳葉，也浮游著無數水禽，透過岸樹的綠蔭可見遊艇徐徐駛過，有個興奮得臉色漲紅的小男孩，正幫父親繫緊帆索，一身白衣的少婦平臥在甲板上，享受陽光與清風。

　　如今河邊步道，為鎮民募捐建就，寬有數米。晨霧裡水鴨騰撲，海鷗滑翔，從奧克蘭駕駛一小時汽車來這裏健行，是個不

壞的主意。拎著麵包踏上步道，身邊與頭頂已經簇擁盤旋著許多禽鳥，最大膽前來啄食的還是野鴨。紐西蘭原有三百多種鳥類，大部份被人類及人類帶來的狗、貓和老鼠所毀滅瀕絕。我們常見的綠頭鴨其實是外來品種，反倒是那些有點像鴛鴦的天堂鴨（Paradise Duck）才是本地特有的水禽之一。一七七三年庫克船長第二次到訪紐西蘭，發現了這種羽色華美的野鴨，並稱牠為「畫鴨」（Painted Duck）。我在河裡見過三五只，可能是嗜食荳莢草類的緣故，在草坡上見到天堂鴨的機會更多些。

除了天堂鴨，沃克沃思最馳名的是科槐花（kowhai），本地還定期慶祝「科槐花節」。每年早春，這種鈴鐺狀黃色小花盛開在高高的kowhai樹上（毛利語中「kowhai」意為「黃色」），引來蜜鳥和木鴿採蜜。毛利土著每見科槐花開，便知種甜薯（kumara）季節已到，即全村出動下地種植。除了觀花不忘農時，毛利土著還用奇妙功效的科槐樹皮治療割傷、瘀傷和腫脹。壓碎煮熟後可治感冒和喉嚨痛，甚至解酒。製成糊狀敷用可減輕四肢骨折損傷與皮膚病。

由於科槐樹材質地堅硬，毛利土著還伐之用以製作獨木舟槳和手斧，所以稱kowhai為毛利一寶也許毫不為過，但不少中文網站及觀光文章將科槐花形容為紐西蘭「國花」，甚至迄今仍不斷以訛傳訛，或是一種謬誤。

沃克沃思的許多農場、果園升級為休閒農莊，河畔海濱華屋林立，週邊的蜂蜜園、綿羊秀、山羊島和酒莊畫廊，奧克蘭人都愛跑來這裏鬆弛繃緊的身心。

一名網名「笨蛋老爸」的台灣先生，數年前因對這裏心嚮往之，買下一塊土地，做了莊園的主人。他在博客裡寫道：「有些感受不容易解釋。鄉野隱居的日子從來就不是完美的，我不願意讓我的客人有太多不切實際的幻想，況且他們幾乎全是都會地區

的居民，怎麼告訴他們孤獨寂寞也可以成為一種享受，物資貧乏能成為人生態度，而經濟壓力還是可以造就悠閒？」

　　從他的博客裡讀到了一個在天涯尋夢者的感恩，對生命中的一切永懷讚美欣賞，忍不住寫了封電郵給他，豈料得了像老友的幾句回覆，抬頭便是「蛙兄⋯⋯」。之前是否相識有何相干，只不過循各自的軌跡尋尋覓覓罷了。也許曾無意中駕車經過「笨蛋老爸」的農莊，當時只瞥見一位普通的農夫，駕著拖拉機在山坡上搖搖晃晃爬行。柳暗花明，山重水覆，我仍前行，誰能告訴我，剛才是不是錯過了一位隱居的世外哲人?!

Puhoi 普霍依：波希米亞人的小鎮

小鎮普霍依（Puhoi），隱隱蔽蔽在奧克蘭北部山間，駛過蜿蜒的山道，茂密的森林漸退向兩旁山坡，小河的流水在晨曦下閃光，教堂紅色的尖頂直指白雲舒卷的藍天。此時嵐霧仍未褪盡，已現秋黃的楊樹下，幾匹小種馬在青嫩的綠茵上追逐，一位剛做完彌撒的金髮少女，跨坐著白色的欄杆，不耐煩地踢逴著兩腳，等待與神父交談的母親。

以古老教堂為中心的普霍依，有由教會學校改建的博物館、會堂、一間雜貨店和酒吧、幾間旅舍、骨董店、茶室、乳酪店，還有就是河邊那幢如車房一般大小的圖書館。待漲潮時分，可以泛舟沿河直下，平滑地劃過農莊與樹林，低頭避過橡樹橫斜的枝椏，很可能會見到岸上雉雞，雖然受驚仍竭力保持尊嚴緩緩地往樹林深處踱去。

山間小鎮的清晨，寧謐中帶著初秋的涼意，我在一幢都鐸風格的老房子前駐足，黑白相間的外牆，映襯著滿園盛開的鮮花，楓樹下擺著白色一桌兩椅，有人剛飲罷早晨的熱咖啡，牽著牧羊犬的背影，尚未遠去。桌面上已經有三兩小鳥啄食盤中餅食的殘渣。黑衣女主人繫著蕾絲滾邊的白圍裙，用優雅的碎步沿著花間小徑走來收拾桌子，我不由揉揉眼睛，疑心是否置身在十九世紀的英倫鄉間。

河畔人家，掛出老字型大小招牌，小巧亭子裏擺賣著家製果醬與香料，向守店的房東買一瓶櫻桃醬，在介紹普霍依波希米亞人的往事時，她如數家珍，笑靨裡映射著歷史燦爛的餘輝。

再往前行可至山坡上的茶室，戴牛仔帽的主人，來自英倫三島，身形容貌極卡通化，活像「白雪公主」中扛鍬掘鑽的小矮人。他端出英國傳統的紅茶、胡蘿蔔蛋糕和剛出爐的「司康」——

一種介乎麵包與蛋糕的麵製品，在他家的花園裡，疏落有致地擺放著數張桌子，就著山風林霧，邊喝茶也進一口抹著家製果醬的「司康」，聽不到任何塵囂市聲，只聞山下的河溪水聲潺潺。

在主人給我們的資料裡這樣記載著，自一八六三年第一批波希米亞人共八十七人，海陸兼程一百天來到紐西蘭的普霍依，之後共有七批波希米亞移民相繼到來。每個成年人可分配到四十英畝土地，五歲至十八歲的孩子則每人可分得二十英畝。

這些波希米亞人說德語，人生地疏，面對普霍依濕冷陰森的深山老林，男女老少團結一心，忍受饑餓、寒冷，與思鄉、沮喪與絕望相搏。夜宿窩棚，日間砍樹燒荒，除伐木取材，還將枝椏樹根劈成木柴，運往奧克蘭出售，在當年交通不便的落後環境中，唯從水路用船長途運輸這些低值的木柴，其艱難困窘可想而知。

普霍依的波希米亞移民幸運地遇到兩位貴人，一位是當地的毛利大酋長 Hemara Tauhia，他是曾在懷唐依條約上簽過字的酋長們之一。這位仁慈的毛利人，不僅慷慨地歡迎新移民，還吩咐部下向波希米亞人贈送水果與蔬菜，幫助這些可憐的歐洲移民渡過難關，並使他們免於遭受攻擊與傷害的恐懼。

另一位是來自廣東開平的華人周祥，他在該地區發現珍貴的白木耳之後，開始從塔拉納基到普霍依一帶大量收購並出口。普霍依的波希米亞人及毛利人，在附近山林樹叢中採集木耳賣給周祥，不必以重體力苦工換取報酬，婦孺皆可為之，生活大為改善。在相當長一段時間裏，出售木耳收入成為普霍依大小家庭的主要入息以及地方政府的行政收入來源。

一百多年前這些滋生於叢林無人問津的菌類，因為周祥的緣故，令無數家庭得以溫飽，周祥也成為從普霍依、懷卡托直至北島西海岸塔拉納基一帶的「財神爺」。根據本地作家林爽在其撰寫的《紐西蘭名人傳》中記載，他一共收購出口了十七萬噸木耳

到中國，個人對「十七萬噸」雖存有疑問，但周前輩向中國輸出木耳數量極為可觀這一點，是毋庸置疑。

　　波希米亞人四海為家的吉卜賽風情，與華人萍蹤飄泊的衝動，可能發自共同的基因。當年這些歐洲移民初履斯土，同樣遭遇語言不通、生存維艱的困境，不同的是他們以家庭為單元形成集體，相互扶持，又得當時總督相助分以土地。而其時來紐的廣東華人，大部為淘金苦工，除了憑藉鄉梓之情偶濟燃眉，絕無他助，反飽受歧視排斥。全憑勤勞克儉，委曲求全，方獲立足為生。兩個謀生軌跡殊不相同移民族裔，卻因山間的一種菌類還有一位頭腦精明的中國商人，就有了這麼一段互惠互利的難忘故事！

　　今天的普霍伊波希米亞人，仍精心保存著當年的舊物與建築，甚至還有一個民族舞蹈團，在記載那些不容忽略的歷史時，他們沒有忘記為周祥保留下寶貴的一頁。

　　河邊的橡樹林間，停放著承載一截考裏樹幹的四輪車，並不顯眼的木凳上嵌有百年前伐木工的留影，每天都有各地的遊人徜徉於此，在婆娑斑駁樹影下，俯瞰那流淌古鎮之間的小河，足可品味歷史悠久年代久遠的那種莊重肅穆，還有對自身文化的守持，最令人折服的，還是這種堅持絕無炫耀與傲慢，一如那些至今仍掩現於蔥蘢樹影中的屋宇，不經意偶然露出一角窗影，手織的帷簾後面，有滿室珍藏，不為人知，也不想人知。

Puhoi 普霍依：古風猶存一小鎮

　　河畔的銀杏與槭樹，不見去秋來此時的滿目金黃與火紅，濃濃夏綠，仍眷戀著普霍依（Puhoi）的群巒。經歷了百年未遇的燠熱，路旁嫩草的葉尖，還留著仿佛燒烤過的焦黃，所幸昨夜一場急雨，滋潤得小鎮的草木，回復了昔日充滿生機的郁綠青蔥。

　　Puhoi 在毛利語中意指「緩慢的流水」，應是因鎮中那條河流得名。普霍依河得自群山溪澗匯集之水，穿過小鎮在田野與山林間蜿蜒流動近十公里，在 Wenderholm 處出海。鎮頭有間出租划艇的公司，只要花八十元，就可以租艘雙人艇，在水波不興的河面上，追溯八十七名波希米亞人到此拓荒的歷史，正是這些波希米亞人合力伐倒滿山的考裏巨木，從這條小河將木料裝船運往奧克蘭。

　　一八六三年第一批波希米亞人到達普霍依之後不久，懷卡托之戰便爆發，一萬三千名英軍惡戰護土心切的毛利勇士，在一場土地戰爭（Land War）中，紐西蘭總督葛芮，充公了三百二十一萬五千一百七十二英畝的毛利人土地，加上在此之前二十年間購得的四千三百萬英畝，不僅足以供應移民來紐發展，而且綽綽有餘可備他用。普霍依的波希米亞移民亦拜土地戰爭所賜，每個成人獲得土地四十英畝，連孩子都每人分得二十英畝。

　　這些波希米亞人只是政府龐大移民計劃中的一小部份，在十九世紀七十年代，十萬移民來紐謀生，其中不少人來自森林密佈的斯堪的那維亞，儘管他們自幼生長於北歐大森林之中，面對紐西蘭植被厚密、林木高大的原始森林，這些對新樂園充滿憧憬的硬漢，還是流下哀傷之淚。他們全家動手，一斧一斧地砍，從林莽中清理出屬於自己的土地，搭建簡陋的住房，播種耕耘。當年的普霍依河不僅成為活命的水源，還是通往大海與外界的要道。

　　普霍依人的房子，散落在河邊，其實整個小鎮就是依水而築，小如車庫的圖書館，每月一次的市集、公園、酒店、古董店與會所，還有尖頂的天主教堂，都聚集在這裏。

　　河的兩岸風光並不旖旎迷人，但卻有著一種與世無爭的寧謐安祥，陽光照亮林間幾株白楊與綠杉，山谷的風送來幾聲鳥鳴，水中天光雲影被你手中的槳攪成碎片，時有游魚躍出水面，那一身銀鱗閃亮奪目，讓你驚呼之餘，立即有稍縱即逝的遺憾。此時如果再抬首去望那藍天上滑翔的鷹隼，又會徒羨鳥兒翼下的自在自如。

　　鎮小、人稀、河窄、水淺，或有人遊蹤至此，不去細究古鎮歷史、傳統民俗，更無意一嘗泛舟之樂，其足下也漸見匆促。然而出遊最講究心境，一旦有所掛牽，必心不在焉，錯過許多精華。紐西蘭一些小地方，往往掩藏著稀見的好東西，那種未被現代都市紅塵所玷污的舊日風情，最是能夠勾起你心底裡的往事追憶，那雖已遠逝然而雄壯偉大的時代，那蒙塵卻還至尊華貴的文化遺風，當歷史老人的足音再一次響起，被喚醒的記憶，總是訓誡我們，不論世俗如何逐利爭名，人間總有幾許至愛真情與美的東西，當然還包括傳統文化的精粹，值得去堅持。

　　在普霍依，舉目皆見這種堅持，不聲張的默默堅持，充滿不與人也不與自然為敵的平和。從當年的破棚陋室，到如今的華屋美宅，樵夫農婦的後裔，今已坐擁牧場工廠和公司，但那種初臨斯土時對上蒼的敬拜、內心的謙卑、對生活的熱愛，卻仍然可以感覺得到。

　　在市集的攤位間，微笑的主婦遞上剛烤焙好的胡蘿蔔蛋糕給你品嘗，還沾著露珠的萵苣伴著鮮紅的尖椒，帶泥的土豆旁放著小桶，堆滿烤土豆供人免費一試。面授烹飪的檯子前，靜靜坐著聽課的男女，有個七、八歲的小男孩摘來自家後院的鮮橙，榨成

汁擺在這裏出售，人們仍頻頻來買，用膠杯盛了給自己的孩子去喝，名為嘗鮮實為一種鼓勵與贊助，讓那手忙腳亂又找贖零錢又倒橙汁的孩子，年紀小小就懂得自食其力，享有勞動所得。

有個攤位只展示著幾塊藝術玻璃或木雕，還有演示草編手藝的，賣墨西哥餐「塔狗」的帳蓬頂，擺著一頂碩大的彩色草帽，這種造型奇特的草帽與仙人掌一起，被視為墨西哥的圖騰。賣墨西哥餐的攤位，在紐西蘭的一些集會中經常見到，可見其深得人心。雖然味道平平，但除了有益健康這個賣點，還摻入許多墨西哥古老文化的元素，那種獨特粗獷的美洲風情，帶給墨西哥美食更多的飽滿內涵。

市集不大卻很雅潔，幾乎聽不到喧嚷，前幾次來都沒見到。到半山英國小老頭這裏喝茶時，才從他這裏打聽到，市集只在每月最後一個星期天舉行，遠在奧克蘭和其它市鎮的人，都會全家驅車來「趁墟」。茶室院子裡風光如昔，只見樹上掛滿粉紅的蘋果，熟透了落在草叢中，任憑鳥雀來啄食，坐著喝杯檸檬茶，吃家製「司康」，山風拂面，就可以聞見空氣裡飄著的果香，清新幽淡又醉人。陸續有客人來，英國小老頭召來女兒幫忙，頭髮往後梳攏，傻傻地只是笑，但她力氣蠻大，一桌杯盞碗碟收在托盤裡，滿滿地就端走了。女主人從未露面，想是在後面忙著烤麵包做蛋糕，桌面上那一方蛋糕還有「司康」料必出自她的巧手，很有點地道的英國鄉村風味，在小地方吃到的點心，都比大城市的地道，許是使用的材料多半菜園所產，又是小批量手工制作的緣故吧?!

在附近的「Old Fashioned」家庭商店買了兩瓶果醬，主人告訴我，鎮上居民正竭力反對地產開發，拒絕暴利引誘。他們主張維護普霍依的古樸與安寧。我覺得這才是一種了不起的遠矚洞見，當然極表贊同。但是，新的高速公路和穿山隧道已經打通，從奧

克蘭北上不必再繞道奧雷瓦（Orewa），奧克蘭到普霍依的車程也大大縮短。普霍依人的堅持，環保人士的熱心，大概只能阻緩而無法終結都市怪物觸角的延伸。難怪走遍天下的蔡瀾，經常在遊記中哀告我們：很多地方今不如昔了，要旅遊，請趁早，在原風景古文化未遭破壞之前，去瞻仰你心中的聖地吧！

　　望去普霍依河靜靜流淌，因積峰巒雲霧雨露之涓滴而成清流，滋潤良田芳頃也蕩滌塵垢已經千秋，歷史在她的波光中演繹嬗變，卻留存下幾許不變的純真。在別去的那刻，竟很有些不捨的惜惜依依，總念著她水邊的綠樹，待秋至染上丹紅嫩黃，那時再來繽紛落英下喝茶，聽主人撫琴一曲，再去河上泛舟，必情也翩翩，心亦忘憂。

Puhoi 普霍依：普霍依的初冬

　　這是一個少見的暖冬，南半球紐西蘭的六月，居然僅著單衣便足禦寒。小鎮普霍依河邊的楓林，枝椏在灰色的天空中搖曳，一陣晨風吹過，滿地厚及足踝的深紅落葉翻滾著，在足下清脆地窸窸窣窣，發出秋天傷逝的嘆息。在古舊的拱橋上走過，兩岸楊柳依依、橡樹屹立，往昔寬可行駛火輪的普霍依河，如今變成一條小溪，從美麗的草木之間緩緩流過。只有學生與游人，仍在其間划著桔黃鮮紅的小艇作樂。

　　來過幾次，鎮頭那幢黑白相間的旅舍門口，始終掛著「客滿」的牌子。帶上畫夾還有幾本書，在此住上兩天避靜的念頭，未能付諸實現。只能想像，在燃著爐火溫暖如春的房間裡，高床軟枕上讀畢兩三首詩，走到禿枝枯葉敲打著水氣濛濛的窗前，窺望青蔥田園上飄浮的薄霧，還有那飄著炊煙的農舍，未及紙筆展開，要抒發的一點一滴早已在胸臆了。

　　比起上次造訪，街上的人多了些，倉庫改建的骨董店裡有幾位婦女在選購老舊的燭臺，討論如何與家居的櫥櫃桌椅配搭相襯。搪瓷水壺邊幾隻奶瓶，俄羅斯彩娃前面鏽蝕的英軍頭盔，看上去雜亂無章的滿室舊物，緊湊地擺在一起，彼此又好像早就已有很深很久的維繫。在昏暗的光線下，迴蕩著英國電影中幽怨的懷舊老歌，沙啞的女低音，唱出一道倫敦後巷夜行者的身影，竭力想將斬不斷的情思，拋入泰晤士河翻滾的濁流。

　　老板娘買進賣出的店中舊物，珍品不多，我看中一襲皮裘披肩，就掛在一張桃花心木椅上，綢緞襯裡，深棕之間泛出少許金黃，毛色與手感均歷久如新。伸手撫摸那有彈性的皮毛，想像它當年曾溫暖過某位淑女勻稱迷人的香肩，價格也不貴，就很想買下來，太太笑我總是想像力豐富，她倒覺得是位雞皮鶴髮的老

婦用過的，似乎有點陰森。她不點頭，也只得由那披肩仍留在椅背，於老歌旋律中，枯候新主人的青睞。

山坡上的茶室（Tea House）是必定要去的，瘦小的老闆再次展示他那引以為傲的菜單，依舊點了鬆餅司康（Scone）和熱巧克力，待滿盤食物端出，陽光下老闆倚門撫琴為我等助興。

這間茶室家製的鬆餅總是那麼地道和新鮮，而且保持大如嬰兒腦袋的英國傳統份量。說到鬆餅，除了司康（Scone），還有瑪芬（muffin）也稱為英式鬆餅，又叫做「瑪芬麵包」。這種鬆餅在英國已有逾千年歷史，原先的瑪芬只是家中並不美味的簡單食品，傳統配方只用玉米、麵粉和一隻雞蛋。經過演變改良，居然出現製作瑪芬的連鎖店，紐西蘭的muffin break連鎖店就是澳洲那邊開過來的。

座位旁邊掛滿一樹熟透的紅色野果，入口清甜，吃罷甜膩的鬆餅，再吃幾粒小野果，口腔裡一股清香。

草坡下面養著虎皮鸚鵡還有雞與兔子，茶室樓上是老闆的家，夫人掌廚調製飲料烘培糕餅，女兒負責侍應，老闆擔任公關和琴師。賓客車至，分頭工作，茶室空了，全家談笑或到花園裡採擷果蔬。這種半歸隱式的生意，自娛自樂的意義大於謀生獲利，甚得我心。

早期鎮上的學校現在成了博物館，旁邊還有間小巧的辦公室，有普霍依鎮的各類圖紙及電腦資料，可以向駐守的義工查詢。早期波希米亞移民的照片、服飾、工具和物件，完好如初依次陳列，很明顯只是一種鎮上移民歷史的保存，留下先祖文化的根，供後人學習教育與研究之用，基本上沒有任何突出的個人姓氏與事跡，更無名人題辭。在紐西蘭各城鄉都可以找到這類的博物館，記載的一城一地的史實。如果說有的國家跨越數千年的歷史像一本厚重的巨著，那末這些城鄉博物館保存下來的，只是薄

薄一本小書。然而卻有著空前的完整與連貫，樸實無華，絲毫不露炫耀浮虛。

博物館早已成為一種文化，一家老小往彼處去，為的是了解我們所生活的這塊土地，以及她經歷的一切。我們須要看到歷史未經塗改修飾的本來面目，無論是在滄海桑田變遷面前的驚嘆，還是在前人所做過的偉業或罪孽面前佇立沉思，每個人都會有自己的感觸與評判，無須任何人來指點或左右。

一百多年其實並不算十分長久，然而普霍依卻完全變了。邁出博物館「吱吱」作響的木製臺階，回到鎮中交織著陽光樹影的小路上，兩位穿著波希米亞傳統衣裙的老婆婆，結束了俱樂部周末舞蹈團的排練，正鑽進汽車准備離開。南邊吹來的強風，吹散了漫天鉛灰的雲層，碧空如洗，陽光普照。一對年輕伴侶牽著兩頭黑犬，停下來讓我們撫摸他們的狗，女主人特意吩咐愛犬抬起頭讓我們拍照。她鄭重其事地介紹，這種狗不可以被丟在一旁，牠時時刻刻都須要人去關愛與親近，「牠們就是我倆的孩子！」她深情地摟住搖晃著長耳朵的愛犬，一副難捨難分的神情。

山坡上就是狗與主人的家，設計極為精美的現代鄉間別墅，不鏽鋼的後現代雕塑立於草坪，十幾株榆樹、櫟樹與山毛櫸葉落將盡，門前的藍鈴花蓄勢待發，只等春潮湧至便綻開怒放。

Matakana 瑪塔卡納：一葉靜靜的扁舟

「這是個回聲縈繞的奇妙處所，又是個遠離城市的避風港。在這樣一個寧謐的停泊之處，應該有一葉靜靜的扁舟。」

坐在瑪塔卡納（Matakana）一條彎曲的小河邊，想起狄更斯的這段感嘆。昨夜的冷霜，正在陽光下化為陣陣霧氣，落葉隨風飄下，掉在岸邊的小船上，有父子倆正解纜準備出發垂釣。三五野鴨，划水而來，竟對我拋下的麵包不屑一顧，仿佛趕去赴另一個約會，只有那些饑不擇食的鳥雀，奮身飛撲下來爭搶。

只覺得自己在今晨尋著了這葉靜靜的扁舟——她就是瑪塔卡納。

透過週末市集粗獷的原木棚架，可以望見左側河畔綠丘上幾株紅葉楓樹，簇擁著藍白相間的木製小教堂。右側是「L」型大小店鋪，有著紐西蘭並不多見、古舊新潮揉合的奇特風格。

我在一間一間精緻的小店門口徘徊窺望，從電影院天花那像銀龍一樣的燈飾，到糖果店裡巧奪天工的各色巧克力，就連炸魚薯條店裡的價目表，也設計得像歌劇院的節目表，而河邊一間小屋前立著兩具巨型男女雕像，裡面竟是一塵不染的公共廁所。

在樓上的酒鋪，看中一瓶阿森松（Ascension）酒莊釀造的「十二門徒」紅酒，據說選材採自十二行不同品種的葡萄。很想嘗嘗是否真的可以品出黑櫻桃、李子，甚至煙草和橡木的煙燻味。可惜內子急著要到市集挑選蔬果，只好放棄喝一杯的念頭。

未進入瑪塔卡納之前，在道路的右側，可以見到出品「十二門徒」的修道院建築風格的酒莊，最壯觀的還是那栽在陡坡上一行行葉片金黃的葡萄，它們在秋陽照耀下，順著青山起伏，宛如一幅巨大綠毯上的金色琴弦，與藍色天幕相映成趣。

　　年輕的阿森松酒莊（一九九四年建立）搶盡瑪塔卡納葡萄酒區的風頭，得過許多大獎。主人自稱拜家族釀酒遺傳基因所賜，至是今已是第五代傳人，他物色了位於紐西蘭北島偏北的瑪塔卡納地區，選中這裏唯一的陡峭高坡地形，以及特有富於鐵質的粘土，運用手工技術栽培、採集與釀造葡萄酒。他釀的酒，曾經挑逗許多名家的味蕾，連紐約時報的名記埃蒙，都極盡溢美之辭地盛贊之。

　　很慶幸沒有在噴泉玫瑰環繞、鑲嵌著彩繪玻璃的酒莊裡品酒用餐，坐在市集的大木桌旁吃青口三文治，喝家製果汁，沐著陽光與涼風，那才是一種享受。特別是當你發現，背後居然還有一隻陶製的露天烤爐，送來陣陣暖意。而那些未燒盡的蘋果木柴，散發出迷人的幽香，歐洲人常說這是最理想的烤火用材。烤爐邊上擺著一列大陶瓶，像許多富人門前栽種大型植物的花盆，上面卻貼著回收各類垃圾的標籤，這應該算是最特別的垃圾桶了。此時才記起在鎮上畫廊裡見到許多本地燒製的陶藝作品，瑪塔卡納的粘土不僅出葡萄美酒，而且還出陶器藝術。她的葡萄酒莊與畫廊，隨意隱現在路邊的樹林後面，若見到「OPEN」的牌子，歪歪斜斜掛在信箱邊上，花點時間進去絕不會令你失望。

　　我就走進過一間尋常人家的宅子，主人的畫作就掛在四壁，她畫的全是窗前花草、室外風景，筆觸拙樸，色彩明快。這是許多晨昏信筆塗抹而成，浸濡了鄉間生活的清純靈氣。她也畫自己的裸體，就連那畫布上的肌膚，也帶著城中少見的強烈陽光。我忽然生出幾分悔意，本該多去幾家酒莊品足美酒，於些微醺醉中再來賞畫的。

　　吃罷毛利婦人做的青口三文治，我和內子都認定味道很不一般，尤其欣賞她添加的那幾種香料與辣醬不同凡響。再去那邊的檔口尋她，卻連鍋碗瓢匙都拾綴了去，正在勤快擦拭桌子，見我

意猶未盡地拿著十塊錢，友善而狡黠地眯著眼睛說：「下星期六再見吧！」

隔壁檔口的老太太卻遞過來一盤蛋餅給我們嘗，她手工做的麵包也早賣光了，小孫女正踮起腳跟吃力地把招牌卸下來。「試試吧，連做餅的雞蛋都是自家的。」我倒是對她做的鬆餅感興趣，拿過來抹上農家秘製果醬，就著對過那家荷蘭婦人的熱巧克力復慢享用。

仿佛就覺得自己在歐陸鄉間一幢老宅的閣樓裡住了很久很久，在這個週末的上午，揹著畫箱漫無目的地走走，卻嘗到了平日無福消受的田園風味美食。沒有人問你從哪裡來，也沒有人問你到哪裡去。忘卻今世苦難的經歷、此生情感的得失，做回自己，尋返真我。隨心所欲到處流浪和畫畫，漸漸地親人和朋友都再也尋不著你的蹤影，就這樣你在人間隱身了、消失了……又或者在哪一株果樹下，遇見臉蛋艷似紅蘋的牧羊女，做了她膝下溫順的羊羔，在深山終老，雖無人來拜祭，卻有長開在高崗上的山花，永遠點綴墓前……人生要有這樣一個結尾，該有多浪漫美妙。

但世間有容我這般隨意來去之地嗎?!若說有，必定就是瑪塔卡納——這一葉靜靜的扁舟了。

Matakana 瑪塔卡納：巧克力與青口三文治──
吃在瑪塔卡納

　　春夏之交，只在週末舉行一次瑪塔卡納的市集，增開了週三的夜市，由下午至午夜十一時。星空下的河畔小村，流水泛映出天上的繁星，還有屋舍的燈火，夜色裡那些精緻的建築物，朦朧中酷似童話世界的小屋，隨風傳來的人語樂聲，卻也如仙韻縹緲，格外迷人。市集的攤位以及擺賣的果蔬酒水、餅食燻肉，在燈火通明照耀之下，色彩鮮豔也更誘人。

　　月下燈前，在河邊享用一杯「咖啡烘焙者」的咖啡，作為市集巡禮的開始，不失為一個好主意。看清波流去，垂柳依依，總使我想起徐志摩的康橋，那種小橋流水的平凡，靜穆隱逸中顯現典雅，學問與詩情均如靜水流深，不浮躁不喧嘩，卻長淌千古。

　　林賽‧史密斯與安吉拉在當地經營咖啡生意差不多五年了，他們種植與製作的咖啡，幾乎包括了巴西、墨西哥、哥倫比亞、埃塞俄比亞、塞拉裡昂、肯尼亞與巴布紐幾內亞等地的品種。林賽還曾在奧克蘭開過Sierra咖啡連鎖店，全盛期有二十三間之多。林賽和安吉拉創立了「瑪培卡納咖啡」和「愛之小屋」這兩個品牌咖啡。其味濃郁香醇，往往令人會在他們的咖啡與市集另一端的瑞士布裏斯巧克力之間，十分為難如何二選其一。

　　於我而言，多半喜歡先來一杯熱巧克力，還要添加些許辣椒粉，那種香甜溫軟而微帶辛辣的口感，會使人有如面對一位俏麗然而潑辣的女士，在她的妙語連珠的談鋒面前，欽佩仰慕之餘，又不知所措，無言以對。

　　巧克力也是要「品」的，首選是要「燙」；其次才是甜，欠甜則覺澀苦，過甜卻又封喉。巧克力之所以味美，糖與奶才是「點石成金」的妙方。製成固體的巧克力，由於溶點恰恰稍低於

人的體溫，入口之片刻即融化為介乎液體與固體之間，其香溢滿口腔，那是一種如春潮澎湃般的快感。

一五二八年，西班牙人從美洲把第一顆可可豆帶回歐洲，卻不識如何飲用，曾經往裡面摻添過黑胡椒、葡萄酒和啤酒，那時的貴族是因其昂貴稀罕而捏著鼻子喝它，以此炫耀自身的地位與財富。經過差不多三百年，巧克力才在糖的點化下，呈現出真正的美味，自此再添加各種堅果甚至酒類，其色也從純棕變成潔白以至繽紛各色，成為魅力沒法擋的百變極品。我常興嘆巧克力可能是人世間最千變萬化而又有文化內涵的食物了。

坐在有陽傘的原木長檯邊喝瑞士巧克力，青口三文治是少不了要嘗嘗的，溫馨的一家三口負責這檔買賣，女兒賣藍草莓，老媽負責後檯雜物，老爹煎好青口蛋餅，用麵包夾著，澆上香料檸汁與醬料，笑眯眯遞過來。剁碎的青口混在雞蛋裡，除了基本調味，可以肯定老爹放了「秘製」佐料，否則不可能如此鮮美。

青口這類海鮮入菜是上乘食材，而且還可燻烤或醃製，但做成三文治就很難了。之所以喜歡在這個小攤檔前逗留，其中一個原因就是想探討泡製青口蛋餅的奧秘。那圓胖敦實的老爹何等精明，當然不會輕易洩密，他固守著家傳絕技，只是將烹至八、九成熟的蛋餅，擺進煎鍋加熱，從不在人前調製青口蛋漿。幫襯多了，彼此相熟，加調味料時已不必問，作個手勢，老爹便已會意，該往裏倒的，決不會少放。

令我著迷的，並非只是青口三文治對味蕾的刺激，而是那種鄉村市集上買賣雙方的互動，目光溫和友善，並非死盯你的鈔票，而是在與人分享。其他的麵包、果醬、果汁都可以嘗試，攤檔的主人會不厭其煩地解說食品的特點，你買不買她都會向你道謝。

郊野夜涼如水，女歌手穿上了灰色的厚毛衣，她的衣著打扮和容貌一樣平庸無奇，像剛從自家廚房走出來的主婦，剛解下腰

間的圍裙，就拿起低音提琴，歌聲響起，舉座鼓掌，唱的雖是鄉村民謠，卻是一片天籟。在北美拓荒的殖民者，當年以這些節奏分明、敘事式的歌曲，在荒漠郊野，對著篝火低吟淺唱，聊解鄉愁，箇中更有幾分對渺茫未來忐忑不安的期待，對忍受艱辛困苦的嘆息。而這位女歌手在地球南陲的星空下，卻唱出了豐沛富足的歡愉，叫人不由自主地隨著她的歌聲，搖擺著身子，也有情不自禁者伴歌起舞，淑女的高腳鞋跺踩在碎石地面上，發出悅耳的「莎莎」聲。

踏上河邊那條短短的小徑，黑暗中柔軟的柳枝勾到了我的頭髮，從遠處回望，市集和商店燈火明如白晝，人影幢幢，樂韻飄揚，歌聲嘹亮，一切恍如天上樓臺瓊宇，神秘而華美。我戀戀難捨地坐下來，不意間驚起一隻棲息枝頭的夜鳥，搧動著它的翅膀飛起來，瞬間就消失在夜色裡了。

那水波仍汩汩地流，惟我心似餘舟一芥，載著勞碌半生的所思所得遂流遠去也。

Matakana 瑪塔卡納：瓶中自有乾坤──喝在瑪塔卡納

在瑪塔卡納（Matakana）那些爬滿葡萄籐的丘陵間穿行，很難拿定主意推開哪一家酒莊的門進去品酒，有些酒莊隱秘得似乎不願讓路人發現，綻放著藍鈴花的私家路，通過寧靜的屋舍，大門緊閉，須事先約定並獲許可方能進入，看來主人好像有意無意避免訪客紛至叨擾。釀製葡萄酒畢竟是一門細膩而又奇妙的藝術，有時須要一點靈感，還有不可捉摸的運氣。

托比‧吉爾曼就是這麼一個釀酒者，他還當學生時就用打工所得買了第一瓶馬塔卡納紅酒，用了十年在葡萄園裡幫工，一九九八年他到法蘭西的波爾多學習釀酒，一年後回紐就和父親共同開闢了微型酒莊，許多豪宅的花園都比它大，但在這個一英敏半大的酒莊裡，吉爾曼用最古老的傳統手法釀製出最頂級的波爾多紅酒。

托比‧吉爾曼的故事並非絕無僅有的傳奇，其中一個「輪廓」酒莊，和吉爾曼酒莊一樣顯得有點高傲，對自己的「希哈」紅酒（syrah）限量發售，連加入「葡萄藤500俱樂部」的酒友，都不能購買配額以外的「希哈」紅酒。據說能產出這種深色「希哈」葡萄酒的酒莊很少，除了「輪廓」，另一家在激流島。

「希哈」這種近乎紫色的紅酒，年輕時以紫蘿蘭花香和黑色漿果為主，窖存陳年會漸帶上胡椒、荔枝乾、焦油以及皮革的成熟香味，口味相當緊密厚實。

其實每家酒莊都有獨特的酒，猶如父母疼愛孩子，每位莊主都能告訴你，他的酒有哪些微妙可愛之處。但是，要在瑪塔卡納的十多個酒莊裡都喝上一杯，可能會因貪杯而找不到回家的路。所以我每到瑪塔卡納一趟，只能去一個酒莊品酒。

　　瑪塔卡納諸多酒莊，其葡萄品種大多引自法國與義大利，但該地區具備小區域氣候和含鐵豐富的粘土丘陵等特殊條件，用酒業行話來說就是「Terroir」，香港的品酒老行尊劉致新巧妙地把「Terroir」釋為「風水」。瀕海半島的斜坡、向陽方位等地形變化，特別適合葡萄生長，向陽坡排水良好，日照足且少霜害，不少釀酒師又有異想天開的創意，與此同時他們也能遵循著傳統釀製的原則，形成了紐西蘭釀酒業對傳統的延續與轉化並進的特點，這也是瑪塔卡納葡萄酒能在國際博得盛譽的原因之一。

　　好酒還須識飲之人品嘗，喝葡萄酒是很私人的享受，倒未必非要專精到哪個層次，才算是懂得品酒。刻意的追求，不厭其煩地去尋找酒中特點，奢談專有術語，反倒顯得醉翁之意不在酒，暴露出品酒者賣弄與炫耀的淺薄。

　　也有人喝貴重的酒連聲叫好，對廉價酒不屑沾唇的，這種以價論酒是粗俗的，有時幾元買一瓶葡萄酒，也會喝出意外驚喜來。因為葡萄的品種和產區雖然決定了葡萄酒的風味，但釀造方法的千變萬化，卻可以把同一品種的葡萄，變成不同面貌的葡萄酒。目下流行於中國大陸的所謂「品紅」一語，實在是對葡萄酒的無知與糟蹋。

　　喝葡萄酒有時可以令人變得文雅與平靜。一九三七年，戴切爾斯・福凱森寫過一篇《獨裁者不飲酒》的文章，他以為「史達林、希特勒、墨索里尼都是嚴肅有節的模範，這些用現代方式行使暴虐行為的人，如希特勒不食肉、不飲酒、不抽煙……這些事實是否指出，人類現在是處於一小群本性整飭的，過分自謂正直的，很倔強地自認為德性完備的人們掌握中，以致變得十分危險。因此，如能勸誘他們來一次哄然熱鬧的暢飲，則世界的大部份便會立刻改觀而有所進步。」看來葡萄酒還可蕩滌蒙塵的心靈，祛除罪惡，爭得和平。

葡萄酒也許最近人情，她是酒類中的大提琴，最近似人聲心曲；她又似乎宜飲於任何時辰與環境，「春飲宜庭，夏飲宜郊，秋飲宜舟，冬飲宜室，夜飲宜月」，瑪塔卡納的葡萄酒，箇中有自己的天地乾坤，我的感覺是很有青春氣息，又帶著些許富足田園的豐沛，無論何時何地開瓶一飲，都不會令人失望。酒莊與酒莊之間所釀出之酒的差別，如何欣賞各有的妙處，只能意會，不能言傳，就要耐著性子逐一去體察了。

葡萄園風光於四季嬗連中時有變化，當以深秋最為絢麗迷人，褐黃深紅的葉片仍眷戀著赭黑的藤蔓，在一片陽光中，齊齊列隊於山丘之上。運氣好時，或可見戴闊邊草帽的莊主——他有可能原先是開波音747的，也可能是位IT工程師——從豐收過後的葡萄園中向你行來，給你一個燦爛的微笑，他勤快的夫人，在忙完了手摘果實的累活之後，正在品酒廳裡招呼慕名遠來的過客。耐心等上片刻，就可以躋身參觀一眾，到工廠中體驗釀酒之樂，在巨大的盛器裡，新摘的葡萄剛剛破皮去梗，濃濃果香，撲鼻而來，還要經過榨汁、浸皮、濃縮、發酵與培養調配等許多工序，才能成酒裝瓶，其過程複雜而微妙，每瓶酒都是活著的。

有些酒莊是可以留宿的，屋內外還收藏著許多藝術極品，經一宵無夢的酣睡，你完全有理由相信，有生命的葡萄，定是吸納攝取了藝術的靈氣，才變成這般醉人好酒的。

Matakana 瑪塔卡納：郊野黑馬

　　亨利驅策著那匹黑色的荷蘭純血馬，拉著輕馬車奔跑在馬塔卡納田野的村道上，牠黑色的鬃毛，在春風中飄拂，巨大的身軀像緞子般發亮。亨利不時回首提醒我低頭避開迎面掃來的樹枝，一邊柔聲向黑馬發出指令，這兩米多高的龐然大物，靈巧地聽從亨利的驅策，在雨後泥濘的郊野裡輕快奔跑，儘管坐在馬車上顛簸得很，但田野上吹來的風，實在是帶來許多愜意，從春天綠葉後面透射過來的斑駁陽光，似是在追逐著飛快的馬車，輪下有鄉村的泥土與青草被輾碎，散發出陣陣清香，你會感覺到自己和大自然融為一體。我這才領悟到，十九世紀的紳士淑女為什麼喜歡搭乘馬車出遊。

　　兩隻原先躺在草地上的小馬駒，跑過來追逐我們的馬車，亨利喊著牠們的名字，告訴我們這兩隻出生剛剛三週的小馬，是瑪塔卡納選育的紐西蘭純種馬。我們乘坐的輕馬車所穿過的，正是這個一百英畝的馬術中心的一部份，許多身軀勻稱、肌肉發達的名駒，在草坪上漫步。

　　拉車的黑馬，身高體壯，是一種戰馬兼工作馬，奔跑速度雖不快，但力大無比，善於跳躍越過障礙，而且悟性極高，聽得懂人語指令。我想像古戰場上人喧馬嘶，衣甲鮮亮，繡有貴族徽章的旌旗獵獵迎風的壯觀情景，如果黑馬生長在那個時空，牠的主人也許會是一位饒勇的騎士，古時的披甲武士（Men-at-Arms）由各個封建領主豢養，屬於職業軍人，從小接受格鬥訓練，騎士出征連人帶馬從頭到腳包裹鐵甲，再加上長矛寶劍盾牌，總重可逾一噸。這種巨型戰馬的力量有多大，可想而知。

　　瑪塔卡納的郊野公園（Country Park）也有個週末市集，馬術中心每每吸引不少愛馬的老少前來。亨利的黑馬算是一位很受歡

迎的「明星」，遊人除了喜歡乘坐牠拉的那輛閃閃發亮而又精緻的綠色馬車，更心懷敬畏地與牠合影存念。

牠的前任「大火」是匹十五歲的騸馬，因為體弱正以三千紐元在網上出售。其實黑馬的確是一位「明星」，出演過不少電影與電視劇，在鏡頭前面與演員配合默契，收放自如。

許多孩子來這裏騎小馬，從兒時就接觸馬，造就了紐西蘭人的愛馬情結。人們從習騎學會禮儀，練就靈敏的反應與對身體的控制，了解如何與動物建立感情與溝通，當然免不了要記住馬文化中豐富而有趣的知識。從各個品種的名駒的血統，可以上溯歐洲甚至世界的歷史，比如有一種著名的溫血馬，用來短距離賽馬的奎特馬（Quarter Horse），便是兩百年前，到美洲的早期移民把英國種馬和西班牙種馬交配的混種，最初擔任拖犁、趕牛群和拉車的工作，後來才用作參加1/4英哩比賽，因此得名「奎特」，而Quarter就是1/4的意思。

現代賽馬運動起源於英國，其競賽方法和組織管理先進、科學，比賽形式也發展為平地賽馬、障礙賽馬、越野賽馬、輕駕車比賽和接力賽馬等不同種類。

盎格魯‧撒克遜人的賽馬文化已傳播全球，從傳統僅限貴族參與轉變為社會各階層、全民參與的文明娛樂，成為一種最具代表性，保留了紳士風範，高雅特徵的大眾娛樂活動。

紐西蘭的賽馬規模雖遠較澳洲要小，但對純種馬匹的培育訓練早已享譽國際。香港賽馬會每年都派員到紐西蘭挑選良駒，不少紐西蘭出產的馬匹，在國際賽事中一馬當先，力壓群雄。賽馬業拉動了本地農業及畜牧業，生物工程學科、獸醫學及圍繞著賽馬業的各項學科和技術都有所突破和發展。

本地賽馬與其說是賭馬，倒不如說是嘉年華或是服飾秀，同香港跑馬的現場相比，見不到垂頭喪氣大爆「三字經」的馬迷，

也見不到丟得滿地雪片似的馬票。在紐西蘭賽馬往往添加一項「帽飾比賽」，三五好友，開瓶紅酒，享受陽光，開心一場，僅此而已。

　　亨利駕著他的黑馬，又拉著一車乘客從我身邊馳過，向那座一八九五年的聖安德魯教堂奔去，一對新人與儐相正步出尖拱的木門，歡呼聲中彩花繽紛飛揚，我聽見亨利向新人道賀，忠於職守的黑馬卻目不斜視、邁著碎步繼續前行，昂首挺胸，莊重之中頗有點驕傲自得。

作者註：瑪塔卡納（Matakana）乃位於奧克蘭以北七十公里一小村，沿一號高速公路北上約一小時車程可達。該區有著名酒莊二十多個，並有許多藝陶繪畫畫廊，每逢周六有兩處市集。紐約時報曾刊出有關瑪塔卡納之長篇新聞特寫，譽其市集為「世界受歡迎之市集」。

二、奧克蘭

Auckland 奧克蘭：阿爾伯特家的下午茶

就是再缺乏想像力的人，只要走進阿爾伯特古宅的大門，就會感覺到美麗的女主人與十個健康活潑的孩子，曾經生活在這裏。他們心愛的玩具，隨意扔在牆角。女孩的臥室裡，小鐵床上攔著緞子縫製的衣裙，旁邊還有一雙白手套，面向庭園的書桌，有本打開的書，仿佛那窈窕少女剛剛才離開。阿爾伯特的書房裡，牆上的地圖，檯上的帳簿，墨水瓶邊有一枝鵝毛筆和老花鏡，都顯示主人異域遊蹤的見多識廣與日理萬機的勤勉。

在這家人的起居室裡喝下午茶，欣賞著地毯上那些光艷華麗的折衷主義風格傢俱，端起皇家道爾頓的骨瓷杯，那光滑而精巧的把手，是否曾經屬於一位貴婦的纖指，我不敢肯定，但喝了口琥珀色的熱茶，還是不忍把杯子放下。玩賞她的形狀、顏色以及質感之餘，我竭力去領悟骨瓷茶杯本身所涵蓋的精神與道德觀。這隻杯子自一個半世紀前在英倫特倫特河畔出窯，隨主人乘三桅帆船遠航至此，既經過匠心獨具的雕琢，也因久經使用吸收家族精神，已經成了有靈魂有生命的珍品。

在英文裡，「文化」（Culture）詞源是「耕耘」，將彌足珍貴的情感意念，播種、收獲、調製與品味，就是一種文化培養。「無茶非英國」，用骨瓷杯享用下午茶，在英國文化中最貴族也最平民化。上至女王下至農夫，沒有下午茶，就失去生活重心。連父親哄小女兒，脫口而出那一句，也是「要來一杯茶嗎？」

　　一九零九年，英國劍橋之南的格蘭賈斯特果園（Grantchester Orchard），園主史蒂文森接收了一位房客，他就是詩人魯珀特·布魯克。他從國王學院畢業後離群索居於此，潛心作詩，但哲學家羅素和維特根斯坦，小說家福斯特和佛吉尼亞·伍爾夫，經濟學家凱恩斯和畫家奧古斯塔斯·約翰相繼而至，形成著名的「格蘭賈斯特小組」（Grantchester Group），堪稱另類「果園沙龍」。

　　其時歐洲自滑鐵盧一役後百年無戰事，田園牧歌式的盛世，令人無憂無慮之際，充滿樂觀精神。年輕學子居於田園、遠遊郊野，研討爭論，學術自由，思想開放，每時每刻都有新思想、新觀點碰撞誕生。

　　在格蘭賈斯特果園盛開綻放的桃李花下，魯珀特·布魯克吟哦出許多不朽的詩篇，但其中一首最著名的傳世之作，卻是在柏林之旅途中，因懷思果園生活而寫成。在「牧師古宅，格蘭賈斯特」（"The Old Vicarage, Grantchester"）這首詩中，詩人如此詠嘆下午茶：

> 當教堂的鐘停在三點差十分
> 尚還有蜂蜜可添入下午茶？[1]

　　他的這兩行詩，令果園與下午茶永遠屬於英國！也使我對那個自由、恬靜而充滿詩意的文藝年代，心嚮往之。當今時代科技文明雖發達，但政治詭異、戰火不息，且天災連連，人心漸冷、世情荒誕。在「最後的伊甸園」紐西蘭，能再度享有世所罕見的平和寧謐，感嘆昔日磋砣歲月，慶幸得獲枝棲，故萌步詩人後塵之念，重拾精緻文化。組建沙龍以降，能廣交同好，琴棋書畫，花鳥蟲魚，共享創作之樂，雅趣盎然，實乃人生一大樂事。

---

[1]　Stands the church clock at ten to three?
　　And is there honey still for tea？

　　百年法國鋼琴的叮咚樂聲中，忽傳來文友雲雀般高遠啼囀
的歌聲，只見鄰座穿維多利亞衫裙的老夫人，正凝神聆聽。庭園
裡雪松蕭立，花紅草綠，窗外吹來一陣微風，拂亂了她鬢角的金
髮，也掠動了夫人那頂精緻的帽子上的羽毛。一曲唱罷，舉座默
然，片刻後才響起讚嘆的掌聲。

　　骨瓷、古宅、下午茶、法國鋼琴與夫人頭上的英國女帽，使
我想起「貴族」一辭。有說貴族不賣弄、不炫耀、不攀比，要由
三代以上的優雅浸潤濡染形成，與金錢財富並無直接關係，我極
認同。

　　在阿爾伯特家的櫟樹下，又留連許久，與文友話題無邊地交
談，星際論道，花前說法，只在一個「真」字。夏的濃綠尚未褪
去，秋的金黃已悄然而至，享用罷下午茶盛裝的婦人們，項間耳
垂的首飾，在夕照下閃閃發光，她們三倆結伴從草地上走過，足
下幾片零星的落葉，發出「窸窣」的嘆息。

Auckland 奧克蘭：隨風而逝

　　坐在 Nuffield 街一間小 Café 路邊的椅子上，沒有興趣再去喝那杯味道平庸的咖啡。一直姍姍遲來的秋涼，終在夜雨之後來了。一宵刮個不停的秋風，打落了許多楓葉掉在地上，化為許多三角菱形的圖案，有深紫淺黃，更多的是火紅。雨後地上的楓葉，像植物學家做的標本，舒展開來平貼在深黑的瀝青上，對比強烈。又像後現代的裝置藝術家，以成千上萬的落英，參差有致地排出秋之狂想曲的作品。

　　午後秋陽投下斑駁的樹影，仿佛是那些仍在枝頭的紅葉，送給地上同伴的別吻。又不時被路人的步履攪亂，偶爾見到一雙纖足，穿著精緻的高跟鞋，露出塗成蔻色的玉趾，蓮步款款地踏著這些楓葉，使人想起〈倫敦小調〉那句纏綿悱惻的歌詞：「你輕輕漫步踏在我的身上，讓我就在你的腳下埋葬。」抬眼望去這逛街的女郎，一襲長褸，五官如畫，秋波似剪。她駐足在一間名店前面，傾前去望那櫥窗裏新到的歐陸秋裝，在玻璃的反照裡，風情萬種地往後梳攏栗色的捲髮，旋即走入店中去，許是去挑揀看中的時裝了。

　　嘆了一口氣，再去望這條不長的名店街，最欣賞那兩行葉盡染紅的楓樹，梁實秋講過：「我曾面對著樹生出許多非非之想，覺得樹雖不能言，不解語，可是它也有生老病死，它也有榮枯，它也曉得傳宗接代，它也應該算是『有情』。……總之，樹是活的，只是不會走路，根紮在哪裡便住在哪裡，永遠沒有顛沛流離之苦。」是的，樹的確沒有顛沛流離之苦，但夏去秋來之際，它卻要蒙受與隨風而去的落葉告別之苦。要等上許久，待大地回春，它才能再披上綠的盛裝。樹若有情，當慨嘆我深諳它意。

　　這條街原本老舊蕭條，徒有這兩行楓樹，冷清清地在這裏黃葉舞秋風。經過整修開發，一些名店先後進駐，又有了許多的咖啡館與食肆，也漸漸搶了隔壁百老匯大街的風頭，成為中產人家與白領閒來無事走走的去處，甚少見行色匆匆的過客，多是閒庭信步的紅男綠女。

　　雖在鬧市，卻紅塵很少，這裏仿佛倫敦人家的後花園，庭院幽深，軟軟地牽動你的心，讓你感覺不到有絲毫都市的摩登，只有那種貴族式的精細雅致。剛才那位女郎進去的名店，要邁上幾級階梯，進門便見四壁粉刷成經典的純黑，一盞堂皇華麗的巨型吊燈，俯照著鑲嵌金邊的路易時代絲絨沙發，看店的白髮婦人頸戴珍珠項鍊，穿著得體，展示她的商品時，那種神態使人覺得那絕對不僅僅是件衣服，而是價值連城的藝術品，一件雕塑，一幅油畫。

　　和蕭索飄零的楓葉相映成趣的，是人行道上的各色仙客來花，萬紫千紅襯著潔白的花瓣，為Nuffield街鑲上兩道賞心悅目的花邊。我仍坐在拐角那間小Café門外的舊椅子上，看這套古樸的桌椅，木質雖仍堅硬，但畢竟曾飽受風雨洗滌，裂紋間早有些泛白，蒼苔隱現，的確已有了些年頭。

　　秋陽下，地面的雨水漸漸乾了，那片片紅葉也被風刮了起來，在空中旋轉飄舞。時裝店裡的女郎走將出來，長褸脫去，藕臂如雪，露出玲瓏浮凸的身段，一扭一扭地穿過馬路。幾片楓葉在她身後隨風飄著，和我的目光一起，似是在追逐著與之嬉戲，那女郎卻毫不覺察，頭也不回，任憑那一頭濃密的栗髮在被風吹得紛亂，漸行漸遠，隱沒在街那端的楓樹後面了。

　　收回馳騁的神思，低頭再去享用那杯咖啡，卻是早已變涼。地上的楓葉漸為秋風所掃盡，卻又陸續有許多楓葉脫離了枝梢，緩緩

地飄落下來，誰能傾聽到它們對樹梢的依戀呢，在這結束他們短暫生命的最後飛舞之中，又有誰能領略箇中如泣似訴的淒美呢？

難道我們不是跟楓葉一樣的嗎？

過往皆是旅途一程，彼此均在汲汲築夢冀望成真！來的來了又復去，終歸隨風而逝。

Auckland 奧克蘭：豪乳撼動奧克蘭

奧克蘭無上裝大遊行，遊了幾年了，不外是一群重型機車後座上的女郎，露出雙乳，白花花的一堆堆肉，晃著晃著就過去了。往年一直沒引起什麼轟動，今年卻因市長先生帶頭反對，揚言要修改街道規則以絕傷風敗俗，引起坊間爭議，反而促就萬人空巷爭觀色情女星的盛況出現。由此凡事一禁，必走紅火爆，已成規律矣。

上午十一時過後，皇后街兩旁開始出現人群聚集，近十二時，已摩肩擦踵，水洩不通，罵婊子的標語也舉了起來。翹首盼望間，女郎未現，先見一隊勞工大漢，喊著口號，魚貫而至，鐵漢本色，先女性柔情一著，算是預熱。

在時晴時雨中苦候兩個多小時，無上裝車隊才在警車引領下，從k路沿皇后街緩緩駛下，令人眼睛為之一亮的是，車隊中竟有兩輛如假包換的坦克，前面坦克車頂一位纖瘦的女郎，正佯裝要脫下褲子，第二輛坦克上屹立著肌肉發達的壯漢。有這兩輛坦克開道，遊行聲勢大壯。

機車隊來了，每一位裸胸的女郎都穿黑色服裝，大小不一、形狀各異的乳房，呈現在人們眼前，女郎們秋波頻送，大拋香吻，更擺出各種「甫士」（Pose），引得路旁的觀眾不只是男性在大叫，許多年輕的女孩也在尖叫，各種相機、攝影機、手機都在拼命操作。

遊行隊伍後面兩位男士，戴著塑膠巨乳，也引起一陣轟動與喧嘩！

幾位舉著抗議標語的人士，在遊行經過時，不由自主扔下標語，不甘後人爭相圍觀。

我發現，男觀眾盯著機車後座的裸胸女郎，而開車的「騎士」卻不斷招呼沿街的女孩子，真是各有所好！

　　攘擠著在馬路邊站了兩個多小時，只為看十來分鐘的熱鬧。波濤洶湧的奧克蘭街頭，我忙了半天，什麼都沒看清，何解？忘了帶眼鏡。即便飽了眼福又如何，眾乳當前，能令人聯想起母親哺餵愛兒的溫馨嗎？那可是女性美的聖潔所在啊！

　　聽說圍觀者眾，逾十萬人。

　　有人說，這也是一種另類的娛樂文化，我想，看成是人文風景中，一叢除之不盡的野花，更為貼切。但蛙妻卻說：「即使是一種文化，也不適合你。」

Auckland奧克蘭：現做現賣的糖果

　　奧克蘭的Sylvia Park開了一間專售硬糖的「甜蜜」（Sweet）糖果店，店面不大，特點是現做現賣，製作糖果的工廠佔了一半面積。顧客可以隔著玻璃，目睹從熬漿、調色、定型、揉製、切削到包裝的全過程。穿藍上衣的師傅，亮得耀眼的光頭上，留著一根細如尾指的金色小辮，可能是追求美學角度的均衡，在他光滑的下巴尖，也保留了一小撮三吋長的鬍鬚，任何人一進店門，都會把視線落在師傅的光頭上，然後才欣賞五顏六色的糖果，

　　硬糖，在歐洲稱為boiled sweets，是在高溫時將糖，水和玉米糖漿或轉化糖混合，蒸煮達到2%的含水量，然後混合加入香精和色素製成。

　　據說在二十世紀初，人們開始改變用鍋熬製糖果的方式，以機械加工為主。但店中光頭師傅仍堅持復古操作，用兩口大鍋熬煮糖漿，煮成後傾注在工作臺上，工作臺面本身就是一塊加熱板，在冷卻過程中，硬糖具有可塑性，在未冷卻之前加入可以添加香精，色素和酸、香精等添加劑的熱穩定性和風味特徵，往往決定硬糖的味道與口感。店內架子上擺著各種香型的香精與色素，有蘋果、杏、香蕉、黑加侖、櫻桃、檸檬、橙、桃子、梨、薄荷、鳳梨、木莓、留蘭香、草莓、西瓜等等。

　　光頭師傅會將未完全冷卻的各種顏色的糖漿，拿到另一臺面上，用手慢慢搓揉成一片片長條，再將幾種不同顏色的長條組合搓成手臂粗的圓柱，然後拉伸、成形、切割。這是硬糖製作的巧妙關鍵，如何組合各色糖塊，決定成形後的硬糖具備何種色彩圖案，除了不同色彩的外表，切面也可呈現出千變萬化的圖案，有的是一只小菠蘿或草莓，有的是植物的管莖，甚至可以在一公分

直徑的切面上，呈現綠色條紋的西瓜外皮，紅色果囊，居然還有一圈黑色瓜籽。

同其他的民間手工藝一樣，製作硬糖本身也是一門技術與藝術。糖漿冷卻到什麼程度，何時組合、拉伸、成形，全憑師傅的構思、感覺與經驗。光頭師傅和他的女助手，大聲向圍觀的顧客講解硬糖製作的工序，還遞上剛切割的硬糖與眾人分享，很少人會拒絕這種色彩明豔、爽脆清甜的硬糖。

小小糖果學問大，是人類五大食品享受之一。人們吃糖的歷史可以追溯到一萬年前，甘蔗最初的發源地，應該是在距今約一萬年前的新幾內亞，並且由此向西傳至印度和中國，向東傳至菲律賓，直到西元前三千年再傳至埃及，再透過阿拉伯人將煉糖的技術向西推廣至西班牙，進而傳至歐洲。製糖的原料除了甘蔗，還有甜菜、糖高粱、糖楓、椰棕、棗棕、羅漢果、甘草等等。

早在四千年前，中國人就發明了麥芽糖的製作方法，它金黃光澤、富黏性、軟滑，成為中國人的日常零食與入廚佐料。我們常用的成語「甘之如飴」，比喻樂於承擔艱苦之事，雖處困境卻能甘心領受。這句成語中的「飴」就是麥芽糖。《後漢書‧明德馬皇后紀》中提到：「吾但當含飴弄孫，不能復知政事。」祖父輩嘴裡含著麥芽糖和孫兒一起玩樂，不問朝政世事，往往被中國人視為人生的幸福境界。麥芽糖還可以用作粘膠的代用品，在《戰國策》的楚條上，也有孩童以飴粘捕蜻蜓的記載。時至今日，偶然可見一些用瓦罐盛著的麥芽糖，那古拙的深赭色小罐，紅色的招貼紙，還能喚起人們心中的懷舊感呢。

去年全球糖果銷售量超過了一千億美元。糖果的種類有硬糖、夾心糖、充氣糖、凝膠糖、焦香糖、拋光糖、膠基糖、巧克力和巧克力製品等幾大類。除了父母擔心孩子吃了糖果弄壞牙齒，糖果一般都很受男女老少的歡迎，有的糖果經過精心設計，

還具有觀賞價值，教人不忍把它放進嘴裏吃掉。過去，世界上幾乎沒有禁止出售糖果的先例，惟獨愛爾蘭曾經禁售一種叫「果棒」的傳統糖果，理由是這種「果棒」的外形與包裝與酷似香煙，幾可亂真，政府禁煙部門認為，未成年兒童如果經常食用這種糖果，會導致日後染上煙癮，所以立例禁絕。

「甜蜜」糖果店除了在奧克蘭開業，在基督城 Main North Road 還有一家，現做現賣五光十色的硬糖，連星爺電影《功夫》裡那種螺旋花紋的棒棒糖，都有出售，影片中以此糖貫穿著一個浪漫的愛情故事，橋段雖然老套，卻仍賺人熱淚。因為對星爺電影的偏好，我在店中徜徉時，不由對貨架上的棒棒糖望多了幾眼。

「甜蜜」的商標，是一個光頭仔拿著棒棒糖，摟著旁邊的孖辮女，如果留心細看，越看越像店裡的光頭師傅和助手。每經此店，都會駐足片刻，欣賞滿架各式硬糖，順便也望望那澄亮的光頭，總覺得那久違的童真，又重回了心間！

Auckland 奧克蘭：克裏夫頓的生蠔

　　克裏夫頓（Clevedon）是山脈中的一個小盆地，離奧克蘭市中心不到40分鐘車程。1800年，第一批歐洲移民進入這裏，用簡陋的工具，清理荒野叢林，開闢農場，並從這裏轉運奧克蘭來的旅客，往哈拉奇港口（Hauraki）乘坐渡輪。

　　經過兩百年的精工細作，山勢緩和、海灘寬平的克裏夫頓，已經變成鬧市邊的鄉村天堂，正如英國人心目中的鄉村，充滿田園牧歌的寧謐安逸，草地常綠，碧空如洗，當年為劃分農田地界而栽的樹籬，今已高大挺拔，在紅黃相間的樹叢後面，可望見那些莊園主的宅子，時尚化了的英式建築，美輪美奐，有色調鮮明的外牆，造型別致的房頂，屋前的私家路，蜿蜒通往大道，路旁開滿繁花，有的是一列梧桐，有的是兩排楓樹，看得出每個主人對自己農場的精心規劃，農牧勞作之中，有藝術氣息，美學的享受，貴族的派頭。初民墾荒時的農居陋舍絕少見了，殘存的幾幢，多被保存下來，作為歷史的見證，供遊人追憶早期移民的創業維艱。

　　克裏夫頓盛產乳酪、生蠔和葡萄酒，早已行銷世界各地，在卡瓦卡瓦灣（Kawakawa Bay）的一間養蠔場裡，買了幾打帶殼的生蠔，順便觀看了牆上的養蠔流程介紹，放蠔排、採集等等一律機械化。蠔場要選在灘塗平、海水淺、風浪小的地點，水質要沒有污染，卡瓦卡瓦灣全都具備了這些優點，據說這裏出產的生蠔，被奉為世界頂級餐廳的極品。當然，南島的布拉夫港（Bluff）的生蠔，才是全紐首選，因為在低溫、乾淨的福沃海峽（Foveaux Strait）裡，蠔的生長速度慢，質地也是全世界公認最鮮甜的。

　　古人對蠔曾誤以為有分雌雄。以左顧是雄，故名牡蠣；右顧為雌，則名牝蠣。後經李時珍正名為「牡蠣」，他在《本草》中

寫道：「謂蚌蛤之屬，皆有胎生卵生，獨此化生，純雄無雌，故得牡名，曰蠣曰蠔，言其粗大也。」

　　生蠔肉營養豐富，含蛋白質不少，且有人體必需的八種氨基酸，又含能促進兒童智力的微量元素鋅，故有「益智海味」之稱。蠔含鋅頗多，也被視為「腎虧」男子恩物。生蠔殼也有妙用，內含豐富的碳酸鈣、磷酸鈣、鎂、氧化鐵及有機質，有鎮靜、降壓及抑制腫瘤細胞等藥效作用。

　　在卡瓦卡瓦灣的海邊，就地解決了這批清晨才撈起的生蠔。生平頭一次嘗此美味，何況還在熙暖秋陽下，柔和海風中，沒有任何調味佐膳，吃得如此特別。

　　起初兩隻加了檸檬汁，覺得偏酸，更蓋過了生蠔的鮮味，後來的直接原汁原味從殼中取食，晶瑩透亮的蠔肉，鮮活飽滿得仿佛還在顫動，用瑞士軍刀挑起放入口中，舌端味蕾立即變得異常敏感，嘗到了灣中海水微澀的鹹味，其間還帶著草木的清香，岩礁的微腥，咬破蠔的軟體後，口腔裡流動著一股至清極純的鮮甜，與海水、草木與岩礁諸味相混揉，咬下去齒頰間有種帶彈性的清脆，形成一波接一波的快感。

　　挾著吃剩的兩打生蠔，經過尼斯谷（Ness Valley）的Noortheim酒莊，想進去開一瓶白葡萄酒，品酒吃蠔，惜未開門，悵然折返。慕名去那克裏夫頓小鎮中的巧克力店，高興地和門外穿裙子的小兔雕像合影，進門後卻撞見白種男人一張悻悻的冷臉，聽不清他是否嘟嘟嚷嚷在罵人，本想買點手工精製巧克力，但既然他見到客人表現出如此不爽，也就趕快離去。一向對這小鎮的美好印像，抹上了少許陰影，但白人也吃麵包，也有七情六欲，個別人腦子骯髒、心地齷齪自然難免，待人不恭，是他自幼缺乏家教，丟他老母的臉。若他是老闆，如此待客之道，自然是

會由蝕本來教訓他；若他是雇員，那他就是在倒老闆的米，最終
也是食一道「豉椒炒尤」被掃地出門，於我倒是毫無相干的。

　　車子開離小鎮，陰霾隨即為風所驅散，又是藍天高遠，白鷗
翱翔，深秋紐西蘭的郊野，的確迷人，行進其間，不由記起英國
詩人濟慈的《秋頌》：

> 啊‧春日的歌哪裡去了？但不要
> 想這些吧，你也有你的音樂──
> 當波狀的雲把將逝的一天映照，
> 以胭紅抹上殘梗散碎的田野，
> 這時啊，河柳下的一群小飛蟲
> 就同奏哀音，它們忽而飛高，
> 忽而下落，隨著微風的起滅；
> 籬下的蟋蟀在歌唱，在園中
> 紅胸的知更鳥就群起呼哨；
> 而群羊在山圈裏高聲默默咩叫；
> 叢飛的燕子在天空呢喃不歇。……

　　人們總喜歡把英國情調的田園風光比作油畫，我想，許是借
比色彩的瑰麗絢爛，如細作揣摩，便會感到比作水彩更為貼切，
英國也是水彩的祖家，水彩的婉約清麗、鮮豔明快，最能恰切描
繪克裏夫頓的秋景，特別是泰德‧高池基畫的水彩，他那種對比
強烈、用色渾厚的風格，實在是太適合用來畫眼前此景了！一路
行去，美景撲面接踵而來，儘管車後帶著畫具，惜此行目的只為
品蠔，寫畫只有留待來日了，只是不知其時克裏夫頓，可否再見
同樣瑰麗的秋色？

後記：回家次日，對日前在巧克力店中經歷，想了一下，還是給
　　　該店發去一電子郵件，告訴對方，我認為昨日發生之事，
　　　對巧克力店和克裏夫頓小鎮都沒有好處。二十分鐘後竟有
　　　了回音，對方誠懇道歉並告之，在我們造訪的前夜，巧克
　　　力店遭到破壞，幾經周折才恢復營業，故守店者心情欠
　　　佳，變成「黑臉神」，她誠邀我們儘快再訪克裏夫頓巧克
　　　力店。知道事出有因，我亦釋懷，凡事都有個因果，有時
　　　溝通十分重要，可以避免不必要的誤會。當然，下次重遊
　　　克裏夫頓，這間巧克力店還是要去的。到克裏夫頓品嘗生
　　　蠔，有了這一段小小插曲，也學到了一些人與人相互溝通
　　　諒解的道理，後又獲知，這位白人男士原來不諳英語，生
　　　來這副冷臉孔，至於為何安置這麼一個人在店中，原因就
　　　不得而知了。

Auckland 奧克蘭：貓屎咖啡「魯瓦克」

理查德・戈特利打算在自己位於 New Market 的咖啡館，推出一種「魯瓦克」（Luwak）新咖啡。「魯瓦克」在二零零二年曾風靡全球，在紐約每磅要賣五百美元，在香港的中環，飲一杯「魯瓦克」要四百港幣。紐西蘭比其他地方慢半拍，過了整整八年，才來推出「魯瓦克」，的確有點古老當時興。儘管如此，他朝若上市，每杯可能也要超過三十多紐幣。

「魯瓦克」（Luwak）咖啡產自印尼蘇門答臘，年產量不過數百公斤。同一般傳說的取豆方法，如日曬、水洗、半日曬和機械半水洗有所不同，它是從麝香貓的糞便裡取出的咖啡豆。台灣叫「便便豆」，有些華人乾脆就叫它「貓屎咖啡」。

韓懷宗所著的《咖啡學》對這種「另類」咖啡，有極精彩的闡述。原來在咖啡的故鄉衣索匹亞也有愛吃咖啡果的麝香貓，但非洲人沒有從糞便裡撿豆磨咖啡喝的習慣。而印尼人卻在把收成咖啡豆盡數賣給批發商之後，著妻女去林地撿拾麝香貓的排泄物，洗出未消化的咖啡豆，製成咖啡飲用。本是窮苦人家解咖啡癮的「下欄」，想不到若干年後卻成了非富即貴咖啡一族追捧的極品。

一些所謂咖啡專家，如加拿大蓋普大學的食品科學家馬孔，著書立說、考証研究「魯瓦克」，認為晝伏夜出的麝香貓，視力嗅覺絕佳，專揀最紅的上等咖啡果吃，經消化道中乳酸菌、微生物的發酵分解，排出時帶上肛門附近麝香味腺體分泌的特殊氣味。經烤焙製成咖啡，在品評家富於想像力的即興發揮下，這種貓屎咖啡，居然有了獨特的黑巧克力味、煙燻味、土腥味和麝香味。

本是糞便中殘留的渣滓，經此一吹，就成了咖啡王國的公主，人見人愛。但到了零四年全球 SARS 爆發，廣東果子狸被疑為

帶病源，所謂麝香貓「palm civet」因而受累，貓屎咖啡也就無人問津。近年才再又復熾，卻遇上了新的對手「雀屎咖啡」，請注意，是「雀屎」而非「雀巢」。

二零零六年，南美巴西推出「鳳冠雉咖啡」，其咖啡豆取自肉垂鳳冠雉糞便。又有好事之徒去品評「貓屎」與「雀屎」的各有特色，這次有個精品豆專家湯姆‧歐文，從「雀屎咖啡」中喝出了堅果和黑胡椒的味道。我真是服了他。

到了零八年，斯裡蘭卡眼紅貓雀糞便點石成金，在大象收容所餵大象吃咖啡豆，意欲泡製「象屎咖啡」。一匹大象排出糞便數以十公斤計，倘若成功，無疑是財源滾滾而出。可惜一直不見「象屎咖啡」面世，如韓懷宗所言，許是大象腸胃功能極佳，把吞下的咖啡豆全消化殆盡了。

近年繼而推出的印度「獼猴咖啡」，是加拿大人所為，取自印度迪馬莊園的獼猴，群猴摘咖啡果吞吃，吐出堅硬的豆粒，獼猴腮中唾液與豆粒產生發酵作用，故令吐出的豆粒製成咖啡，酸度低，帶臻果與巧克力甜香。這種獼猴咖啡三百克也要賣二十多美元，而且一運到加拿大的咖啡烘焙坊，就被搶購一空。

Altezano咖啡館的老板，能否如願賣出十倍於普通咖啡的「貓屎咖啡」，倘未能肯定。但一般人都會有「名牌就是好」的先入為主心理，花了這麼大的代價，捧一杯「魯瓦克」在手，必拼命往好處想，除了貓屎味，什麼味都能品出來，反正味蕾在他嘴裡，喜歡怎麼講就怎麼講。萬一他還是這方面的「專家」，那就更字字都權威，教人非信不可。

我向不輕信這類「專門騙大家」的「專家」，尤其對「貓屎咖啡」，總覺得牠是咖啡宗教中的邪教異類。咖啡因品種基因、種植條件與氣候環境的不同，再因取豆有日曬、水洗、半日曬和機械半水洗的各樣手法，烘培技術亦有淺焙、中深焙、深焙及快

炒與慢炒的千變萬化，的確會有許多不同的特殊風味，但非要把經過動物體內消化系統的排泄物，奉為至尊。我實難苟同，覺得這可能會是一種飲食心理的逆反和變態，覺得越是稀奇古怪的東西越值得嘗鮮一試。

咖啡是一種飲料，也是一門學問，一種藝術；咖啡，不僅催生音樂與文學的傳世之作，還曾經引發過戰爭。「貓屎咖啡」在紐西蘭的出現，會不會掀起咖啡壺裡的風波呢？紐西蘭人可以喝杯「貓屎咖啡」，也來時尚貪新一番，紐約倫敦和雪梨的男女喝得，為什麼Kiwi就喝不得?!想想也不無道理。

每念及此，竟也有些期待「魯瓦克」早日登陸本埠，屆時去理查德・戈特利店中試飲一杯，捧捧場，是少不了的。

Auckland 奧克蘭：讓美夢成真

大地復綠，四野寧謐，和風徐來，流光若駐。天上由然起雲，春雨竟夜，到了黎明，下了又停，停了又下，潤物的興致似乎還未消失。而那些在隆冬落盡了葉的櫸樹與楊樹，都伸展開那蒼勁而盤曲有致的枝椏，迎向細密而無聲的春雨，路人用不著走近，都可以看見那些深褐色的禿枝，綻出了密密的綠芽，讓灰暗的天幕，因有了這飽滿的春綠，平添幾許生機。

在煙霧繚繞的懷胡（Waihou）河畔，找到那家不起眼的餐館，門面樸素平凡得像普通民宅，點了兩份左口魚。雖說我從一開始就不相信，盤中之魚是來自懷胡河，桌面上餐廳廣告背面關於左口魚的故事，又那麼荒誕，居然講到有位丹麥探險者用魚絲和夾子嵌住左口魚尾巴，放牠在河裡翔游，結果被這尾狡猾的魚逃脫，去找牠隱藏在泥汙中的未婚妻……但我覺得，這段看上去「無厘頭」的文字，許是店東開的一個玩笑，暗示閣下盤中餐，皆是那條從丹麥人手中逃脫的的魚，繁衍出來的子子孫孫。

在那條魚端上來後，只嘗一口，舌端立即一片嫩滑鮮香，我開始不僅欣賞店東的幽默感，更讚佩他的廚藝了。頭髮斑白的店東告訴我，做這款魚不能炸只能烤，就轉身去換唱片了。

窗外的春花綠樹又在雨絲中變得濕潤矓曨，繞舌歌仿佛壞了的唱片，反反復復就那一個調，像隻大蒼蠅在空蕩蕩的餐堂裡嗡嗡旋舞。又來了客人，腳腕有薔薇刺青的金髮少女，隨著音樂的節拍搖擺著瘦瘦的身子扭進來，她的男伴正在門外停放那架霸氣十足的Honda 1800cc的重型機車。

這閃閃發亮的機車，使「人生夢想」多多的我遐思飛揚，除了第一夢想做西部牛仔策騎馳騁荒原，我人生的次夢想，就是穿

上皮衣，跨上鐵馬，沿著公路飛馳，當然後座最好有個腳踏馬丁靴，嚼口香糖，一頭雞窩亂髮的女郎。

推開鄉村酒吧的木門，重重一拳砸在吧臺上：「啤酒！」，然後在眾目睽睽之下，脫掉夾克，和盯著我女人的壯漢打個鼻青眼腫……想像中我用漂亮的左勾拳，擊倒了對手……

「啪！」的一聲，不知誰給了我一掌，原來是杏目圓睜的蛙妻，「又做你機車美人的白日夢啦?!」

我醒目地不作聲，開始低頭吃魚。

「你今年貴庚呀？還想飛車？心臟受得了嗎？」蛙妻體貼地遞過來一杯水。

「這台灣前年不也搞過一次老人機車環島行嗎？」我有點不服氣。

「那是台灣，還有人組了個機車黨呢？你參加不？」蛙妻反唇相譏，臉色開始難看起來。

想想也是，自己一直想做個恂恂儒雅、有為有守的人，怎麼就會有這般奇思異想呢？臨老飛車速度中尋快感也罷，還得寸進尺，想後座上有嬌娃伸出玉臂抱住自己的腰，實在過份，也出了精神的軌。

吃罷左口魚，開始遊說蛙妻和我一起，借親友那部機車開去激流島，她不假思索地拒絕了我。但蛙妻的目光旋即變得柔和：「想起來，以前咱倆還真的開過摩托車。那時我坐在你後面，摟住你的腰。」

蛙妻邊說邊瞟了我的肥腰一眼，還情不自禁地拂了拂自己柔軟但已花白的頭髮。她瞇起眼睛，許是想起當年坐在我身後，開著鈴本50cc衝下白雲山彎曲山道的情景……「那時我們多年輕呀，我才二十二歲。」她幽幽說道。

多少舊情住事，湧上心頭，握住她操持家務幾十年變得粗糙的手，幾十年相濡以沫的同甘共苦，又現眼前。

好像才剛相識，怎麼彼此就老了呢？許多書未讀，許多事未做，許多夢想未實現，還未開始難道就要結束了嗎？

見我黯然神傷，蛙妻憐惜地柔聲安慰我，如有夢想尚有許多機會去付諸現實，只要不跑馬飛車，她願與我共往同行。

我興致來了，提出歐洲「三河遊」：租一船屋，經萊茵河遊瑞士、奧地利、德國、法國和荷蘭；經多瑙河遊捷克、斯洛伐克、匈牙利、克羅地亞、前南斯拉夫、保加利亞、羅馬尼亞、烏克蘭；經泰晤士河遊英格蘭。

蛙妻樂了，以為我在說笑逗她。她不知道我連歐洲河道圖都準備好了。

春雨住了，繞舌歌也換成鄉村音樂，腳腕有刺青的女孩摟住騎士的壯腰，機車衝上大道，絕塵而去，她的金髮在春風中吹亂了，飄舞起來。

握住蛙妻的手，又坐了片刻，一時無語。有管蒼涼的薩克斯風，吹出那首老舊的「田納西舞曲」，柔和徐緩的旋律如懷胡河碧波蕩漾，現在輪到鄰座的一對老者搖頭晃腦了，他和她放下咖啡，相擁起舞。

懷舊樂聲中走出左口魚餐館，已決定放棄西部牛仔機車騎士的妄想，但心裡卻還惦記著「三河遊」，也許明年，也許三、五年之後，總有一天我會離開這三蛇九鼠一畝之地，駕船經過歐洲的千年古堡與牧場村鎮，讓我的美夢成真。

Auckland 奧克蘭：考裏樹與琥珀

　　入秋後幾乎天天放晴，像我這種喜歡即興式旅行的人，興致就來了，平日車子後面總擱著兩張摺疊椅，一個野炊用具齊全的書包，寫生畫具，幾份地圖，好像有點隨時待命出發的意思。儘管有人認為奧克蘭四周的風景不過如此而已，但在我看來，晨昏四季，雨霽陰晴，都有許多變化，有時還真能撞上一幅光影色彩完美的圖畫，大自然總是亙古不變地披露她的美色，端視被利欲蒙蔽了心智的我們，可否在淺薄的心泉裡，映照出她內在的美?!

　　懷塔茄裡（Waitakere）一個多霧的早晨，第第朗紀（Titirangi）小鎮的咖啡館，已經坐滿了人，牽小狗的老人，剛從肉店買完肉，對擦身而過的晨運女郎，抬起帽沿致意。這建在半山的小鎮，只有三十來家店鋪，鎮那一端的草地上，立著一組後現代主義的雕塑，有點像在「葡國雞」館子裡點餐後，侍者遞過來的那隻塗有號碼的木雞造型。

　　在步行徑旁邊的原木桌椅上用早餐，順便也分食與樹間的群雀，不時有晨運客經過，卻都低垂著兩眼，更吝於道一聲早安。回到他們的車子跟前，都打開尾箱取出手提包，都市人的冷漠自閉、防盜的謹慎，哪怕在這寧靜的郊野，也很煞風景地流露出來。

　　嵐霧在晨風中漸被吹散，四周翠幃森環，雄峭幽穆，走進林子裡，沿碎石鋪就的小徑前行，不久便聞谷中潺潺水聲，處女林經過百年前採伐「考裏」巨樹的開發，現在只剩下少許喬木，漫山遍野皆是灌木密林，如今運行在森林鐵路上的「雨林之旅」火車，只是美其名而已。

　　這條路走過幾次了，修整得很好，增添了許多填滿砂石的階梯，流泉順著兩道高山之間的深谷淌下，在坡度平緩之處積窪成潭，至陡峭之處，則蔚成飛瀑。選一個離瀑布只有幾尺的地方坐

下，倚著考裏古樹傾聽鳥鳴泉音，感覺得出林中清風，宛如少女的柔指，從兩頰輕輕拂拭而過，出塵之想，油然而生。

北美曾一度盛行「抱樹」，張開雙臂擁抱參天大樹，汲取樹中天地精華。我卻有時候喜歡「撞樹」，這是中國民間武術上練外功的一個特別的方法，人體不同部位有不同的穴位，有氣血運行的脈絡，通過配合吐納撞擊樹木，可以促進氣血運行，進而增強體質。恰好有點腰痛，就地於林中選一外皮較為光滑的大樹，痛痛快快撞了幾十下，果真見效。據說還有練用頭撞樹的，撫摸著那堅如利鐵的考裏樹皮，心中暗笑，不知哪位高人敢「以身試法」，包管讓閣下頭破血流。

考裏（Kauri）雖然是一種樹，卻和紐西蘭的歷史結合在一起，成為引以為榮的文化遺產，有考裏樹的公園和博物館。原住民奉為神明，歐洲殖民者視為「綠金」。考裏樹中文名叫做貝殼杉，臺灣叫南洋檜木，這種樹長得又高又直，經久耐腐，是當年英國海軍做戰船主桅的首選，現在則用來製作高級樂器、傢俱與室內裝修。最近英國用紐西蘭鹽沼裡挖出的考裏樹，做了一張堪稱「古董」的桌子，根據測檢這些木頭已有3萬年壽命，所以要賣一萬兩千美元。

考裏樹分泌出來的樹脂亦很珍貴，可用作油漆、藥物，甚至作為琥珀出口，僅1850年，已有一千噸的樹脂出口到英國和北美，而其後的一百年間，出口的樹脂更達四十五萬噸。一百多年前，有許多歐洲移民在深山老林裡，住在臨時搭建的窩棚裏，過著風餐露宿的艱苦生活，採集樹脂換取食物與生活用品。南太群島土著製作陶器時，用考裏的樹脂塗抹在剛出窯的陶器上，冷卻後可呈現黑褐色的光澤，經久不褪。毛利人更把它當作口香糖來嚼。

紐西蘭的考裏樹脂一向被當作琥珀，其中不少都包著植物或小蟲，廣為博物館與私人收藏，一般珠寶業行家，都認為如其中

包著植物小昆蟲的必定是琥珀。但最近有人提出異議,運用紫外線、紅外線光譜、酒精等專業測試方法,檢定考裏樹脂即使其中包裹著栩栩如生的小蟲,也並非百分之百的純琥珀。這種對紐西蘭「琥珀」的質疑,未知是否已經反映到本地市場上來?

我所倚著的這株考裏,也有二十多米高,光光的樹幹,見不到一滴樹脂,她屹立在這山間飛瀑流泉中,起碼過百年了,人生易老,他日我輩既成過往,又將有後人來此山中一遊,倚樹小憩,這老樹的濃濃綠蔭,卻也還映襯著一樣的藍天。

至於那裹著小蟲的樹脂,永遠會有人欣賞把玩的,細看那小生命最後一刻掙扎欲飛的動態,有誰知道,在這金黃晶瑩色彩的透明物質裡,包藏了瞬息驟變的地球歷史資訊,定格著萬物生命的榮枯迭替。在偉大永恆的自然面前,「人生不滿百,常懷千歲憂」的我們,只像那小小蜉蝣朝生暮死,清晨一出生來不及覓食,便急急交配繁殖,然後於落日前死去!

在高山流水的清越音韻裡,生出這多的遐想,使我即便走出了林子,耳邊還響著叮咚泉音,考裏的樹影,似仍在頭頂的高處搖曳,那思緒一旦振翅高翔,就很難再把她關進心靈的窗扉,她漸高漸越,遠遠向海天一線之際飛去。

歸途中,小鎮露天咖啡座這一杯「熱谷咕」是不可少的,夕陽下的樹影,在大街上拖得長長斜斜的,山下港灣裡歸帆點點,再過一會兒,奧克蘭的萬家燈火,將隨夜色來臨明滅閃亮,等哪天再來此觀賞夜景,定是另番情趣,只望屆時夜風中能聽到飛瀑流泉的喧嘩,還有那考裏古樹枝梢的低語。

Auckland 奧克蘭：屬於自己的酒

在「讀者文摘」上讀過一篇談酒的文章，對「酒」字從金文的「酉」字，到甲骨文在「酉」旁加上三筆、再演變成後來篆書添上「三點水」變成「酒」，有很妙的解釋：「酉」像個盛酒的圓口細頸寬肚尖底的陶瓶，然而那「三點水」並非水，而是溢出之酒香！我覺得這個解法很有詩意。

一句「餇乾酒澄」，道明了遠溯夏商周的酒文化歷史，當時已用稻黍釀酒，但尚是濁酒，王侯斟酒未飲，置杯中多時，酒糟下沉，杯中酒便見澄清。穀物經發酵產生化學變化，完全改變味道與香氣變成酒，使古人感到奇妙，遂在酒正指揮下，遣派婦女從事酒、漿、醯、醢等釀造工作，這種酒大概就是江浙一帶的黃酒。

「儀狄作酒醪，杜康作秫酒。」酒醪便是上面說的溫軟的甜酒，「秫」為高粱，經釀製蒸餾而成白酒，度數高口感火烈辛辣，許多人把杜康奉為中國的酒神，可能是光顧著推崇十大名酒，卻忘了「如作酒醪」的儀狄。

酒在西方也是淵遠流長，烈酒包括威士忌、蘭姆酒、琴酒、白蘭地、伏特加和龍舌蘭酒。其中威士忌大概只有五百年歷史。但六千年前黑海與裏海的外高加索，已經有人種植葡萄，釀造葡萄酒。希臘神話中酒神巴克斯，手裡拿著雙柄大酒杯，裡面盛的就是葡萄酒。

曾有識飲之人這樣形容心中愛酒：「每個人一生中，都會有一種屬於自己的酒，就看你能否耐心等待，與它相遇。」

找到屬於自己的酒之後，有人喝酒偏愛通過酒精度數追求刺激，甚至以海量為逞英雄之標準，我覺得這形同在狂歡中當眾與情人親暱，不適合我。我寧願淺斟慢飲，像待一位殊難尋覓的紅粉知己，讓心旌蕩漾的時刻盡量延長，方顯珍重與痛惜。

　　我是在奧克蘭西郊一間隱秘的酒莊，找到了這種屬於自己的酒，比較貴的一類甜白酒，她悄悄立在其他瓶酒之側，初嚐後便有了對她牽腸掛肚般思念的感覺。當時我握著試酒的小杯，望著酒莊前邊那片火紅的楓葉，在接觸那香甜軟滑的液體一瞬間，腦際閃現出「就是她！」這三個字。後來回中國時曾帶過一瓶給母親，她抿了一口就兩眼放光，告訴我，她回想起五十多年前在上海水上餐廳嫁給父親的那個晚上，這酒中就帶有這麼一種讓時光倒流的況味！

　　葡萄酒本有生命，且是可注入情與義去飲的。巴斯德說過：「一瓶葡萄酒中蘊含著比所有書籍更多的哲理。」許是作為一個微生物學家，見到常人未見的葡萄酒世界後的感言。但人在紐西蘭喝紐西蘭的葡萄酒，則不必從酒的色與味間，去追尋產地原鄉的故事，去解讀氣候的複雜變化與土地精神。這裏的酒充滿紐西蘭人的情感與個性，安寧中飽含自信，不張揚外向，卻很自我欣賞。自己對葡萄酒向有相見恨晚之憾，只惜了解甚淺，唯有多去品嚐，積聚審美經驗，真正從原汁中喝出原味來。

　　從酒莊裡討一酒杯，信步走下草坡，小心翼翼捧著剛買的甜酒，在池塘邊坐下來享用，在秋陽下見到傾出的酒液，有一種透明而極淺的橘色，顯現果實熟透後的慵懶與自滿。再細品之，嘗出稠粘的蜂蜜味道，箇中還帶著春天盛開的桃李的芬芳，這種得自舌端味蕾上春天的感覺，活力澎湃，很微妙也難以捉摸。

　　很珍惜與她相處的這一刻，酒也有情有性，若知你愛她理解她欣賞她，她自會為你翩然起舞，與你纏綿悱惻，讓你歡愉喜悅，給你滿足。

　　酒不像人，得了你的信任和友情，卻報以欺騙、猜忌與仇怨。

　　酒是忠誠的，她誘人，是因為博取欣賞，得知己時便歸你所有並與你融為一體。就為此我將杯中瓊漿仰盡，不枉咱們相識一場。

Auckland 奧克蘭：我心在高原

在晴朗的星期天上午，未見樂手先聞笛音，一列樂隊吹著風笛擂著鼓，在雨後格外青綠的草地上走來，這是獅子會在奧克蘭東區一次活動的序幕。

風笛手穿著高原四十二連專用的綠底藍條格子裙，齊膝的長統襪別著紅色流蘇，把那幾管風笛吹得裊裊悠悠。每聽到嗚咽悲戚的風笛聲，就想起蘇格蘭詩人彭斯的詩句「我的心兒在高原，不管我去到哪裡。」如果是在英倫北部高原裸露的岩石上，倚著牧人小屋，向山巒草坡與海天茫茫吹一曲〈蘇格蘭勇士〉（Scotland The Brave），一定會記得華萊士，梅爾・吉伯遜在《英雄本色》中演活了這位英雄，他被肢解時喊出穿雲裂帛的「自由」二字，使其歷經八百年仍然不朽！

然而今天的風笛，已非在戰陣中為殺敵而吹響，樂手們悠閒而莊重地緩步前行，吹奏的都是明快的民謠，後面還尾隨著幾個興高采烈、戴蘇格蘭帽的孩子。就近可以見到風笛手腋下挾著的羊皮袋，有五根管子插在裡面，第一根吹管（Blowpipe），由風笛手含在嘴裡把空氣送入袋中，第二根是指管（Chanter），彈奏主旋律。另外三根（Drenes）負責低音，包括兩根 Tenor 和一根最低音的 Bass。

風笛手並非如常人想像用手臂挾動羊皮袋送風，而是用左腕抱著羊皮袋，以腕力推壓之，再以手指調節五管而奏出一曲。蘇格蘭風笛音樂皆為五音音階，具抒情的抽象感，也有滄桑的歷史況味，由於音色散發破碎，帶有一種山地高原特有的悲壯荒涼。

紐西蘭的風笛手有多少尚不得而知，只曉得這種古樂器易學難精，號稱五百人之中，僅能選一名高手。

　　風笛手後面有隊羅馬與古蘇格蘭的武士，他們一早就紮營駐在樹叢裡旁邊的是兩次世界大戰年代的兵營，重機槍與長弓短劍相比為鄰。

　　造訪復古的蘇格蘭人營地時，一位來自北歐挪威的年輕人，披著魚網式的鐵甲，向我介紹他的頭盔與長劍。他使我想起蘇格蘭人的先祖克爾特人，二千七百年前，克爾特人從荷蘭、德國一帶，開始向全歐洲分支武裝移民，有一支克爾特人入侵不列顛。在長達四百年的入侵移民中，克爾特人把原住民埃比里亞人驅往英格蘭西北高地。其兩大部族中的不列東人（Brythons）與高臺爾人（Goidels）的後裔，至今仍繁衍在英倫三島，而蘇格蘭及愛爾蘭人中，仍有許多屬克爾特人高臺爾族血統。

　　慄悍的蘇格蘭人在英格蘭征服威爾斯之後，一直不肯俯首稱臣，愛德華一世多次用兵，均未能使蘇格蘭歸順。一三零六年布魯斯自封為蘇格蘭王，三百年後才因聯姻與英格蘭合併。

　　這些復古的蘇格蘭營地，由本地歷史發燒友組建，各自擁有不同的名銜。男人磨劍，女人製箭，赤足的孩子也舉著盾牌，腰間別著匕首，在營中幫忙。挪威青年把頭盔套在我頭上，可以感覺到它的冰涼與沉重，他還遞來一把鋒利的長劍。拍著我比他還寬的肩膀，挪威人稱道我會是一個很好的蘇格蘭武士。

　　蘇格蘭男人的身上都佩戴許多首飾，其中一位披著無袖毛襪的青年，讓我欣賞他的項鍊，一隻黃銅打造的菱形飾物，上面鏤刻著精緻的蛇形花紋，頂端還有小勺，可用來挖耳朵。

　　沉迷歷史的愛好者們搜集史料，複製古時衣飾、器物與刀槍盔甲，大至羅馬軍團複雜的弩發射機小到骨針，都親手製作。對先祖生活習俗、軍事戰術等也有深入研究，營地裡一切遵循古法舊例，甚至還有一張首領坐的木椅，有位大鬍子正坐在上面，用牛角做的杯子喝紅酒。

　　基於同好的範圍以小團體形式自募資金，研讀史籍，並身體力行穿古衣，製古物，循古禮。這一種深入擁抱體驗歷史的模式，不奢談弘揚與傳承，使保存歷史的職責不僅落在博物館及學術機構身上，也滲入民間與個人的生活之中，箇中的文化厚度是可以想見的。

　　同樣的傳統教育，在豪域（Howick）民俗村也可常見，每週都有校巴滿載學童來村中上課，師生均著古裝，家長亦長裙紗帽同行。孩童們經常參與每月第三個星期天的「現場秀」，老小義工數十人，穿上維多利亞服裝，在村中農舍、鐵匠工棚與雜貨店，參與還原殖民拓荒時期的生活原貌。許多孩子一本正經地在學著用壁爐焙烤餡餅與司康，有的在鐵匠指點下奮力拉風箱，錘打馬蹄鐵。寓學習於表演，不僅投入，更樂在其中，他們的歷史知識正是自童年點滴積累而成，而且畢生難忘。

　　高原運動（Highland Games）一般都在蘇格蘭的夏天舉行，酒桶競走、扔鏈球、推石塊和拋樹幹，都是比拼力量的遊戲。在南半球的秋陽下，奧克蘭幾位大力士穿著蘇格蘭格子裙，開始了競技，他們中許多人都是紐西蘭的紀錄保持者。

　　參賽者要用雙手立起五米高的樹幹，托在手心，小跑一段後，用力向前拋出，要求巧妙掌握平衡、快速與爆發力，是難度最大的項目。

　　大力士比拼時，草地上有人在跳蘇格蘭舞，S.C.D.（Scottish Country Dance）。舞蹈在英國人的生活中很重要，所以有「舞蹈的英國人」（Dancing English）之說。

　　S.C.D. 分四組，每組四對男女，講究相互協調，技巧上要求基本步要標準，身姿自然放鬆而強調舉止優雅，手的運用非常重要，既可相互握手交流，又可平衡身體。每個人跳舞時，還要時刻留意舞伴與全體的動作，培養團結合作精神。

　　蘇格蘭舞的舞步與隊形變化很複雜，跳起來給人一種舒緩解放的感覺。英女王也是蘇格蘭人，所以擔任皇家蘇格蘭舞蹈協會的名譽總裁已經三十多年，她還穿上民族服裝參加過蘇格蘭舞會呢。不過，從舞蹈及其音樂風格來看，今人所跳的蘇格蘭鄉野舞蹈，已經蛻變為都會型了。

　　很遺憾高原運動比賽時，沒有人來一段傳統的高原舞。作為蘇格蘭舞中另一種更傳統的高原舞，似乎更能表現蘇格蘭人個性中粗獷豪邁的一面。包括那位挪威青年在內的高原勇士，若把兩柄劍交叉成十字放在地面上，環繞四周跳躍來一段劍舞，肯定會是很振奮人心的。

　　營地裡升起了炊煙，幾對意猶未盡的老者仍在起舞，戴蘇格蘭帽的孫女在喊祖父回家用膳。草地那邊的人家亮起了蒼黃而溫暖的燈光，嗚咽的風笛聲也在夕照中漸漸遠去。

Auckland 奧克蘭：在奧克蘭歎下午茶

　　冬日特冷，風雨交加，女兒提議陪我們去歎「High Tea」，也就是下午茶，她午休時常去附近這間酒店茶室，力讚茶美餅香，為不拂逆她一片孝心，遂由她作東，到這裏去享受英國人的浪漫。

　　坐在寬敞舒適的歐洲古典沙發裏，從落地玻璃窗望去冷雨紛飛的鬧市，雖不聞塵囂，卻可見瑟縮的路人行色匆匆，更突顯大堂裏暖和如春的溫馨，侍應正在我們面前的小園桌上，擺下「HIGH TEA」的杯盞。整桌的「HIGH TEA」，除了瓷器茶壺、糖罐、奶盅瓶、茶匙、點心盤、茶刀、餐巾，最重要的是那三層的點心盤，按正統擺法，第一層應該放三明治、第二層放傳統英式點心鬆餅scone、第三層則放蛋糕及水果塔，由下往上開輪流享用。可端上來這座點心盤，卻把鬆餅錯放在第三層。三明治有蔬菜、火腿與三文魚幾種餡料，均切成迷你型，方便淑女一小口一小口享用。至於鬆餅的吃法也有講究，先塗果醬、再塗奶油，吃完一口、再塗上果醬奶油，然後吃第二口。送上來這盤加多了一樣牛油，我覺得大可不必，有果醬、奶油則足矣。不過那抹醬的茶刀，十分精巧，教我玩不釋手。

　　說起泡茶也有點學問，當年英人興起下午茶，除了茶葉來自中國，茶具也來自中國。中國的瓷製茶具，圖案、手工異常精美，而且耐高溫。沖滾燙的開水下去從不爆裂，被視為英人飲茶必備的精品，當時價錢也十分昂貴。相形之下歐洲自產的茶具，沏茶時往往因受熱而爆裂。在招呼客人時，主人為炫耀所使用的是正宗中國製茶具，先將開水直接沖入杯內，然後才加奶。先茶後奶，便成了富貴人家的身份象徵。而先奶後茶就暴露出此人用的茶具是「水貨」，窮家子弟也。直至今天，在與西人飲茶時，仍不可忽略此一細節。我點的這壺茶，用的是茶包，味道一般

般,但卻不敢免俗,仍遵從「先茶後奶」的順序,權且充作一次「富人」罷。

據說英國一些有名氣的茶屋,至今仍規定必須衣著莊重,甚至打領帶才可入內。英國少女自幼便接受儀態訓練,飲茶須坐姿端正、雙臂貼身、腰身挺直,要顯出有教養之淑女儀態。而盛裝的紳士貴婦,在裝潢富麗堂皇的茶屋裡,端著精美的茶杯,品嘗奶茶,閒話笑談,已變成了一種典雅的文化,英國人生活必不可少的重要部份。環顧四周,下午未到,已陸續有人入座歡起下午茶,時代不同了,當今男女均著便裝球鞋來喝茶,只有鄰桌一對上了年紀的夫婦,仍然一本正經地按步就班沖茶掰餅,舉止間保持著英國人的餐桌禮儀。

我覺得喝下午茶第一要素還是「悠閒」,悠遊自在地享受閒暇,端起茶具,拎起杯子,不慌不忙地啜一口紅茶,放下後再拿起點心享用。我告訴女兒,英國人請茶前都會送上帖子,裡面注明談話的主題,女兒回答道,看來洋人也避免因茶敘議論家長裡短而招惹是非。當飲茶形成一種「審美文化」,豈容俗不可耐的飛短流長來破壞氣氛?!

說起來茶葉與茶具雖由中國傳入英國,當年葡萄牙公主凱薩琳下嫁英王查理二世,嫁妝中亦有兩百餘磅中國茶葉,並因此而得「飲茶皇后」美稱。然而下午茶演化成一門綜合的藝術,卻是在維多利亞女皇時代,其時適逢大英帝國盛世,文化藝術蓬勃發展;人們醉心於追求藝術文化的內涵及精緻生活品味,飲下午茶、早茶、晚茶,就成為了英國乃至歐洲經久不衰的時尚。而在茶葉與茶具的故鄉——中國,古時飲茶亦極為講究,毫不遜於英倫歐美,國人品茗,講求神清氣爽、心氣平和,常有「茶須靜品,酒須鬧飲」之說,採茶在絕早,烹煮須不沾油腥,遠離廚房近在飲處,置爐於窗前,硬炭生火,汲泉煮茗。飲茶時要心手閒

適，明窗淨几，小院焚香，杜門避事。就品茶的意境之深，格調之高，世間無人可及中國。可惜到了今時今日，懂茶識飲的人已經不多了，近年雖在江浙成立了茶藝學院，傳授茶藝，但飲茶遠未能作為一種文化，在民間深植，滲入生活之中，更多的人仍在物慾橫流中，因追求功利而迷失自我，令茶文化淪為茶生意。在奧克蘭的冬日，與家人享用這英國人的下午茶時，我內心不由生出這許多的遺憾來。

Auckland 奧克蘭：大炮與別墅

站在德文波特（Devonport）北頭（North Head）的山巔，儘管雨後碧空如洗，冬陽熙和普照，但從豪拉基灣吹來的強勁海風，仍夾帶著砭骨寒意，教人無法在綠草山坡上久留。

不過港灣景色委實太迷人了，光是瞥見藍色海水中，在浪尖輕盈滑過的一點紅帆，就能勾起心中遠航的衝動。你知道嗎？這水波當年能載毛利戰舟及庫克船長而來，自然也可送我往天涯夢想所在的彼岸而去。

在這每個人都與眾不同的航程裡，是否有著同樣的宿命呢?! 不然的話，為什麼人人都不願停泊靠岸，寧可尋尋覓覓於大風大浪之中，即使葬身魚腹也在所不惜呢？

在壯闊的海天一色美景中，我躑躅徘徊在頹圯廢墟之間，昔日雄踞在此的軍事要塞，從十九世紀八十年代就擔負著捍衛奧克蘭的重任，儘管「俄國恐慌」的假設敵，從來都沒有在紐西蘭平靜的水域出現過。但山頂的三個炮臺，還是由複雜的隧道和防禦工事聯結起來。其中心火力是一門BL八吋口徑、射程四英哩的阿姆斯壯大炮，還有幾門RML七吋大炮，可由電力操縱昇降。

到了二戰時期，要塞更換了Mk四吋口徑大炮等先進火炮，但由於艦炮射程的增加，該要塞已經暴露出距離市區太近的弱點，所以在Motutapu等處修築了新的炮臺。北頭逐漸成為海防指揮中心。

在要塞的石砌廚房裡，見到一份駐軍伙食標準的清單，一八八五年時，每名士兵一天要吃一磅半肉、一又四分之一磅麵包、一磅餅乾、一磅馬鈴薯，而烹製食物所消耗的燃料，平均每人須要兩磅木柴和一磅煤球。駐紮於此的士兵所須熱量之高，可

見要塞練兵之苦。如今石廚房內自動播放一段十五分鐘的影片，述說德文波特今昔的歷史滄桑。

在久享和平的紐西蘭，有這座顯赫一時的要塞是很難得的。那些從未開過火的大炮，業已卸下運往他處陳列，只保留下這些迷宮似的隧道、整齊劃一的房舍，供遊人憑弔古跡，也讓山腳的居民，有了一個登山健身的場所。空蕩蕩的營房，不再響徹口號聲，只聞山下傳來星期天球賽的喝彩聲。不斷有三兩遊人信步而至，下山時在僅容一人通行的羊腸小道，與正在晨運的金髮少婦相讓先行，雙方的笑臉，都映照著清亮的晨曦。

今時的德文波特，仍像一座十九世紀的英國鄉村小鎮，除了塔頂高聳的聖法蘭西斯天主堂，這裏的建築沒有高過三層的。從維多利亞道上的老戲院開始，畫廊、咖啡館、食肆、舊書店與時裝店，一間挨一間分佈在路的兩旁，真有點不好意思用「商業區」這麼俗氣的詞藻，來稱呼如此文藝與高雅的地帶。

我每次來都喜歡在 Scott Mall 裡的 Java 喝杯熱巧克力，這裏曾經是一座麵包坊，那年代久遠的紅磚爐窯，如今被留作室內裝飾，斑駁的灰泥紅磚與精緻的油畫相映成趣。坐在小巧的圓桌邊等候女侍應送來飲料時，你甚至可以聞到從對過花店飄來的百合幽香。

除了德國麵包、義大利比薩、泰國綠咖哩與紐西蘭烤羊腿，我還是願意選擇壽司，那小店在臨街的凸窗處擺了一張桌子，坐在這裏享用三文魚壽司、喝味噌湯。只隔一層玻璃，見牽狗的路人緩緩行過，街心有搭載遊客的馬車逡巡，能有種閱盡百味人生的感覺。坐在這裏畫對街的一八八五年老屋，用鋼筆描繪那些柱頂的渦捲花紋。說話細聲細氣的老板娘立在一旁欣賞，她從日本來德文波特許多年了。「喜歡這裏嗎？」對我這個問題，她用東瀛女性特有的溫存，柔聲反問：「這還用說嗎？」

在維多利亞大道盡頭，往左拐就到了消防隊舊址，旁邊的古董店不知何時已經關門。年前來時，門口還擺著安妮皇后風格的椅子，復古主義的椅腳上，刻著線條華美的溝槽。真的很惋惜當時沒細心在店裡「淘寶」。

在黃葉飛舞的羅素街和夏街一帶，方見真正的德文波特風情。這裏有整整幾個街區的維多利亞與愛德華時代木屋。這些被稱作「別墅」（Villa）的珍貴建築，歷年經過加以翻新保存。除了建築風格的藝術魅力，還可以感受到英國歷史上輝煌盛世的餘韻。

那些定居於此的殖民者，在紐西蘭這塊新大陸，取得上流社會一席之地後，建造了這些別墅，其建築風格與內部布局，甚至尺度，都標榜了自己的社會地位和理想。除了維護家庭生活的私密性，例如劃分單身漢與未婚女士的居住區域等，還考量到各種社交活動包括商業業務洽談的合理組織安排。住在裡面的男女，代代老去，多少衣光鬢影的華筵盛宴終有曲盡人散時，但那種雅的文化倒是點滴無遺地留下來了。

每幢房子的主人，都按照個人的審美觀，將門窗與外牆還有屋頂，漆成各種顏色，有些配襯上桔黃、鉻綠與洋紅的，看上去有如迪士尼樂園的童話屋。冬日的庭園，雖顯蕭瑟凋零，但木椅上鋪滿厚厚一層枯葉，後院裡荒草掩徑，卻別有一番萬物榮枯生死有序的況味。

走過一戶人家的大門，從齊腰高的白欄杆外面望去，可以見到有個健碩的壯漢，在門廊喝紅酒，他的愛犬趴在臺階上，聚精會神地盯著草地上相互追逐的麻雀。

在星期天的上午，坐在自家門前，把腳擱在桌上，悠閒無事喝一杯，四周靜得可以聽見黃葉離開樹梢的嘆息聲。這就是德文波特！

Auckland 奧克蘭：植物園的春天

　　春天是悄然來到的，幾個月沒到過南邊的 Botanec 花園，這次一去，竟被那滿園的春色迷住，忽然很有了點傷感，據說除了詩人愛春天，少男少女也愛春天，在這個季節，萬物復甦，連年輕人的血液，也悸動著柔情蜜意。而上了年紀，或歷盡滄桑之後，每逢春天，見那生機勃勃，春潮澎湃，總會因自已韶華早去，生出幽怨傷感了，或今時的人們，會不屑這近乎無病呻吟的自憐，殊不知這也是人性中一種有情有義的美。

　　自從建了新的入口大廳後，這座花園有了一股學究的典雅氣派，兩邊石牆，清流飛降，水景映照出巨大的玻璃幕牆，兩者同具透明的屬性，可以直望進去，欣賞那園內最寬闊的一大片綠地。建築物所用材質的不同，經過匠心組合配搭，現代與自然結合，奇穎與樸實對比，特別是大量使用弧線，取其柔和輕妙，使建築與園林渾然一體。最醜陋的反倒是那座立在大門前正中央的不銹鋼雕塑，莫說那鳥的造型顯得萎靡，雙翼下垂，毫無振翅高飛之意，整座雕塑頭重腳輕，造型雜亂，毫無「忌雕忌琢，復歸於樸」的簡約凝鍊，真是壞了整個景觀的主題和意境，成為一大敗筆。或許這是我的管見，但事後曾諮詢過搞藝術的朋友，沒想到得出的結論，也比較一致。這類園林雕塑很考作者的功力，首先是天地為幕，無限遠的空間，不比一些大型建築或廣場上的雕塑，尺寸大小都與周邊環境有一定比例。其次，園林雕塑選用材質極為關鍵，如使用不鏽鋼材質，最好像楊英風大師那樣作拋光電鍍處理，利用各部份的塊面，反射映照出四周景物，不僅消減許多金屬的生硬感，還可與草木園景及天空融為一體。

　　園中基本上分為「食用植物」、「本土原生植物」、「玫瑰」、「春之谷」、「非洲植物」、「岩生植物」以及「草本植

物」等幾個主要展示區。除了櫻花,有各種花卉:桃花、菊花、茶花、玉蘭、玫瑰、鬱金香、水仙、石楠、杜鵑、菊花、虎頭蘭、彩色海芋、宮燈花、康乃馨、百合、納麗、帝王花、繡球花與芍藥等,還有仙人掌開出的各種奇花。我每去一趟,都懊悔自己植物學知識的貧乏,同時也驚歎紐西蘭自然生態的奇妙無窮。歷史學家曾確信紐西蘭是一億多年前古代風瓦納大陸的分離島嶼,由於多年與外隔絕,令許多古時的稀有動植物品種得以保存至今,逃過了絕種的厄運。著名的植物學家 David Bellamy 更稱這裏為植物的「諾亞方舟」,可見紐西蘭的確是大自然的寶庫,一個奇花異卉的大園林,更成為生態學家的主要研究地域,以及觀光客到訪的絕佳旅遊勝地。

紐西蘭政府多年來致力保存這些彌足珍貴的大自然遺產,包括建造十二個國家公園,開發兩個大自然繁殖區以及數百個自然保護區和生態區,並不斷改善珍貴河域的生態環境,以保存正面臨絕種威脅的稀有品種。Botanec 花園只是其中較年輕的一個,拜每年春天舉辦的艾勒斯花卉展(Ellersie Flower Show)所賜,這個花園已天下聞名,花展中除了展示紐國原生植物外,還在數百座迷你庭園裡展現的園藝巧思,讓它成為南半球規模數一數二的重要花展,享譽國際,並帶來巨大經濟效益。每逢花展必盛況空前,部份駕車前往參觀者,須在曼努考市泊好車輛,轉乘專線巴士前往花展。

去春曾在園中「春之谷」見過一片櫻花,如海如雪,潔白中沾著嫣紅,柔風中怒放著,間或有幾許花瓣飄落,當時我只能站在樹下,合上眼睛,感受那繽紛落英,在身子周圍作依戀枝梢的最後飛舞,草木的清香徐徐注入我的肺腑,它們烘托著櫻花,仿佛甘心臣服,永不爭俏,其時真有種天人合一的奇妙感覺。日本人最喜歡櫻花,許是此花能教人浮想翩翩,憶起那搏擊中受創的

武士，皙白肌膚上流淌著鮮紅的英豪熱血。他們眼中此花的美，悽楚中總帶著暴力，生命中意味著死亡，將歡歌化為絕唱，實在過於慘烈。我之愛櫻花，卻向著她那坦然，奔放間夾雜著對春天的愛戀，她絲毫也不脈脈含羞，有如少女展現自己完美的胴體，不著一絲一縷的裸裎，表現的是天造地設的美麗，是恬靜與和平。這次舊地重遊，那櫻花尚未盡開，只含苞欲放，嫣紅中僅露出少許潔白，據說要怒放綻開後，方化為潔白一色，真可惜這次無緣再親睹那勾魂懾魄的花海，待下次再遊時，那花恐怕已經凋殘了，櫻花落時有如陣陣飄雪，又別有一種淒美的詩意。

離「春之谷」咫尺，可見紐西蘭的國花——銀蕨，全黑橄欖球隊的球衣上，就以銀蕨為標誌。這種國花銀蕨其實並沒有花，也不結果實和種子，全靠葉片背面的黃色小點——孢子囊群繁衍後代。孢子成熟後隨風飄散，落在土壤中，日後就會長成一棵新樹。銀蕨實際上就是樹蕨，是一種叫「桫欏」的木本植物，桫欏是桫欏科桫欏屬蕨類木本植物，桫欏在南太平洋諸島的熱帶雨林中，樹高三至八米，最高的竟達二十米左右，任何其他的蕨類植物不能望其項背。看罷銀蕨可以賞茶花，品種極多，除了一些急不可待開了花的山茶，更多的仍未開花，但幾株花期已過的大樹，還是撒滿一地碩大的紫色花瓣，連溪流小橋上也成青紫一色，教人不忍邁步踏過去。

園中有幾處池塘，岸柳依依，春燕呢喃，群鴨戲水，在這裏用麵包餵食，許多鱒魚也會徐徐遊近來與鴨分享，一隊毛茸茸的小鴨，隨著母鴨橫過園中步道，人們駐足讓路，有只貪玩的小鴨，不顧母鴨焦慮的呼喚，離隊向我們走來，遞給牠一塊麵包，被牠啄起，歡天喜地歸隊去了。一群Tui鳥[2]嫉妒地在樹上鳴囀，清

---

[2] 簇胸吸蜜鳥（Prosthemadera novaeseelandiae）為紐西蘭特有的雀形目鳥類，Tui乃從毛利語而來。

Auckland 奧克蘭：摘蘋果記

到奧克蘭西郊摘蘋果，喜歡往 Kumel 兩公里外那間果園去，當初也是慕名而往，臨行前一晚恰巧在網上見到關於此園斤兩不準的帖子，猶豫了一下，可想想才六角一斤，即使斤兩欠足，又騙得了多少，還是去了。

是日陰霾密佈，到了 Kumel 開始灑下細雨來，路邊的葡萄樹葉已深黃，酒莊的紅瓦頂被雨水潑濕後，顯出一種格外奪目的鮮紅。出 Kumel 小埠後稍加速，就錯過了 Sunset 蘋果園，拐到路旁的水果店，笑問坐店的洋妞，沒想到此姝白臉上再加一層冷霜：「蘋果沒有了啦！」再追問 Sunset 蘋果園在哪裡，她仙人指路般往奧克蘭方向一指，扭頭就走開了。望著店中堆積如山的蘋果，再看看她的冷臉，也就明白何為「同行如敵國」了。

掉頭行車不足一公里，就找到了果園，公路邊的店鋪後面，連著挑揀蘋果的車間，還有冷庫。帶我們進去的 Kiwi，介紹各品種蘋果樹栽種的區域，還加上一句叮囑：「記住，大的未必一定好吃，有時小的更甜！」

園子裡蘋果早就熟了，而且已經採收得差不多，經人工栽培的蘋果樹都不高，在三米左右，據說天然長成者，可高達十五米。六七個品種的蘋果，分區栽種，之間植有高大的松樹，其功用是防風，初春蘋果花開，最忌風吹，一花結一果，吹掉一朵花，秋來便少結一個蘋果。

蘋果的老家在歐洲與中亞，阿拉木圖可稱為「蘋果之都」。中國原有土生蘋果，蘋果一詞源於梵語，為古印度的另一種水果，在佛經中被稱為「頻婆」，後被漢語借用，並有「平波」、「蘋婆」等寫法。明萬曆年間的《群芳譜·果譜》中，有「蘋果」條，曰「蘋果：出北地，燕趙者尤佳。接用林檎體。樹身聳

直，葉青，似林檎而大，果如梨而圓滑。生青，熟則半紅半白，或全紅，光潔可愛玩，香聞數步。味甘松，未熟者食如棉絮，過熟又沙爛不堪食，惟八九分熟者最佳」。許多中國農學史、果樹史專家認為這是漢語中最早使用「蘋果」一詞。外來蘋果品種的輸入，早在元代已經出現，而中國土生蘋果的消亡，據說是在二十世紀七十年代。

蘋果在西方文化中是最引人注目的，聖經裡亞當夏娃偷食禁果，偷的食的就是蘋果。許多人都對希臘神話中，赫克裏斯奪取金蘋果的傳說耳熟能詳。萬有引力定律，亦因牛頓被樹上掉落的蘋果砸中而誕生。

許多人也許還不知道，被稱為「電腦之父」的英國科學家阿蘭・圖靈，圖靈對人工智慧貢獻甚鉅，二戰期間，更協助破解德軍密碼 enigma，令盟軍屢戰屢勝。他就是因同性戀事發，服食用山埃浸泡的蘋果而自殺身亡的。

蘋果在紐西蘭也是主要農產品之一，而且由於運用先進農業科技與現代管理，故每公頃產果超過四十五噸，而在中國同面積產果僅有五噸。

隨意信步果樹間，邊嘗鮮邊採擷，沾著雨露的蘋果，紅豔如少女的櫻唇，咬到嘴裏，只覺一陣香洌甜脆，有種視覺和味覺的享受。許是果熟蒂落，摘一個果子，同時會掉下兩三個，樹下草叢裡蘋果滿地，濃綠中閃著點點鮮紅，煞是好看，可又教我生出暴殄天物的惋惜。

我沒有被四周任意採食的果林所迷倒而狂摘大吃，且任由同行者四散去覓取果實，在眾人的驚歡呼叫聲中，獨自找一棵果實纍纍的樹旁鋪一膠墊，半臥於上，抬眼望那雨後初晴的藍穹，屏息窺見數尾鳥雀在枝頭啄食蘋果，涼風徐來，送上微微果香，靜

謐之中，生命的秋熟，似還在追憶往日的春潮，沒有她當初澎湃的孕育，又何來今朝秋實的甜美?!

　　蘋果熟了固然耐看，早春蘋果花開亦甚美，初始含苞，略帶粉紅，直至怒放，則潔白如雪。可以想見，這青嶺綠坡上，千株百樹，蘋果花開，有多壯美。離去前尋園主問之花期，得知為明年之初，他特許我攜畫具來園中寫生。歸途中吃著秋天的蘋果，卻盼著春天的白花，我心嚮往之。

Auckland 奧克蘭：殖民精英末代的遺饋

站在 Mt. Albert 一百號的門前，居高臨下，從盈盈春綠中可以遙遙望見奧克蘭，城市的風景線一直延展至天際，千家萬戶的屋頂上，急急掠過夾雜著天風海雨的鉛灰色雲彩。很難想像在十九世紀六十年代，腳下的高地仍是林莽蔥蘢一片，不見人煙。十七歲的亞林‧泰勒（Allan Taylor），只花了四百五十鎊，就買下了三百英畝土地，伐倒參天的考裏百年老樹，清除雜草灌木，建造起這座艾伯頓屋（Alberton）。

紐西蘭這類的先民早期建築多得不計其數，艾伯頓屋與眾不同的是，泰勒的小女兒繆麗歐（Muriel）一直住在這幢宅子裡，直至一九七二年去世。她子身一人無兒無女，臨終前將宅子及全部私人用品贈與市政府，令泰勒家族遺產得以完整保存，也使艾伯頓屋成為一座家庭博物館。

在攀滿老藤的石牆環繞下，綠頂白牆的艾伯頓屋，靜靜峙立在加利福尼亞紅杉和日本雪松後面，仍是平常人家模樣，安詳寧謐，不聞人聲，但見幾畦春花斑爛，雨後愈見嬌艷。玄關邊花房，擱著大小幾十盆花草，蔭生植物的綠葉，垂顧著初次綻放嘉德利亞蘭，似有種嘲諷式的見諒：春意喧鬧又如何，怎比青翠依然故我。

玻璃大門緊閉，捺鈴許久，白髮老婦人貝蒂才來應門，手中還捧著冒煙的咖啡，道聲：「請進！」她便領著我在走廊裡緩步前行，我感到自己不是遊客，而是泰勒家的遠房侄子，來探視久違的親戚。衣帽間角落還立著滴著水珠的雨傘，掛著風塵僕僕的外套，有頂邊緣磨破的氈帽，隨便地擱在桃木小桌上，是誰剛出遠門歸來？

　　忽見客廳裏亭亭玉立著一位紗裙曳地的少女攬鏡自照，青春逼人，金髮垂肩，斯特勞斯的「維也納森林故事」美妙的旋律，在大廳裏迴響，百年壁紙古舊莊重的色調映襯著她，仿佛舊照裏走下來的古典美人，氣質高貴，儀態萬千。

　　貝蒂見我駐足不前，輕輕拉著我的衣袖：「她今天結婚！租了這裏辦婚禮。跟我來，看看泰勒家的飯廳。」

　　飯廳裡四壁都是維多利亞年代時尚的紅色，她指給我看那副珍貴的英國威基伍德（Wedgewood）瓷器，在善良的貝蒂默許下，我輕輕端起一隻餐碟，這只一百多年前出自「英國陶瓷之都」的瓷盤，雖又薄又輕，然而卻透過那手繪的徽章圖案花紋，可以見到特倫特河畔斯托克鎮如畫的田園風景，嗅到巨大瓶型窯爐煙囪散發出來的煙味，更突顯一種歷史的凝重。

　　缺乏高嶺土的英倫三島，陶瓷歷史發展遠比其他國家要來得晚，到了十七、十八世紀，東方瓷器在歐洲掀起熱潮，英國陶瓷廣採異國之長，傳統的精緻與創新的浪漫結合，出現許多高手名窯，其中皇家道爾頓（Royal Doulton）窯，在燒製過程中添加不同釉色的「紅焰」技法，創造出重現中國宋瓷特有色彩的「道爾頓紅」，這一獨門技術，完完整整保存至今。

　　英國在一八六四年就通過了「陶器法」，甚至在當地成立定時制的陶工學校。在威基伍德引領下，英國陶瓷經過陶土配方、釉藥比例、窯爐溫度等改良，成為淬練精湛有藝術靈性的極品，並以皇家製造為正統品牌，流傳於世，經久不衰。

　　捧著這只藍金交錯的小碟子，想起一位日本作家的話：「玩賞陶碗的形狀、顏色以及質感之餘，必然可以領悟到陶碗本身所涵蓋的精神與道德觀。至今我仍然深信，一個器皿必須經過它的主人徹底地琢磨使用，方可吸收新的生命與靈魂。」可以想見，歷代泰德家人在同一張飯桌上，使用同一套餐具，這些凝聚英式

美學的威基伍德瓷器上面，有著百年家族的顯赫，更有著英式美學的品味。泰德家族由於富有，的確收藏了幾套瓷器珍品，擺在廚房過道裡那套「藍色義大利」系列的瓷餐具，出自斯波德窯，用手工雕刻的銅板轉印上精美細緻的東洋風味圖案，教人駐足屏息欣賞，不忍離去。

中國乃瓷器古國，「China」原意便為「瓷器」，兩、三百年前，英國「下午茶」風行，便是拜中國茶葉與瓷器所賜。且不說唐宋，單是明清，其瓷器現在都是萬金難求的極品。然而有「瓷都」美譽的景德鎮，前幾年卻由一批瓷器販子攜帶「景德名瓷」，輾轉於各國，初標之以萬元高價求售，後以盤纏告罄被迫流落街頭悲情廉讓，降至百元十元賣出。甚至要勞駕當地使領館出面，勸諭華社團體或個人包起全部瓷器。每至一處必引起媒體報導社會關注，把一國名瓷降格為市井叫賣無人問津的街邊貨，真是對中國陶瓷藝術的一種侮辱。我們當年那種巧奪天工的王者之風，到哪裡去了?!

艾伯頓屋自不能與英倫本土的莊園比美，但在殖民時代拓荒建業的精英經營下，泰勒家還是很有氣派的。樓下除了廚房、洗衣房、雜役間，還有客飯廳、咖啡間、書房，樓上有臥房、玩具房、圖書室、縫紉間，工人房甚至還有專供女主人使用的房間，大小共十八個房間。從衣物、藏書、擺設到傢俱，代代相傳至最後一位主人繆麗歐，出於對先人的尊重及家庭傳統的珍視，一切都保存著舊日風貌。

唯一不斷變化的，是泰勒這個莊園的地界。一八九零年，五十八歲的亞林‧泰勒去世，家道中落，他的遺孀索菲婭及後人為了維持艾伯頓莊園，陸續出售領地，至一九五零年，只餘下一點五英畝的小小花園圍繞著艾伯頓屋了。

屋內最有文物價值的是縫紉間，還原了十九世紀服裝製作的繁雜手工程式，保存著各式飾物包括禽鳥羽翎，剪刀、針線、紐扣、蕾經與布料，還有紙樣和大小熨斗，其中有些造型奇特的小熨斗，專門用來燙出各式花紋的皺褶。

在這個縫紉間裡，可以發現維多利亞時代的女性，對服裝的穿著有多麼講究。設計多麼複雜，有緊身褡及脹起的襯裙，還有強調整體修長感的高腰線蛋糕裙，胸衣上綴有許多的蕾絲。絲絨及細薄棉布做成的短外衣、斗蓬。過度追求人為縫工的雅緻，而不尚實用與舒適。那個時代的女性就像被層層布料緊筐密裹在一個架子中。

瀏覽這些多得令人眼花繚亂的女紅用品，想像得出泰勒夫人光為十個兒女縫衣，就夠她操勞的了。

繆麗歐一直住在她父親的房間裡，那張奶白色的小床，就是她長眠不起之處，從第一位創始人到最後一位傳人，泰勒家族的歷史，十分巧合地伊始於此亦終結於此。當年的繆麗歐，在多少個晨昏，推開房門走出寂靜無人的門廊，眺望泰勒花園，她沒有感到孤獨，是因為她感覺得到自己的親人從未捨棄這裏而去。

我悄悄立在門檻外，樓下花叢中，拍完照的新娘咯咯笑著赤足輕盈行過，光滑瓷白的小腳沒在青草中，偶而露出塗著蔻丹的腳趾。庭院裡林木森森，噴泉淙淙，艾伯特屋特有的印度風格塔樓在雨後如洗的碧空中，那麼巍峨莊重。對繆麗歐的執著與慷慨，我心存感激，因為她，今人方可能造訪這個殖民之家，重溫舊日時光，體味維多利亞時代先民的雄心、個性與激情。

開起門來四望吧。

從你的群花盛開的園子裏，採取百年前消逝了的花兒的芬

Auckland奧克蘭：燈節雜憶

　　周末到奧克蘭市中心去了，這裏正在進行燈節Diwali慶祝活動。攤檔擺設齊整，舞臺上一群旁遮普姑娘扭腰頓足，腳鈴「叮鈴」，五指遮面，露出雙雙妖嬈的明眸。除了有電影和魔術，還有一老一少席地而坐，向過客推介帕卡瓦甲鼓（Pakhawaj）和Paja——一種原非印度本土的管風琴。場面有序而又柔靜，猶如一曲班舒裏笛的輕歌，悠悠飄過，不帶絲毫浮躁鬧囂。

　　滿欣賞這種不求萬人空巷口號震天的平實氣氛，二來也是為了懷舊，就與蛙妻多逗留了片刻，順便仔細看了些特色小吃與紗麗首飾。從帳篷裡鑽出來的兩位金髮少女，得意地向我展示手部的henna，這是一種手足紋身藝術，用稀泥般的天然染色劑，像擠蛋糕花飾一樣，擠在手足皮膚上，乾燥後圖案可以保存一兩個月。

　　印度女孩在婚嫁時會很注重henna，連手心都要繪上複雜的花紋，要把這些渦漩狀、荷花狀的精細圖案準確鮮明地畫在新娘手心上，有時須要進行彩繪的人進入冥想狀態才能完成。新娘子的henna色彩越豐富，越能得婆婆歡心，而且一天顏色未掉光褪盡，就可以免做家務。

　　想起在輾轉漂泊的生命之舟未至南太平洋之前，對印度的認識，最深莫過於泰戈爾與甘地二聖。「午夜鐘聲」裡甘地與真納的對話，泰戈爾的「飛鳥集」和「新月集」，都是少年時代的枕邊讀物，一句「生如夏花般絢爛，死若秋葉般靜美。」就無數次由我書寫在女生們的紀念冊上，不知撩動過多少少女懷春的芳心。

　　除了兒時在上海見過「紅頭阿三」，後來在香港小住，又接觸到講廣東話的印度人。最奇妙的還是從密克羅西亞群島飛到斐濟時，一下飛機的那種詫異驚訝。機場裡滿目紗麗拽地的印度婦人，留小胡子膚色黝黑的印裔移民官，制服筆挺，神態傲慢。我真懷疑航空公司搞錯了機票，把目的地斐濟和加爾各答掉換了。

　　很快我就明白過來，自己已經來到南太平洋的「小印度」，在島上九十萬人口中，印裔佔了四十多萬。其後在數十年間，每天都穿過拉著油布五色雜陳的市集，擺攤的印度農夫出售姜黃粉和咖哩、紅辣椒、紫茄子與綠黃瓜，街角上停著賣印度雜食的小車，玻璃櫃裡有幾十種色彩鮮豔印度小吃，我迷上了其中一種混合了香料的炸青豆，辛辣香脆，能在你口腔裡掀起一陣熱浪。

　　交上一些印度朋友後，常幫他們畫畫，其中包括被政變推翻的總理巴伐德拉，他去世時當地印裔首領要求我一天內完成葬禮要用的遺像，我只得在三夾板上用油漆畫了巴伐德拉的肖像。

　　與印裔混熟了，發現他們也在觀察像我這類的移民，在後院打牌或樹下飲酒時，這些幾代居此勢力盤根錯節的「老地躉」（地頭蟲），經常逐一評說初抵本埠的各人品行與表現。原因很簡單，除了少數華人擁有自己物業，絕大多數是租用印裔業主的物業營商，誰準時交租，善於經營，是否有外來新公司在本地插上一腳，都是這些富有的印度人在周末喝酒打牌，交換意見的主要話題。

　　後來這些人見面就叫我「賈寄」，我不解問之，答曰：「賈寄，同舟之船友也。」一百四十年前首批印度勞工乘船抵達斐濟，之後繁衍生息迄今達四十萬眾，「賈寄」成了最親密的稱呼，意味著視你為同舟共濟之密友。

　　還記得第一次過 Diwali 的感覺，那天關店後與蛙妻疲憊不堪回家，夜幕四合之際，忽然發現整條街大放光明，每幢房子的花園裡、陽臺上，都點著蠟燭，亮著彩燈。鄰居夏拉馬太太，穿著鮮豔的紗麗，捧著一盤五顏六色的甜點，施施然穿過花叢，容光煥發地向我們走來，她身後有小孩正在草坪上放煙花。

　　自此蛙妻常去夏拉馬太太家，嘗試穿紗麗以及印度婦女的長褲，學做薄餅（Roti）和油炸小吃。

　　節後我倆應邀在夏家用餐，還學會用手（記住是右手）進食，據說世界上有五分之一人口是用手進食的。夏拉馬太太用手

指靈巧地把蘸上汁液的Roti，輕巧而文雅地彈進櫻桃小嘴，其技巧宛如雜技，不禁令人嘆為觀止。怪不得用餐完畢，她唇上口紅仍完好如初，而蛙妻則早就要退席補妝了。

我在夏家潔淨無塵的衛生間，也曾被困，某日臨廁，遺矢事畢，竟遍尋不見手紙，惟見一極精美之玻璃樽盛著清水，擺在雪白的磁磚上供如廁後諸君使用。經大聲呼救，並隔門一番溝通，滿面歉意的夏太太，才從門縫裡遞進一卷滿佈塵埃的手紙。她那畫滿複雜花紋的小手伸進來時，還使我聯想到一條有華麗斑紋光滑而柔軟的草花蛇。

在奧克蘭燈節的食檔，買了很多三角形炸角「薩莫薩」（Samosa），旁邊有人問是什麼肉餡，蛙妻笑那人外行，Diwali節間人人素食，哪來葷腥?!

說笑間走到專賣甜食的攤檔，蛙妻嫌它太甜而拒食之，這次輪到我笑她外行了。

Diwali敬拜的象頭神嘉涅夏（Ganesha），主管智慧、財富、愉快和愛情。嘉涅夏人身象頭、體型短胖，性格和善仁慈，體色或紅或黃。因為要寫下史詩《摩訶婆羅多》而折斷自己的一根象牙，所以這位智慧和知識之神只有一根象牙。嘉涅夏嗜吃甜食，手裡也就經常捧一盆湯丸似的modaka甜點。

燈節不吃甜品，就不叫過節了。聽我一言，她每款都要了些，其中一款同廣東人過年包的油角相似無異，連忙試食，蛙妻若有所失地自語：「還是夏太太做得好吃，也更精緻。」夏太太做的甜食的確特別滋味，披上紗麗的她更美若天仙，在奧克蘭街頭，恐怕亦難得一見這類印度西施。

夏太太如果知道我等如此讚賞她，一定不知有多高興。當然我也提醒蛙妻，人都是念舊的，選擇性的回憶，美化了過去，所以總覺得今不如昔。

Auckland 奧克蘭：湖畔的南太風情──記太平洋節

　　平時清幽寧靜的「鴨仔湖」，三月初的周末，因為太平洋節（PACIFIKA）的緣故，竟擠滿了人，頭戴花環的波利尼西亞姑娘，穿「布拉」衫的美拉尼西亞漢子，還有戴著白色圓草帽的庫克島婦女，圍著彩色索魯的基裏巴斯島民，最奪目的還是胸前戴著兩隻椰殼，穿著草裙的大溪地美女，塗了椰油的棕色皮膚光滑發亮，高聳筆挺的鼻樑上，又大又黑的眼睛脈脈含情，那節奏分明的草裙舞，伴著柔和的吉他，如一陣陣海潮，捲送來南太平洋的迷人風情。

　　南太平洋的波利尼西亞與美拉尼西亞人，再加上稍北的密克羅西亞人，是諸島三大人種，這三大種族的藝術文化，構成世上色彩最絢麗的南太平洋藝術文化。美國作家史蒂文生在薩摩亞，法國畫家高更在大溪地，現代的臺灣藝術家劉其偉在巴布紐幾內亞，都曾旅居並進行過創作。這個地區的音樂舞蹈靠代代口耳相傳，雕刻、編織、建築、紋身、面具等都得幸比較完整的保存。前幾年中國畫家翟墨在諸島間航海，曾向我驚歎這個地區藝術文化寶藏的儲量之豐沛！

　　玻利尼西亞意即「多島群島」，密克羅西亞意即「小群島」，而美拉尼西亞就是「黑人群島」的意思。三種島民中尤以玻利尼西亞人最為俊美，膚色較白，密克羅西亞人多矮胖壯碩，膚色較黑，美拉尼西亞人則最黑，身材稍矮。所羅門馬萊塔島上的美拉尼西亞人膚色黑如檀漆，與非洲土著十分相似。可惜在鴨仔湖的太平洋節中，今年沒有所羅門的攤位，否則可以一睹這種堪稱南太最黑的土著。不僅是所羅門缺席，像巴布紐幾內亞、瓦努阿圖等島國，都不見參加節日活動。可能與諸島國經濟實力薄弱有關，所以參加這類活動，多仗賴諸島定居在紐的僑民與留學

生，如果人數寥寥，就成不了氣候，撐不起一個攤位了。島國僑民多的就人多勢眾，這也是為什麼東加王國與西薩摩亞，還有庫克群島這三檔最具規模，展示的美食、歌舞與工藝品也最豐富的緣故。

去年斐濟群島的攤位上，還走動著一名斐濟員警，穿黑上衣與白色筒裙，裙角還是鋸齒形的，據說是世界上最有特色的警服。今年可能受政變影響，與紐澳關係不好，員警不見來了，跳舞的全是孩子，攤位更明顯縮水。意外收穫是見到了舊相識，一位做生意的同行，也是個歌星。他高興地握著我的手敘舊，我也買了他出的一張 CD 唱片。嘗嘗斐濟特色的椰子煮魚和烤肉，是必定要做的事。斐濟烤肉叫「樂窩」，把石頭燒紅，然後埋進豬肉魚蟹，若干小時後取出，香氣四溢，食後畢生難忘。椰汁煮魚叫「埃架伐架洛洛」，把魚煎香，新鮮椰子刨絲榨汁同煮，再放青菜、洋蔥、蕃茄與辣椒，食時佐以檸檬汁，確是一道營養豐富又可口的好菜。

南太平洋島民，是地球上最快活的人種之一，皆得益於樂天知命的個性，能歌善舞的稟賦，加上氣候燠熱，終年長夏，物產豐富。渴飲椰青，饑食海魚，倦臥草棚，村落中保持部族社會制度，以多潤寡，以有濟無。他們從不憂慮明天，只想過好今天。這種豁達的人生觀，值得營營役役的現代人學習。在鴨仔湖畔，人們可以聽到他們悠揚緩慢的音樂，更不時聽到他們特有的開懷大笑，那種用全部肺活量沖出來的放聲大笑！我敢保證很多人一輩子都沒這樣笑過，可他們每時每刻都這麼開心地大笑！

紐西蘭是西方國家中最多島民的國家，她的多種族和諧多元文化並存政策亦行之有年，而且被證明有效。但隨著移民的劇增，一系列的社會問題亦隨之衍生。如何修訂更新移民政策，推動移民順利融入，已成為各政黨及全社會關注的新課題。鴨仔湖

的太平洋節，就締造了一個展示不同文化彼此溝通交流的良好空間。她所顯現的豐富多彩的島國特色，撩人的南太平洋風情，同樣令人難以忘懷。

離去前，難捨地再看那基裏巴斯的歌舞，該島土著時尚的橙色與桔紅，將舞臺映成一片繽紛撩亂的喧鬧色調，健碩的青年男女，雙膝半蹲，慢條斯理比劃手勢，詠月歌海，唱出那獨木舟破浪逐魚的歡喜。漸行漸遠，遙聽歌聲卻更誘人，椰風海韻，似蕩漾在胸，真是滌盡塵囂的一曲天籟。

Auckland 奧克蘭：巴克蘭的古宅

　　從未料到，仲春的寒風會如此徹骨冰涼，巴克蘭古宅偌大庭院裡空無一人，只有諾福克松墨綠色的巨大樹影，落在草坪上，擋住許多早晨的陽光，惟魯冰花的豔紫，不甘寂寞地在草坪樹影間閃現。沒有馬上靠近這所灰藍色的哥特式古宅，遠遠端詳她，是為了一窺全貌。她尖聳的屋頂已變黝黑，在白色屋簷的映襯下，流露出古舊的滄桑。也是白色框格的窗扉緊閉著，泛黃的蕾絲窗帷密遮緊掩，似乎昔日老主人阿爾弗雷特・巴克蘭還在樓裡行走。

　　三十七歲的巴克蘭在一八六二年買下這塊地皮後，就興建了這所木屋，在這裏他和兩位妻子及眾多子女兒孫們，度過了大家庭的美好歲月。如今，那些三流攝影師拍的視頻與照片，實無法重現百萬富翁之家的風采。只有走進這幢全木結構的大屋，踩著殘破的猩紅地毯躡足而行，才能感受到一位白手興家的農夫，經營羊毛貿易，成為擁有奧克蘭最多土地的富翁後，那種近乎虔誠的謹慎與知足，沒有流金溢彩的炫耀，相反你可以看到英倫文化的實用和質樸。另一方面，作為一個白手興家的殖民者，他不拘一格地採用美國建築師的圖紙，也表達了自己對創造新生活的自豪，其中包括了維多利亞時代的文化基調：海外殖民的驕傲、開拓新土的自豪以及對法律和秩序的推崇。

　　孩子們的臥室在二樓，長子帶領幾個男孩，住在一側，沿著長形的房間，靠牆一列擺開幾張小床，房間盡頭另有一個單間，歸長子使用，為了管住他那幾個頑皮的弟弟，在他床腳上方開有一扇小窗，從這裏可以望見室內全景。牆上掛著在第一次大戰中，巴克蘭家族為國捐軀的五名男子。

　　壁櫥裡陳列著書冊與帆船模型，還有照相機、顯微鏡和望遠鏡，以及中學球隊合影。經過嬰兒室和僕人房間，就是女孩住

處，窗前瓷花小擺設與壁上仕女素描，相對男兒的粗獷硬朗，又有了些許柔美溫馨。

二女兒芙洛汶絲的閨房仍保持原狀，角落裡放著英國斯波德「義大利藍」的瓷水壺與洗臉盆，她讀過的書整齊地擺在這裏，房間很小，但典型的英式園林景色，卻如一張水彩畫，呈現在落地玻璃門外，這是大宅裡光線最充足、景色最美的房間，芙洛汶絲能獲此優待，足見當年她蒙受的寵愛。

照片上的她，有一張入畫的臉龐，金髮捲曲，明眸皓齒，在玻璃門的右下方，還保留著她用母親的鑽戒刻下的芳名。我用指尖輕輕觸摸玻璃上淺淺的刻痕，浮思翩翩。彷彿見到少女懷春的芙洛汶絲正屏息刻字，那年的春風也是這麼冷？草綠花紅的花園也是這麼美麼？彈指百年已逝，閨中餘韻尚存，淡淡幽香，猶覺依稀可聞。成千上萬的訪客，進出過這小小的房間，又有誰曾憐香惜玉，懷舊如斯？

樓下女主人臥室還擺放著梳妝臺和衣櫃，同屋內其他傢俱一樣，厚實沉重，雖是維多利亞風格，但雕工粗拙，線條歪扭，可能出自英國移民中二流工匠手藝。據說目前擺設的傢俱與私人物品，有些是巴克蘭家族後人捐贈，未必原屬這所古宅，風格、款式參差不一，就不奇怪了。

起居室和飯廳是相通的，餐桌上擺放著藍色金邊的成套餐具，很像威基伍德的產品，可惜無法靠近細看。據說巴克蘭夫婦和成年的兒女們，在這裏享用德文郡式的晚餐，還有琴師在側奏樂助興。

英人視晚餐為一天之中的「重頭戲」，匈牙利作家米凱斯說過：「歐陸有美食，英格蘭有用餐美儀。」所指便是英人重視圍桌用餐，強調進食氛圍，曾一度衍生出複雜繁瑣的餐桌禮儀，握刀叉匙勺的姿勢、方向均有規定，不得踰矩。連一隻伸手可及的調味瓶，有時亦不可去取，必得俯首輕問鄰座：「對不起，可否

遞給我那隻胡椒瓶？」這也「對不起！」那也「謝謝！」，一頓飯下來，也蠻累的。儘管今天已經沒有多少人再拘泥這些繁文縟節，但用餐禮儀的精髓：考慮到別人，勿自私或貪吃，以及表現出教養、禮貌與親切隨和，則是哪一個時代的人，在家庭與社交場合都應恪守的。

巴克蘭在第一任太太艾麗莎去世後十個月，遂又再娶。艾麗莎為巴克蘭生了十個孩子（一個早夭），作為女主人，她在這幢房子裏只生活了幾年，可她給家人與僕役留下了「有一顆誠懇可親與善良的心」的深刻印象。而第二任太太瑪蒂塔嫁入豪門年方二十，卻在此住了六十五年，為巴克蘭帶來十一個孩子（兩個早夭），二十一個孫子。

為了容納眾多子女兒孫以及賓客，巴克蘭在房子左翼建造了一個超大的客廳，陽光從凸窗外面照射進來，落在古老的鋼琴上，當年巴克蘭夫婦倚在躺椅上，聆聽女兒撫琴高歌，笑看孩子嬉戲，渡過多少良宵。昔日家族中人已各奔前程，古宅亦向公眾開放，直到今天，這裏還是開室內音樂會與舉行婚禮的理想場所，只是不知在訪客之中，可有巴克蘭的後人，當他/她站在這寬敞明亮的客廳中央，在先祖的肖像注視下，心中該作何想呢?!

我在琴邊佇立良久，窗外是盈盈滿滿的春綠，市聲在樹叢後面隱約可聞，而客廳裡一片冷寂，想當年舞會上的豪紳貴婦，珠光寶氣，美目流盼，蘿裙窸窣，多少情愫多少嬌媚，卻難免曲終人散，盛會不再，俊男美女也早已化為雲煙烏有；主人創下基業不管有幾許輝煌顯赫，終也銷聲匿跡。

一個家族到末了能保留下這座古宅，也是一種永存的紀念。它的每件傢俱、每件物品、每塊地板，甚至那玻璃上的刻字，都訴說著人家歷史與時代滄桑，來看，是瞻仰，是重溫，也是借鑑。我們未必都能為後人留下這麼一座宅子，但完全可以留下些更可貴更美好的東西，一如女主人艾麗莎那顆「誠懇可親與善良的心」。

Auckland 奧克蘭：楊槐農舍與 Huia 山莊

奧克蘭的「一樹山」，園林幽深，牛羊遍地，既是牧場中的花園，又是都市裡的田園。我不知自己緣何與這片山林如此情深，只曉得在心目中，她乃是路邊一個端莊的婦人，素面朝天而極具華貴的氣度，教人企盼在她身旁低迴留連，剛離去卻又盼著再度見她。

詩人徐志摩曾感歎道：「一個人要寫他最心愛的物件，不論是人是地，是多麼使他為難的一個工作？你怕，你怕描壞了它，你怕說過份了惱了它，你怕說太謹慎了辜負了它。」每當沐著春光，賞著夏花，踏著秋葉，迎著冬寒，毋論晨昏晴雨，只要來到她身旁，就有一種想畫想寫的衝動。我想，自己並不怕讚美得過份，只怕太謹慎了，表現不出她的真美所在。

一樹山是約翰・羅根・坎布爵士（Sir John Logan Campbell）捐獻給公眾的，除了山野樹林牧場，園中的兩幢古老建築，都與這位慈善家有關，景仰後生出思古幽情之餘，更能發人深省，悟出做人的道理來。

紅黃色彩相間的 Huia 山莊，選址在半山，是一幢安妮王朝建築風格的房子，由建築師查理斯為爵士精心設計，搭造時使用了大批的貝殼杉材，山莊背靠青山，面向緩緩向下延伸的草坡叢林，若上樓去在山莊的二樓極目遠望，可鳥瞰大半個園林及市區，景致極佳。很多人以為這座美麗得像童話仙居的山莊，肯定是慈善家生前居住的故居，作為捐出這麼一大片土地的富翁，在這裏欣賞山林美景終老，一點也不為過。其實不然，自一九零三年八月此屋落成，直至一九一二年約翰・羅根・坎布去世，他根本就沒在這裏居住，這座山莊只是供歷任公園管理人員、餐廳經理使用。究竟是什麼理由，使這位偉大的慈善家沒有入住這裏呢？至今沒有一個明確的答案！

也許他那建在城裏的義大利豪宅，更富麗堂皇和熱鬧非凡，無須居於山莊；又或許他從心裡不情願，在已捐出並屬於公眾的土地上，再保留任何私有身份的象徵?!

約翰‧羅根‧坎布爵士的第一幢房子楊槐農舍，原址在城裡，一八四一年坎布爵士和生意夥伴威廉‧布朗合建此屋，他讓布朗及其家人佔用大部份舒適的房間，而自己只住在帳蓬裡，因為大風刮跑了帳蓬，他才遷入靠屋後的「光棍宿舍」裡。剛入住的第一個冬天，由於沒有壁爐，只好在大鐵鍋裡燒炭，所有的人圍坐邊上取暖。約翰‧羅根‧坎布爵士和同伴，在這裏渡過了創業的艱難歲月，後來他們的雇員仍繼續住在這所平房裡，直到一九二零年此屋移至一樹山現址。

現今楊槐農舍就在 Huia 山莊前面，漆成黃牆綠頂，其簡樸與山莊的華麗恰成對比，這是奧克蘭僅存的最古老木屋之一，在畫家愛德蒙畫的一張素描中，畫出了這所農舍的房頂。楊槐農舍是喬治王朝建築風格的民居，在當年也是紐西蘭最普通的建築，進正門便是入口小廳，走廊兩邊是臥室、客廳和餐堂，後門一出便是陽臺，往左拐便是一個小單間，當年約翰‧羅根‧坎布爵士可能就住在這裏。而現今的楊槐農舍各個房間，都按照當年款式重新佈置，傢俱、器皿、掛圖、衣物都呈現古舊風貌，但可以看得出不是主人當年的原物。令人百思不解的是，為什麼沒有把這幢房子弄成約翰‧羅根‧坎布紀念館，搜集當年遺留文物，還原本來生活居住場景，使後人對這位偉大慈善家的生平增進瞭解和認識？

由於坎布爵士在一九零一年把一樹山捐與公眾，以致今日的市民才有此一休閒健體好去處，輕撫著滿佈斑駁蒼苔的石牆，想像在這片蔥鬱的園林裡，留下過多少遊人的足跡與笑聲呀！至今公眾進出此園還是全部免費的，因為有一個康沃爾基金會負責

支付公園管理開支。慈善家為民所造的福祉，絕非園中那些雕像石碑所能銘刻記載盡然！人一生終其極不過百年，能創驚天動地大業者，富能敵國者，大有人在，然致富不忘回饋民眾，造福社會，才是做人的情操昇華，是一種更高的境界，創造財富的同時也為後人創造幸福快樂，才是最值得世人效而行之的。

最後值得著墨多寫幾句的，是一樹山的園林造景，它與城裏帕耐爾玫瑰園以一種花卉為主題的專類園不同，造園者巧妙運用自然的樹叢和草地，講究借景與園外的自然環境相融合，注重花卉樹木的形、色、味、花期和叢植方式，營造出典型的英國園林風格，但其中不少景致卻若隱若現一抹東方色彩，Huia 山莊前的那一片園林，曲徑通幽，林木參差交錯，不大的面積卻極具景深，春開桃花，秋落梧桐，有著色彩的對比與層次的變化，這裏是園中最美的景點之一，與河北的承德山莊極為相似。

法國人曾謔稱英國造園為「英中園林」，意指英國園林中許多要素的靈感，借取自中國園林藝術。雖然出於傲慢與自尊，英人迄今矢口否認這點，但中國的園林藝術，可遠溯至先秦漢唐，到十七世紀三十年代，明朝已出版造園的理論專書《園冶》了。東西方文化的相互薰染影響，可追溯至幾百年前，不同文化的交流與融匯，本身也並非奇恥大辱，能採百家之長，又不失自我的主體，其實更能顯示出一種文化的偉大與寬宏。且以傢俱為例，安妮女王統治英國雖然只有十四年，但這一時期設計的傢俱卻流行了半個世紀直至今夫，從這個時期的英國傢俱椅背的薄板、彎腿、腳部的多種設計上看，如獸蹄、鷹爪抓球等，都取自中國明式傢俱的設計要素，英國的傢俱可有中國之風，為何獨是園林卻斷然否認中國的影響呢?!少數西方學者的桀傲不遜，為靜美的園林劃下了生硬而大煞風景的鴻溝，若約翰‧羅根‧坎布爵士在天有靈，定會對這種文化的排他傾向，不表認同！

Auckland 奧克蘭：坐古董火車

格林勃洛克（Glenbrook）小火車站，離奧克蘭六十公里。有古舊的候車室，是漆成深赭淺黃對比色的鐵木結構建築，三十來米長的月臺上，穿著傳統紐西蘭鐵路（NZR）員工制服的站務員，正敲響銅鐘，揮舞著小旗，宣佈「戴安娜號」火車馬上就要進站。這位戴著黑色大沿帽，穿一身黑衣繫著領結的老人，少說也有六、七十歲了，他旁邊站著一位穿著維多利亞時代衣裙的太太，月臺上的行李架，堆放著十九世紀款式的帽盒、皮箱，甚至還有一隻手工縫製的小熊。旁邊停放著一輛老式的自行車，居然還有盞方型的車頭燈。

噴吐出白煙的「戴安娜號」火車徐徐駛進車站，紅黑兩色的蒸汽機車頭，凡是銅製的部件，全都擦得珵亮。司機和鏟煤的司爐，制服筆挺。幾節車廂都是十九世紀的款式，裡面的棗紅皮座椅，有著洛可哥風格的鑄鐵支架，線條優美流暢。行李架上稀落地擺放著塵封的箱子，天花板上吊裝著古式煤氣燈，還配有半圓形的玻璃罩，只是裡面改裝安上了燈泡。走進這列空蕩蕩的火車，靠在柔軟的皮椅上，把車票遞給穿黑衣的乘務員，仿佛這十九世紀的列車上的紳士淑女，剛剛在某站全下了車，有人匆忙間還忘了拎走自己的行李，而列車繼續在雜草叢生的軌道上跑了一百多年，穿越時光的隧道，又來到這鄉間的小站，接載我們這批二十一世紀的乘客。

汽笛長鳴聲中，列車穿越夏日的綠野，涼風撲面，甚至可以聞到漫山野花的薰香，小路上騎自行車的村童，拼力蹬車追趕列車，一邊向列車招手呼叫。機車充滿活力地往前衝，輕輕搖晃的車廂裡，老年乘客默然眺望窗外的田園風光，孩子們在一節節車

廂的過道裡跑來跑去，有位乘務員正坐在車廂尾部的休息間裡，專注地享用手裡的三文治與熱咖啡。

歸途中列車在機車修理廠短暫停留，容搭乘列車的客人觀摩廠內各款機車及修理設備。英國是鐵路的故鄉，在汽車與飛機未大行其道的年代，蒸汽機車與輪船，成為水陸交通運輸的「明星」。蒸汽機的發明和改良，使蒸氣機通用於各種工業用途，產生穩定、大量而有效率的動力來源，進而帶動整個歐洲的工業革命，改變人類的歷史，讓人類擺脫對於水、風等自然力的依賴。紐西蘭目前保存下來的許多古董火車與鐵道線，不少是殖民時代遺留下來的陳年舊物，當年為採礦伐木及貨物運輸客運交通貢獻非常巨大。

格林勃洛克鐵路只是其中的一小段，該線一九二二年通車，一九六七年關閉。後在一九七零年開始修建，一九七七年通車至 Pukeoware，一九八六年加以延長。目前在格林勃洛克鐵路運行的觀光古董火車，全程十二公里，來回約須時四十五分鐘。每位收費十六元，可在當日分別乘搭火車兩次來回。

在候車時，也可乘坐柴油扳道車消磨時間，每車可乘四人，全程四公里，每位元收費兩元，這種扳道車到了終點後，必須由一人站在平臺一端，利用體重將平臺翹起，然後由另一人旋轉平臺調頭，便可啟動駛回。我在乘坐時，很榮幸被駕駛員指定為站在平臺一端，擔任翹起平臺的重責，這當然是拜我那二百四十磅的體重所賜，年輕的駕駛員也認為我十分稱職，看得出他已有意推薦我留下當隨車助手。說不定我會幹得越來越出色，如果我的體重不斷增加的話。

如不習慣機動扳道車的劇烈搖晃，花兩元可以乘坐平穩緩慢的手動扳道車，四人分兩邊對坐，親身體驗用手搖動小車前進的奇妙感覺。

　　在鐵路工作的全部是義工，以營運收入作為籌集維護及增修鐵路資金的方式。許多本地人都是一家大小來此活動，通過購票乘車或光顧餐廳、書店，參與籌款，寓休閒娛樂於社會公益與科技教育之中，有的更加入鐵路愛好者行列，出錢出力，致力保留古董火車與鐵路這一具備歷史意義與教育功能的風景線。

　　若是有暇還會再去這個小站等候「戴安娜」號的到來，在古舊的月臺上，重溫蒸汽機時代的科技啟蒙之夢，同時也給那些誠心誠意的義工們一點勉慰支持。

Auckland 奧克蘭：我的「卡薩布蘭卡」

在奧克蘭新開張的Sylvia Park大商場，意外發現有一間「卡薩布蘭卡」Café，慕其名去喝杯咖啡，當然不是法國式那種古舊味道，也不見北非的薄荷茶，而是正宗紐西蘭咖啡料理，香滑之中奶和咖啡味道混合得恰到好處。霓虹燈打造的「卡薩布蘭卡」幾個字，倒映在雨後濕滑的地臺上。就是這幾個字，一部老掉牙的電影，一個蕩氣迴腸的愛情故事，賺盡世間多少癡男怨女熱淚?!

起身蹓到毛毛夜雨中，咖啡的餘香提醒對咖啡因敏感的我，今夜到這裏來懷舊的代價，會是輾轉難眠。

Café內金髮的小侍應，知情識趣播出那首電影主題曲〈時光流轉〉，歌詞「歎息一瞬間，甜吻駐心田。任時光流逝，真情永不變。……」由嗓音柔和中帶瘖啞的男高音唱出，似有幾分憂鬱悲愴，傾訴了情深意真卻難永結同心的遺憾。

一九四二年拍這部片時，雷根原任男主角，後因故辭演才換角，由鮑加與褒曼搭檔演出。鮑加與褒曼因出演此片成為「鐵漢柔情」的經典，而錯失成名機會的雷根卻在幾十年後，入主白宮當了總統。

沒有一部老片會像《卡薩布蘭卡》這樣讓我如此動情，看了又看，喜歡它裡面白色的小酒吧，陰暗的光線下，黑人琴師彈奏著無名小曲，人生的奇遇從此刻開始，她在煙霧與樂聲中，嬝嬝行來。我偏喜歡這裏面獨特的情調，炮火中的寧靜，匆忙間的悠遊，還有只為深愛一人，而毫不猶疑作出的犧牲。每看一次，我都會被那戀情與命運的交戰所感慄，為被生生分開的這對戰地鴛鴦暗自揮淚。更深層的或是將自己的角色代入，當然不是在白廈林立的卡薩布蘭卡，而是在南方一河兩岸的羊城，這裏沒有酒吧容我等調情，只能朔風裡與愛侶在江邊古榕下倚欄緊擁。外間轟

響的並非炮火而是文革的狂潮，然而我倆寧願活在戰亂中，起碼敵我涇渭，不必親友反目，互相殘殺。在卡薩布蘭布小酒吧裡，尚有琴聲傳情，我倆卻是在江水嗚咽中永遠失去一生中最美的愛，含淚看著她下堂求去，遠嫁花旗，永不再來……。

至今還記得絕色美人英格裏‧褒曼的眼神，像是籠罩著一層霧靄，飄忽不定，難以捉摸。不像這店中極具「星」相的小侍應，雖也年輕貌美女婀娜多姿，但灰色的明眸裡，一眼就被人識穿她的心思，淺可見底，只盼早點下班去會合她的男友一起去「蒲吧」，就這麼簡單。而褒曼的眼神，正是命運的暗喻，你永遠猜不到，下一分鐘將有何等禍福降臨生命之中！

電影拍成後輝煌了四十年，紅顏老去的英格裏‧褒曼應邀來到卡薩布蘭卡，走進白色的小酒吧，令她驚奇的是飾演當年的山姆仍在操琴，〈時光流轉〉的旋律如泣似訴撲面而來，一切仿佛回到四十年前，陰暗角落處走出戴黑帽穿米色風褸的夢中情郎，酷似當年的最佳拍檔酷男鮑加。人生的無常，時光的飛逝，頃刻令褒曼風采依然的美目濕潤，因為她知道鮑加已先她而逝，未幾褒曼亦永遠合上了那雙神秘莫測的眼睛！

Café中電視新聞報導，卡薩布蘭卡竟發生三個「人肉炸彈」爆炸慘案，螢幕上滿是血肉橫飛的殘骸，世界真的變了，人間恨甚於愛。我唯一可以做的，就是閉上眼睛，去聽那〈時光流轉〉的歌聲，去神遊心中永遠浪漫的卡薩布蘭卡。

Auckland 奧克蘭：再訪「卡薩布蘭卡」

　　絕非刻意的安排，週末又去了Sylvia Park的「卡薩布蘭卡」，這次不是獨往，有位文友同行，兩個閒來無病呻吟的業餘「文人」，齊坐在臨街的小桌旁，儘管木條做的椅子不太舒適，但享用一杯熱飲，望燈下往來的紅男綠女，渡過一個星期六的晚上，談著談著，還是談出一點東西來。

　　有人說男人在一起總會談女人，女人在一起亦然。我沒有旁聽過女同胞的私己聚會，故未敢妄斷。但過去我的確曾在男人的閒談中失語，在群雄炫耀對異性的征服，技巧的高超之餘，我只感到男女情愛不是像後巷的流浪狗，隨便一上就快感連迭的。黑暗中床笫纏綿是靈與肉的結合，雙方都在獻出自己的全部，當值得彼此刻骨銘心地去珍惜一生一世，不是觀光幻燈片，拿來在客人面前一幕幕播放，再加上旁述解說的。

　　與我燈下對坐之人，對歷史情有獨鐘，講講過去，入座時尚在天邊閃亮的夕輝漸漸散去，夜色也就愈濃更黑了。秋涼如水，歷史的蒼苔，在語聲中一次次被回憶的指尖溫存拂拭，風姿綽約有貴婦之風的金髮侍應，又飄然來到跟前，享受那雙纖手優雅的服務，更聞到一股幽香。要研究歷史的同座，猜她抹的是哪一個牌子的香水，的確是個難題。

　　終不能免俗，還是從歷史轉到香水，並且談到女人，女人用什麼品牌的香水，抹在哪個部位，都特別有講究，據說會抹香水的女人，往往把香水抹在她渴望讓男人親吻的地方。突然想起法巴芝香水（Faberge），雖然這個品牌的古龍水是男士們的最愛，但其女性使用的香水與其他化妝品也相當出名，很多人不知道「法巴芝」的創辦人就是好萊塢巨星加利格蘭。

　　半個世紀前，加利格蘭與嘉麗絲・姬莉，在蒙地卡羅合力主演《捉賊記》，假戲真作，種下情根。不料姬莉搖身一變，成了摩納哥王妃。遺情未了的加利格蘭，仍趁該國盛事慶典，頻頻前往赴會，只求在皇室貴賓席間，遙遙遠望舊情人四目傳情。

　　其實我看過他的電影很少，至今已無印象，比較記得的是他英俊偉岸的外型，特別是他面相的下半部，嘴角的線條明晰，有硬漢的堅毅陽剛，適中的男人味，笑中有情的招牌表情，特別是他那種老男人的魅力，飽經風霜，馳騁情感馬車的駕輕就熟，一生曾娶五妻，連蘇菲亞・羅蘭在自傳中，也毫不避忌地稱這位前度劉郎，為一生之中最愛的男人。

　　從「卡薩布蘭卡」中走出來，不少亞裔面孔的男女正往裡進，友人說，看來有很多人看了你那篇《我的卡薩布蘭卡》慕名前來，老闆得付廣告費。兩人笑著往書店找加利格蘭的影碟，卻遍尋不著。雖說他並非演技派實力派，但畢竟捧回過奧斯卡金獎，如今卻難以買到他的影碟，這是很難以接受的。在商業社會，人們記憶載體裡的內容更新，就像點鈔機數錢的速度一般快。

　　加利格蘭一生享盡聲色玩樂，演藝事業更上巔峰，被譽為電影無冕皇帝。做男人做到這個地步，集英俊、情愛、事業於一身，也可稱得上沒有枉生。他的拍檔姬莉就不這麼幸運了。貴為王妃後的姬莉熱衷慈善公益，甚受子民愛戴，只可惜天妒紅顏，她在一九八二年九月駕車不幸墜崖身亡，年僅五十三歲。四年後，加利格蘭亦與世長辭。

　　書中流覽他的平生，終於明白為何女人對他愛得要生要死，情深如許?!對一生中曾經愛過的女人，加利格蘭從不口出惡言，他曾歎息：「從來都是他們離我而去，而非我要離開她們！」此言既出，令那些同他有過情愫的女人們，有哪一顆芳心不生出愛海遺珠之痛呢？

Auckland 奧克蘭：拾栗記

　　每出奧克蘭南行，最喜愛那段沿懷卡托河延伸的道路，仲秋時節樹色綠中見黃，一河秋波浩浩蕩蕩淌流，平日常見的水鳥却愈發稀少，窗外波光粼粼，陽光下枝椏的投影掠過車窗玻璃。因為還早，路上並無大小車輛，只聽到我們這一車飛駛的「沙沙」聲。除了賞景，一路實在擔心栗子季節已近尾聲，此行未知可有拾獲?!

　　約翰和珍妮特十六英畝的栗子農莊就隱藏在一處叢林密布的坡地上，鄰近歷史上發生過土地戰爭血拼的 Rangiriri，從這裏甚至可以遙遙望見色彩班爛的旺格瑪裏奧濕地以及淺藍色的懷卡裏湖。

　　駛入狹窄得僅容一車通行的碎石小路，遁那需要精湛車技方可通過的彎道進入泊車處，對主人擅長精打細算的節儉多少有了些印象。女主人珍妮特銀髮素妝，立在廚房大玻璃窗前洗碗，揚手向我們致意後就埋頭家務。個子矮小的男主人約翰出來迎門，問過我們並非出外獵食的初哥，三言兩語就交代了如何拾栗，還低語贈我一個「貼士」：這四百米長的栗子園裡，昨天剛來一群人掃蕩式拾栗，今日要想多拾，得盡量往裡去，這裏的栗子還很多。

　　一向喜歡栗子樹上那些長橢圓狀的樹葉，栗熟時分，巨大的葉片漸漸泛黃，邊緣更逞深褐，很有觀賞價值。眼中這片栗樹，陽光下株株佇立如亭，閃爍金黃，青草地上鋪滿無數刺蝟般的栗果，已熟者總苞裂開，露出裡面棕色的堅果。有的一苞一果，最多的有四五果。以腳掌踩住選中的「小刺蝟」輕輕一踩一撐，栗果即脫出帶棘刺的總苞，散落草中任人揀拾。

　　秋陽下樹蔭底拾栗於草叢之中，吸着像剛擠出的牛奶一般新鮮的空氣，諦聽那熟了的栗果從樹上掉落地面「嘭嘭」悶響，雖與他人結伴而至，但行行止止，止止行行，不覺間各自獨拾，相

距已遠。在安靜中不與人語一心拾栗，亦不作他想，未足半日即身出微汗，宛如甫經洗禮，立覺神清氣朗，耳聰目明。

這便是獨拾之情趣，拾栗斷不可呼朋引類，大呼小叫的擾了雅興。

拾栗還須心存公德，看準地上總苞方踩開取栗，不應亂踩，若踩了開來嫌果小，棄之不取再去踩，便是暴殄天物，自己取栗時須記住也留與後來者得些為好。西諺「要給別人留一些麵包」即是此理。

園主約翰先生之前早有忠告不要亂踩浪費，可惜總是言者諄諄，聽者藐藐。

採足十一公斤栗子，過磅時和園主又談了片刻，很想告訴他，自己很鍾意這不大的農莊，稍嫌荒蕪雜亂的花園，老舊殘缺然而整潔的屋舍，都隱現着隨意的生活審美，表露出一種不炫耀的紳士式矜持。

來自英國的約翰和美國人珍妮特，在這個栗子園住了二十五年，農莊裡還養了少許牛羊，闢出數室外租，供遊人夜宿。遇有投緣的住客，約翰和珍妮特會很樂意邀請他共進晚餐，當然須付費四十紐幣。但在更多的時候，主人夫婦仍主張訪客保持更多的私人時間，不要過多互相攪擾。

這個栗子園的出產看來有限，但約翰也是紐西蘭栗子行會的成員之一，必須嚴格遵照行會有關科學種植管理、病蟲害防治等規定，所使用的樹種亦是國內普通的歐洲與日本雜交樹種。目下紐西蘭一般栗子農場（樹齡十年以上）平均產量是每公頃四噸，產值約一公頃七千五百美元。

早在一九八零年農業部就建立栗樹試驗園，逐步推廣出口導向的高價值農產品生產，隨著受病害、替代土地利用和人口壓力影響，全球栗子產量下降、價格上升，紐西蘭栗子亦以優秀品牌

級數行銷世界，雖然目前年產量僅在二百噸左右，但紐西蘭栗子由於產自潔淨自然、綠色環保之地，又得南半球與北半球季節相反之利，在國際市場當不以量而以質「小中見大」取勝。

拾栗之餘，增長了一些與本地栗子相關的見識，可謂滿載而歸。

Auckland 奧克蘭：拾栗歸來談栗子

　　周末從英人約翰的農莊拾栗歸來，對其肉金黃味美的栗子興趣更濃，華人莫分南北，鮮有不嗜食栗者。但對栗子所知，多與用紙包着的仍燙手的糖炒栗子相關，久居城市者鮮少見過大自然裡栗林遍地果實的景致。來紐西蘭後自奧克蘭城中駕車半小時即可達栗子園動手採栗，貼近自然體驗新鮮，實乃吾輩一大福氣。

　　一樹山公園中亦見栗樹，秋初時分苞熟果成，老少遊人路經拾栗數顆，權作消遣。近年但見有華人同胞在樹下以長竿擊取栗子，非取三五百粒未為足也，其實在公園裡不宜如此勞師動眾，有心採栗可往農莊，而公園內樹木花卉皆供市民觀賞，不得擅自取用，拾取落地果實純屬體驗觸碰的樂趣，而非搵食。兩者之間，是要分清的。

　　雖然無法肯定栗樹何時導入紐西蘭，但目前最古老的栗樹在新普利茅斯（New Plymouth）的布魯克蘭公園（Brooklands Park），該樹栽於一八四七年，如今直徑已達二‧二九米。另一株同樣古老的栗樹，一百多年前由尼克森先生栽種於旺格努伊（Wanganui）的塞奇威克街（Sedgewick Street）盡頭一處民宅旁邊。如今在許多城市鄉鎮、農場和公園，仍可見到早期移民種下的栗樹。

　　北島的懷卡托地區出產的栗子佔全紐總產量百分之四十五，豐盛灣佔百分之四十，奧克蘭佔不到百分之十，南島產量只佔不到百分之五，所以到南島觀光，見到的栗樹並不多。

　　中國人在祖先還是樹上一族——有巢氏的年代就以栗子為食，《庄子‧盜跖》中就有這樣的記載：「古者禽獸多而人少，于是民皆巢居以避之，晝食橡栗，暮棲木上，故名之曰有巢氏。」而中世紀居住在森林裡的南歐洲人，也是以栗子為主食的。

　　栗子可以烹製各種糕點菜肴，也可入藥，蘇東坡就曾患軟腳病久治未癒，後得一山翁私授秘方，每日晨起以鮮栗十粒搗碎煎湯飲之，連服半月果然全癒，詩人喜極之餘即興吟詩一首：「老去身添腰腳病，山翁服栗傳舊方，客來為說晨光晚，三咽徐胶白玉漿。」

　　另一種與栗樹相似的馬栗樹（horse chestnut）是有毒性的，中國人也叫這七葉樹。在歐洲秋天拾栗季節，人們都會小心分辨以免中招。分辨栗子與馬栗有三種辦法：一是看樹葉，栗樹葉片狹長狀，馬栗樹葉片分岔呈馬蹄七葉狀；二是栗子總苞佈滿長長尖刺，馬栗只有少許凸起知刺；三是栗子果實一端扁平一端渾圓，而馬栗果實整個都是圓的。

　　馬栗樹的葉子可以餵馬，增加毛皮光澤，果實萃取物有美容保養與藥用功效，對靜脈曲張、打傷、撞傷、挫傷、拉傷、扭傷、瘀傷等療效猶為顯著靈驗。歐洲足球強國義大利、德國的球員在球場上經常被動作粗野的南美球員修理，一場鏖戰下來傷痕累累，德義藥廠遂從七葉樹提煉製藥供兩國球員療傷，據說療效特佳。

　　有毒的馬栗雖不能食用却能作醫學之用，一樣造福人類，下次若見此種栗樹，應該細細觀實。

　　紐西蘭栗子收獲季節從每年二月底開始至四月底結束，經過正式採收成品之後，部份栗子園會開放給公眾入內拾栗，一般不收入場費，只過磅所拾果實論斤交款。自己動手拾取（Pick Your Own）是紐西蘭文化特質之一。讓大家進入農莊實地接觸並動手擷取果蔬，是農莊主人與訪客對豐收喜悅的一種分享，不必讓辛苦栽培的果實白白爛掉，還能增加一點收入。我也是 Pick Your Own 愛好者之一，多年來採過蘋果、桃杏、櫻桃、草莓、藍莓與栗子，開心之餘當然也目睹一些令人側目的現象。

　　近五、六年來有一些農莊取消了 Pick Your Own 閉門謝客，據說原因之一就是部份訪客根本不理會任何文字告示與口頭勸喻，粗暴折枝踐踏，損壞傷害珍貴的果樹，甚至擅自進入未經採收的作物區摘取產品，有的將已經摘取果實倒掉，再去摘更大的果實。因為造成損失和困擾，農莊又不可能加派人手監管，只好取消開放。在西郊一處歷史悠久的蘋果農莊以及南郊的柿子農莊，近年都先後不再經營 Pick Your Own，而北岸一間蘋果園則以提高價格阻嚇貪婪無良訪客。將合家同樂親近自然的一種享受，變質為貪小便宜的搜掠，實在是對 Pick Your Own 本地文化的污染與扭曲。

　　豐盛可口汁甜味美的水果，是上天的恩賜、自然的饋贈，萬物之靈的人類應以良好的教養，心存敬意和感恩去領受，不是獨佔越多越好，與更多的人分享才是最好。

Auckland 奧克蘭：春花怒放的古老家園

　　在北島派魯亞（Paeroa）與泰晤士（Thames）之間，是遼闊的派亞哥沼澤（Piako Swamp）與豪拉基平原，足有二十萬英畝之廣。一八七二年，派亞哥沼澤公司從殖民地政府手中買下這片土地中的差不多一半，總共九萬八千英畝，每一英畝才花了二角五分。

　　長袖善舞的托瑪斯・羅素，是一位政客兼投機商，一八六五年他在倫敦成立紐西蘭貸款與商業協會，自銀行融資五十萬鎊在紐西蘭大展拳腳，其中包括收購派亞哥沼澤的大片土地。由於在收購過程中沒有履行正當合法手續，羅素一直受到指責非議。雖然托瑪斯・羅素經手的幾宗土地大買賣都不能算是成功的投資，但在開發派亞哥沼澤之時，為經理建造的一幢木屋以及花園，却被成功地保存至今。一心賺錢的羅素，無意之中也做了一件好事，為後人留下了歷史的見證與記憶。

　　現在這裏被稱為林地公園（Woodlands），房子和許多草木，都是一八七二年建造與栽種。漆成灰與白兩色的雙層木屋小而精緻，底層是客廳、飯廳與書房，樓上是嬰兒房、臥室與主人房。同樣是英倫鄉村情調，蕾絲窗簾、玫瑰壁紙、白色壁櫥與高身軟墊的大床，但此屋却佈置得清雅不俗，見不到五光十色的俗艷，繁複的堆砌。我最喜歡主人房那扇半圓拱的高窗，窗前几上有瓶紫色的薰衣草，旁邊擱着一本舊小說，從這裏望去外面盡是綠芊一片，煙靄中的葱蘢遠樹無邊，可以想見俏麗的女主人在晨曦中倚窗遠眺的情景是多麼入畫。

　　客廳裡只放着一張長沙發與一張扶手椅，均有雕飾的渦卷椅腳，暗紅織花布墊，獨缺另一張扶手椅，惜未成套。壁上所掛的油畫草草揮就，亦非上乘，倒是牆間的三角架上有些銀器造工精美，值得把玩觀賞。

推開落地玻璃門走到露台上，穿過草地就是典型的英式花園。

一八一四年英國國教傳教士在島嶼灣（Bay of Islands）創立教堂使團協會，首次永久性移民紐西蘭。當時的教會不僅傳播福音，還根據英國園林設計的基本原則，建立了紐西蘭第一座觀賞園林（Ornamental Garden）。

從十九世紀二十年代的一八一五年到四十年代，是紐西蘭觀賞園林的創立時期。其時園林設計主要受到歐洲的影響，強調自然園林（Picturesque），師法自然、情景交融、似畫如詩，已從早期歐洲幾何園林中跳出，其中甚至隱約可見中國古典園林的影響。

林地花園已在紐西蘭觀賞園林創立時期之後，所以在設計上更加突出美色天成，將詩歌、繪畫、園林融為一體。清澈的大衛湖是園之魂靈，幽徑繞湖而行，草木環水而生，雙橋跨越，供人憑欄賞魚觀花。幾乎在花園的任何一處都可以從不同角度，瞥見古宅灰白兩色的尖頂。

沿林中小路信步，太陽忽而在左邊，忽而出現在右邊，光線的變化顯現出空間的轉換，在春天百花的爛漫色彩中，有時會切入一片林蔭的濃綠，偶而視野豁然開闊，躍現放眼望不着邊際的田野。

雖有野鴨在草叢中被足音驚飛，但林地花國中始終籠罩着一片寂靜，令你可以沉思默想，行經開致荼蘼的杜鵑花叢，金黃粉白紫紅紛陳，諸色形成陣陣無聲的喧鬧。而枝已含苞的玫瑰，雖在一旁無色無香却也蓄勢待發，不讓杜鵑專美。

觀光指南裡介紹，遊人今日所見正是一百三十多年前的原狀，我寧可相信一切均未改變，那些在這裏生活過的人，在享用過每天豐盛美味的食物之後，紳士柱杖攙扶着夫人信步同來湖畔，若見春花怒放，心中必定也同今人一樣，深愛這古老的家園。

Auckland 奧克蘭：詩與酒的夢鄉——懷希基島遊記

　　當土紅色的汽車渡輪，把我留在懷希基肯尼迪角的碼頭徐徐駛離時，心裡突然浮起不要它再回來的強烈願望，讓我就耽在這裏吧，假若海水能夠把身後那個千絲萬縷無以掙脫的世界永隔，我願意結束過去，在這裏重新開始！即便年紀已經不小，我仍渴望在走到生命盡頭之前，再放縱一次。

　　這便是我踏上懷希基島那一刻的心情。

　　整個懷希基島有點像從北島逃離的走獸，設有巨炮要塞的東端 Stony Batter 為獸首，島南 Orapiu 等幾個伸出的海岬為四足，西部由 Ostend 起至 Matiatia 為獸尾。一定是造物主這位偉大的藝術家，以神來之筆，把這隻走獸描繪得四蹄生風，騰躍海空。

　　從空中鳥瞰，可見到全島遍佈丘陵，少見平地。這一景觀是受地層構造斷裂活動而形成，經億萬年擠壓變形而成的褶皺，從今時南北走向的丘陵地形上仍隱約可見。經漫長時光的風化分解，岩石轉換為礦物質豐富的粘土。而島上地形又與氣溫、濕度、日照，共生成適宜種植葡萄的所謂特定小區域優良環境「Terroir」，二十四個葡萄酒莊因此而先後在這裏建立。地質與文物考古，都只可觀看與觸摸，或者用儀器測試。唯獨品酒，特別是在懷希基品葡萄酒，卻可以喝出天老地荒的亙古風味，正如加州大學教授大衛瓊斯所言：「你所品嚐的一瓶葡萄酒，是一億年的地質歷史。」

　　坐在懷希基島電纜灣酒莊的落地玻璃後面，等待上菜的時間似乎太長了些，先叫了二零零七年的蘇維儂消磨時間，口腔裡立即溢滿甜甜果味和青草香氣，隱約還有點「用橡木烤麵包的味道」。待到俊俏的美男侍應優雅地端上澆著金色茨汁的鮮魚，轉眼望出窗外，草坡上的幾座後現代雕塑，已漸溶入夜色之中。天

際閃爍著奧克蘭的萬家燈火，仍可見三五歸帆，悠悠滑過倒映著最後一抹殘陽的海面，駛入島嶼的港灣。

華燈初上時分，客人紛紛入座，侍應小跑著忙於照應，門外有轟響的直升機降落，衣著入時的紳士攙下一位貴婦，也在我旁邊預訂的方檯邊就座。這或許就是電纜灣酒莊的氣派，用直昇機接送客人。鄰座貴婦除下外套，粉頸上戴著一串宛若對岸燈火般璀璨的鑽石項鍊，就近欣賞這對談吐舉止優雅的夫婦，教人想起什麼叫做財富人生。

與蛙妻對酌，在我看來，她頸上那條珊瑚項鍊，望去亦甚美。那是採自南太平洋礁岩腳下藍水深處的紅珊瑚，由土著哼著歌在椰樹下研磨鑽孔，穿線成串，戴了多少年，還散發著海風的鹹腥與沙灘陽光，令人總懷想起斐濟島上悠遊歲月，或許這也是一種人生財富。

入夜後眾人飲酒漸多，四座笑語聲浪也嘈雜起來，捧著酒杯步出臨海的草坡，微微抬手舉杯，遙祝地球彼端的母親健康，為這一個美好的晚上，飲盡了杯中涓滴的玉液瓊漿。

幾乎每個酒莊主人都能說出自家佳釀與眾不同之處。值得注意的是，莊主們自誇之際從不貶低他人，島上有的葡萄酒很含蓄、矜持，在舌端味蕾留下的是委婉簡約的清純，一如融雪後的溪流，歡快但又羞報地輕唱。有的則奔放略顯張揚，在口腔裡掀起陣陣浪潮，澎湃雄勁。葡萄酒的個性，像個體的人，須要細加揣摩，才能悟出真諦。

如果先受文宣廣告影響，而有了預設的肯定立場，將會令人在品酒之際，用牽強附會的想像，代替了每一種酒帶給自己不同的感覺。記得曾有酒莊介紹它的酒有貓尿味，有的是帶汗味，其味從何而來，就不得而知了。更多的人品酒是人云亦云，明明喝不出什麼，又怕被恥笑為無知，只得裝出一副品出滋味來的模

樣。我自己也曾如此，在電纜灣酒莊喝的那杯二零零七年蘇維儂，喝出果香是肯定的，青草味就須要加多一些想像，勉強還品得出那麼一丁點。至於「用橡木烤麵包的味道」，坦白說就是從該酒簡介上原文摘用的（所以我加上了引號）。

　　不過要深入葡萄酒這個其妙無窮的世界，還是應該粗淺涉獵一些釀酒葡萄栽培、釀造、年份、品種以及與食物搭配的知識。然後再通過視覺、嗅覺與味覺來品嘗葡萄酒，在有了色香味的親身體驗感受後，可以就顏色、香味、口感之間是否相互搭配協調，作些整合性的分析。但仍應該以香醇美味的享受為主，不易拘泥於專有名詞的賣弄，因為過於嚴肅反而失卻了飲酒自娛的樂趣。

　　阿根廷詩人博爾赫斯在自己的詩中，曾經這樣吟哦葡萄酒：

　　彼此愛戀或血色搏鬥的美酒啊，
　　有時我將這樣稱呼你，
　　但願這不是歪曲。

　　從美酒想起南美詩翁這一雋永的絕句時，月亮升起來了！如銀的月色瀉在山林與海水上，星星點點光芒冷清而又閃亮，梭羅在寫「湖濱散記」時，曾幻想有種植物叫「月光籽」，似乎是月亮把它們種了在人間這些地方。如此美好月夜，不知何故，竟從梭羅念及多年前歿於島上的顧城。

　　詩人顧城當年選擇懷希基島隱居，跟梭羅揀中華爾登湖避世，其實有幾分相近。彼此都期許忽視受創的心靈傷口，執著走向自由境界，以孤獨療傷。梭羅墾荒伐薪，顧城養雞拾菇，都只想生活得平靜、單純及坦然。

　　顧城和梭羅都曾想到斧頭，梭羅嘗試將斧頭丟入水中，純粹是想目睹一下斧頭被水淹沒的景象；而顧城卻把斧頭劈進了妻子

的腦袋，他想看到些什麼呢？再也沒有答案，因為他自己也在門前樹上自縊身亡。

梭羅借用了華爾登湖的清靜，來正視心靈生活及從事文字創作；顧城卻在懷希基島的寧謐中，沒能寫出好詩，反而釀出一宗瘋狂血案來。

其實才華橫溢的顧城，之所以無法達到梭羅「生活清貧、內心富裕」的精神境界，不能堅韌頑強直面愛恨恩仇、人生起落，同他獨特的氣質與精神變異有關，也與那個年代的中國青年所受教育缺失與社會濡染有關。

島上居民每提及此案，還難消心理陰影，以失性「狂人」形容之，引以為恥。這個悲劇迄今憶起仍令人毛骨悚然和萬分痛心。我立在顧城自縊的那株大樹下，默禱詩人夫婦永遠安息！同時亦在心中祈望，諸君切莫再以「朝聖」為名叨擾亡魂。

詩寫得好，不等於就可以胡作非為，更無權奪去他人生命。暴力沒有美學，除非是人們仍有窺測恐怖陰森內幕的負面心理，或有嗜血、崇尚暴虐的精神傾向，不懂得對生命應有之珍重，才特別賦予顧城道德赦免權，對他的罪錯視若無睹，反倒褒獎有加？

更多的藝術家、音樂家和怪人，對人世爾虞我詐與相互殺戮厭倦、摒之，在島上勤奮創作。有位在奧克蘭任教的詩人兼教授，前幾年就在島上搭了鐵皮小屋離群索居，靠鄰近藥房拉線供電，他就在這一燈如豆的小屋裡，寫出許多好詩，後面山野裡還長著大麻，開時可與嬉皮士們分享。這個獨特的群體，在島上開闢了許多畫廊，而那些賺足了財富到島上開酒莊的專業人士，除了是律師、會計師或心理學家，還是藝術作品的鑑賞者和收藏家，對其中一些傑作，不惜高價收購。在電纜灣酒莊庭園內的一尊不鏽鋼雕像就值四萬八千紐元，而類似的景觀雕塑，該酒莊竟擁有數座，全部置於臨海草坡上，蔚為壯觀。

　　只有少數幸運兒的作品能進入市場高端，更多的藝術家只能過著清苦的日子。在周六 Ostend 市集上，可以見到這他們滿不在乎地展示手工藝作品與畫作，有的價格訂得很低，低到使人感覺到這些人蝸居在島上，純粹是追求藝術家生涯的那種灑脫與不受羈絆的絕對自由，而非牟取任何利益，以此為生。

　　在富麗堂皇的大屋之側，樹叢中往往隱約可見一些油漆剝落屋頂佈滿鏽斑的破房子，貧富兩極的人們雜居在這個九十二平方公里的孤島上，儘管不斷有人離開到對海的大城市裡去尋找機會，但更多的懷希基人把這裏視作舉世無雙的家園，他們通過多達四十個灣岬、一百五十公里長的海岸線，擁抱寬闊的大洋。豪華遊艇與小舢板並排出海，蔚藍色的海波，泛起雪白的浪花，一視同仁地歡迎他們，正如一位酒友所言：「凡葡萄種在懷希基島上，必能成佳釀！」凡人來到此島，毋論貧富，都能變得快樂自由。

　　在 Causeway 路駛過一片長至岸邊的紅樹林，忽見淺灘上有兩艘船屋，其中一艘漆成鮮艷的紅黃兩色，另一艘大的有兩層，外殼的顏色已灰暗殘舊，但船尾種滿蔬菜與鮮花，從敞開的窗扉可以望見，屋內滿壁油畫，長髮藝術家肩上蹲著一隻綠羽紅嘴的鸚鵡，不知何處傳來歌聲，其聲清越嘹亮卻極哀戚。

　　我被這一切深深所迷，停車走近船屋聽歌賞畫，全然不覺那漲潮的海水，已經沾濕我的雙足。待潮滿時分，船屋將如搖籃，在海浪中搖晃，在大洋寬廣遼闊的懷抱裡，誰都可以拋掉利祿奢華，酣睡安眠得像個初生的嬰兒。

　　走遍了天涯路，有感年華漸逝的苦樂，真是比任何人都渴望，能歇息在懷希基——詩與酒的夢鄉。

Auckland 奧克蘭：母親之河入海流

　　多次到普契荷希（Pukekohe），都顧盼那往南的林蔭道，一直猶豫是否應該繼續前行，據說經過 Tuakau 就能見到懷卡托河（Waikato River），這條被譽為「母親河」的長河，將在入海之前逐漸變得開闊與平緩寧靜。有位在鎮上住過的藝術家也曾對我說，河口處風景極佳，看來非去不可了。

　　道路穿過一片青蔥鬱綠的富蘭克林平原，不時可見池塘閃爍的反光，在 Tuakau 還經過一個現代化賽車場，鋪敷瀝青的跑道宛如一條盤曲的黑色長蛇，彩色奪目的標誌很像後現代裝置藝術的作品。而懷卡托河幾乎是驀地出現眼前，一注清流，泛映着上午的夏日陽光，那不是午後讓人慵懶昏沉欲睡的烈陽，而是勃勃朝氣跳躍不止的晨光。長河只是稍稍展露她的美色，沿河行駛了十多分鐘，跨過岸柳青青後面的一道白色拱橋，她就隱身在丘陵樹叢後面了。

　　我駕着紅色的小福特跨過起伏的丘陵急急跑了許久，在一處山頂發現有個精緻的小花園，爬山虎綠葉覆蓋下的洗手間有如童話裡的精靈小屋，遂停車稍作歇息，與蒔花蒔草的老人家義工搭訕，讚美了天氣再問路，白髮洋婦一再細加解釋指點，連過哪棟橋樑轉什麼方向都不厭其煩作了交代。

　　下山就又回到河畔，水面亦見開闊，泛濫後留下的濕地，長着許多光禿交錯的樹椏，不時見到住在拖車裡的人家炊煙，為了伸延活動空間搭建的帳篷，婦人在裡面做飯，大腹便便的漢子，捧着喝了半瓶的啤酒，臥在沙灘椅上宿醉未醒。

　　因為是退潮，河邊寬廣的灘塗上有人正在收網，越望過去都見得到掛在網眼裡活蹦亂跳的鮮魚，懷卡托河裡的原生及引進魚種多達近三十種，其中生長迅速的錦鯉已被視為有害，據說在河口附近經常可以釣到巨大的錦鯉。

　　河面越來越寬，路邊忽見廢棄的農舍，藤蔓交纏，黃草及腰，陽光下紅色的波紋鐵屋頂上鏽斑清晰可見，門窗盡毀的白壁油漆剝落，再加上對岸懷烏庫（Waiuku）森林在河中留的一片濃綠倒影，把這些都塗抹到畫布上，添加鈷藍的天幕，點上幾抹卷羊毛似的白雲，即可成為一張讓列維坦也為之傾倒的油畫風景。

　　四百二十公里的長河到了這裏，方顯出迷人的本色，像一闋交響樂的終曲，主旋律的一再出現間，還多了一點最後的狂歡作告別，懷卡托河口居然橫亘着一片廣袤的沙丘。烈日當空，強風勁吹，使它更像沙漠。前面是塔斯曼海，身後是懷卡托河，藍天碧海，綠樹黃沙，眼前景致實在顯得詭異。長河入海，懸崖沙丘處處湍流漩渦，雖魚群密集穿梭出沒却也危機四伏，去年這裏有過同一地點發現兩具不同時間遇難的漁夫屍體的奇特事件。

　　一八四零年從英格蘭移民至此的John Bull的後裔，在自己的懷卡托河研究報告裡，回顧了曾祖父及父輩在這條河畔拓荒墾殖的辛酸往事，以及殖民者對毛利人土地的掠奪，行文間流露出對懷卡托河深厚的感情。這位殖民後裔並沒有因為父輩的成功致富而偏袒曲解「土地戰爭」的可恥歷史，反而直言不諱同情毛利人失去土地的同時，也失去了自己的傳統和文化。

　　當然對沿河聚居的人們而言，懷卡托河是他們生命中不可分割的整體，尤其是毛利人的歷史、傳說和他們對世界的觀點，皆與此河交織在一起。對於原住民來說，懷卡托河是部落的保護者，是一個有生命而充滿活力靈性的實體。儘管有時她也會泛濫與可怕地咆哮，但除了証明此河是他們的威嚴神力的象徵，懷卡托還被視為一條健康的河流，意味一個民族的心靈健康、體魄強壯。

　　我在河口那片似乎走不到盡頭的沙漠上徜徉，不時追逐那從頭頂飄過的雲的陰影，有了一種心緒突然獲得解放的喜悅，此

刻只想有管釣竿在握，到那靜水流深的河邊垂釣，不一定魚穫甚豐，只是想專注地享有完全的放鬆與寧靜。

　　雖然濤聲驚天不絕於耳，却始終未見到懷卡托河奔流入海的場面。但一生難逢的美景當前，只要願意捨棄放下，隨便往河邊一站，都可以把過往的悲傷往事種種托付流水。可惜許多人尚未參透，只有卸下了生命的重荷，才能在河水中找到健康與強壯，再活出一次燦爛人生。

Auckland 奧克蘭：海鳥天堂穆里威

　　奧克蘭西部 Kumeu 的路邊，去冬枯黃的葡萄籐架，曾在土坡上留下一道道了無生氣的疤痕，看上去很是蒼涼。沒想到早春竟月的風雨過後不久，架上又爬滿婆娑綠葉，遠望過去宛若無數綠色的琴弦，齊奏著大地回春的歡歌。差不多有兩年沒進過山頂酒莊的大門，但那漫山葡萄綠葉掩映著的地中海式紅頂黃屋，始終在我記憶中鮮豔明快如許，可惜此刻趕去觀鳥，不能入內品酒了。

　　拐進往穆里威（Muriwai）去的村道，車窗玻璃上急急掠過雲天的光影，櫻花似雪，桃李泛紅，我卻微笑著只看綠地上的黃金雀花，很喜歡它那種春的喧鬧歡騰，把連天綠草，攪成五光十色。

　　西海岸在這裏很奇妙地分成兩種景觀，面向大海左邊是刀削斧鑿般的崖岸，右邊是海灘平原。有人形容這裏和英國的法爾恩島風光酷似，可能是兩個地方都有同樣陡峭的岩柱，聳立在海水中央，它們概因地殼變動，從崖岸斷裂分離出去，如今都成了海鳥的家。

　　和法爾恩島不同的是，穆里威的崖岸是枕狀熔岩，可以很清楚看見那些漢堡包夾層似的岩漿，雖早已凝固千萬年，飽受風雨侵蝕，卻仍色彩如新，仿佛還散發著昨日的熱氣。

　　在人類不斷蠶食自然界生物地盤的今天，觀鳥台上的圖示卻令人振奮地標出，海鳥們正不斷擴大自己在穆里威崖岸上的家園。此得益於紐西蘭的環保政策和人們的高度環保意識，令這片海鳥棲息地得到了極好的保護。

　　一身白羽的的澳洲鰹鳥（Gannet）十分漂亮，頭部呈金黃色，翅緣和嘴眼線卻為純黑，牠展翅高飛時，可以見到那巨大的翅膀，尤其是找到上升的氣流以後，鰹鳥會在空中優雅地作片刻停留，然後悠然地盤旋昇降。憑著這雙又寬又長的翅膀，一隻三個月大的幼鳥就可以飛越兩千公里寬的塔斯曼海峽。

　　鰹鳥覓魚為食，為免妨礙視線，眼睛周圍裸出無毛，目光銳利的牠，一旦發現海水裡的獵物，會收縮雙翼以百哩時速俯衝入海中捕食，有時為追逐小魚可深潛二十米。為了減輕衝入水中時胸部受水面撞擊，牠的面部、胸部有呈海綿狀的氣囊作護墊，更奇妙的是為避免嗆水，鰹鳥的鼻孔居然不朝外。

　　出於方便吞食魚類的需要，牠的舌頭已經極度退化，只剩下三角形小肉塊留在咽喉裡。可以說這種鳥真是大自然用進廢退的一件傑作。

　　百千鰹鳥群棲在穆里威的絕壁上，求偶、產卵、孵化與餵雛，空間十分狹仄，為了在群居密集環境中，維護繁衍後代，鰹鳥在求偶之際，動作誇張，幅度很大，甚是炫目。雖然擁擠踫撞、聒噪喧天，但眾鳥尚能形成管理有序的安詳狀態。

　　常有人在穆里威觀鳥臺上傷透腦筋，無法肯定眼前的鳥Gannet究竟是塘鵝還是鰹鳥?!其實兩者皆可，無須較真。

　　比較正式的學名，可參照紐西蘭鳥類列表，其中把穆里威的Gannet稱為澳洲鰹鳥Morus serrator（Australasian Gannet），屬鵜形目（Pelecaniformes）的鵜鶘科（Pelecanidae）。臺灣有本書叫《鳥與史料》，作者周鎮指出：「鰹鳥原為日文名。」日語之鰹魚，其背肉之乾製品堅如木條，字從堅而釋，其乾製品稱鰹節，亦即中國的柴魚。由於鰹鳥之羽色與形態很像鰹節，故日名稱之為鰹鳥，沿用至今。臺灣人卻因為該鳥頭部與背部呈金黃色，酷似母雞，又稱牠為「海雞母」。

　　周鎮還在書中提到秘魯西海岸的Guanape島受洪寶德寒流影響，附近海水裡有無數細長扁平的鯷魚，島上數目過千萬的鰹鳥，就靠捕食這些鯷魚為生，每年吃掉的鯷魚竟然相當於美國的魚獲量。其排泄的鳥糞也數量驚人，現在已達四十五米之厚。按每一百年可積存十五公分厚度計算，其歷史超過三萬年。從十九

世紀起，秘魯 Guanape 島就以輸出鳥糞肥料著稱於世，後來的中太平洋小島瑙魯亦因盛產鳥糞，吸引大批華人豬仔工前往開採，挖泥成金，遍地是寶。無人可以相信，該島國民富甲全球，全拜鳥糞所賜。

不妨想像隨著鰹鳥數目的增加，再加上其它海鳥陸續到此安家（近年在崖邊已經可見燕鷗等築巢），這裏必成海鳥天堂。現在穆里威崖岸鰹鳥棲居之處，概為鳥糞覆蓋，均已一片灰白。假以時日，或會有儲量可觀的磷肥可採也不一定。

來觀鳥的人漸多，本來就不大的觀鳥臺，竟出現崖上鳥群一般的擁擠。站在海風撲面的崖頂，有點獨立蒼茫的感覺，想起年輕時讀過李察·巴哈的《天地一沙鷗》，裡面寫到海鷗岳納珊，它不甘只做一隻在海灘上搶食小魚的鳥兒，立志要在飛行速度中體現本性與真我。這隻海鷗曾經在我人生的絕境，鼓舞我決不放棄，展開思想的翅膀奮力飛行！

鳥兒只有在飛行中才能體察自由奔放，地上的人亦然，如無法藉思想的翅膀離開地面，攀昇至真理的高度俯瞰古今，就只能以鼠目寸光窺視大千，不能用如炬目光洞悉萬物。雖然以為自己獨步天下、什麼都懂了，其實僅僅只是永遠自困於所謂天朝大國的夢幻荒島而已。

海鳥在我頭頂的天穹盤旋翱翔，不時傳來陣陣響亮的呼嘯，高行健說過一句話：「你若是個人，僅僅是個人；你若是只鳥，僅僅是只鳥。」人也罷，鳥也罷，到了穆里威，必得要明白，這裏並非世界的盡頭，海天外另有一界又一界妙境，一切只是新開伊始。

Auckland 奧克蘭：米蘭達的水鳥

　　三月將盡，夏去秋來，在奧克蘭東海岸的米蘭達（Miranda），成千上萬的水鳥，因著體內生理的衝動，鼓噪不安地在海洋與灘塗上空盤旋，經過春夏的覓食生息，羽豐體壯，正準備長途飛行，其中一種長嘴的斑尾塍鷸，要飛上萬公里，才能回到冰封的白色阿拉斯加與極地苔原。待到九月春暖，它會再回來，約七萬多隻斑尾塍鷸棲居泰晤士河口的沖積平原，在海濱的濕地裏產卵繁殖。

　　美國科學家曾為其中十六隻斑尾塍鷸裝上衛星跟蹤器，發現一隻編號 E7 的小鳥，從阿拉斯加不著陸飛了一萬一千五百公里來到紐西蘭。它在阿拉斯加停留的幾個月中，積存了超過體重一半的大量脂肪，靠消耗儲備的脂肪來維持飛行所需熱量。途中小鳥還巧妙地輪流「關閉」一側大腦「睡覺」，邊飛邊休息。

　　斑尾塍鷸從幼鳥時期就學會瞭解天空的變化，懂得分辨方位，甚至能在紐西蘭找到北極星。在萬里遠行中，晝夜交替全部通過分析太陽與星辰的偏振光來定向，即使烏雲密佈也不會錯判失誤。這種小鳥可以說是「地球上最偉大的飛行家」！

　　我在濕地上一間觀鳥小屋前，依照鳥類中心工作人員的指示，把眼睛湊近粗如迫擊炮筒的望遠鏡，數公里外的鳥群，立即盡收眼底。深棕純白相間毛色的斑尾塍鷸，有流線型的軀體，尖長的喙可以衝破空氣的阻力，望上去像一部「飛行機器」。還見到成群黑頂紅足的燕鷗，這些來自極地、飛行能力特強的小鳥，很喜歡吵架打鬥，所以鳥群間永無寧日，但一旦警覺敵人迫近，牠們會立即停止一切爭鬥，迅速安靜下來，然後起飛集體發起攻擊，據說連北極熊也非其對手，經常被啄得落荒而逃。燕鷗群的起飛與降落是很壯觀的，無數羽翼在空氣中振動發出的「呼呼」

聲，還有那多得可以蔽日遮天的矯健鳥影，會牽動你身上野性的悸動，仿佛有無言的神秘力量，在召喚你重回曠原重洋。

移動望遠鏡捕捉到悠閒踱步的澳洲蒼鷺，體態輕盈地邁過退潮後的淺灘覓食，牠捕到稍大的魚，會聰明地叼到岸上先把魚摔昏再啄食。對可以吞下的小魚，卻懂得先魚頭吞起，這樣可以避免被魚鰭刺傷或卡住喉嚨。

幼鳥們棲息在靠近濕地的灘塗上，像一只只毛茸茸的小圓球，遇有大鳥經過，幼鳥們會自動讓開一條通道，為其放行，很像中國古代官轎出巡，蟻民跪地相迎的場景。動物界一樣等級森嚴，有作主的權威也有為僕的服從，大自然萬物有序，豈能缺了精細縝密的編排?!

在泰晤士河口一帶遼闊的沖積平原上，每年九月有許多種類的候鳥出現，這些訪客的到來，全是為著這裏的僻靜安全與豐富的魚蝦蟹等可作食物，牠們在水邊窪地作簡陋的巢，產卵其中，也不必擔憂有爬蟲走獸來偷食。除了物華天寶的自然環境，幾代人的悉心保護，不可或缺。一個基金組織作為該地的守護者，不遺餘力宣傳與推廣鳥類知識與環境保護教育，許多遊客和居民留下捐贈。觀鳥客泊車於路旁後，均靜靜走近海濱，觀鳥過程裡都自動低聲細語，絕不喧嘩，以免驚擾鳥類。

但紐西蘭方面的精心維護，仍受到北半球各國對海灘自然生態環境破壞的影響，隨著中國、朝鮮和韓國毗鄰黃海沿岸的發展，造成泥灘以及濕地的乾涸，鳥類的重要食物來源越來越少。韓國新萬錦濕地曾經是鳥類重要的中途覓食地，近年這裏修建了一座長二十英里海堤，導致相當於整個紐西蘭河口棲息地的一百五十四平方英里潮汐帶全部長年乾涸。

很難置信就因為這種人類對自然侵蝕的愚蠢，短短十年間，飛來紐西蘭的斑尾塍鷸，從十一萬五千隻遽減到七萬隻。

　　天色漸暗，夜色四合，歸巢水鳥撲動的羽翼，在夕陽中化為無數飛舞的剪影；停放在遠處露營地的大小車輛，亮起了點點燈光，在那裏紮營的人們，靜候黎明的到來，趁著晨霧仍依戀大地，觀鳥者穿過沾滿夜露的草地，觀察萬鳥齊飛返回極地的壯觀情景，那是一次跨越地端的遠征，體現耐力與速度的衝刺，鳥兒高飛雲端，如此自由奔放，如此瀟灑無羈，在那尚未被太陽映亮的蒼穹，寥寥晨星的熠熠光輝，只屬於高飛的小鳥；而自翎萬物之靈的我們，卻只能匍伏於地面仰望嗟歎。

三、北島中部

Coromandel Peninsula 科羅曼德半島：泰晤士鎮的市集

一向寧靜猶如鄉村的奧克蘭，因為橄欖球世界盃而變得喧鬧擁擠，有些朋友便外出「避靜」。如果不想跑得太遠，科羅曼德半島（Coromandel）上的小鎮泰晤士（Thames）倒是個值得一去的地方。和早年殖民者的故鄉英格蘭一樣，這裏也有與泰晤士河相似的大河。她見證的歷史或許不如英國那麼悠長，但卻蘊含了最豐富的本地歷史元素——毛利部落的血戰、金礦的挖掘、考裏木的砍伐、傳教士與商人的冒險。

幸運的威廉·亨特在一八六七年八月十日，從 Kuranui 掘到黃金，泰晤士便因此而迅速繁華，曾經擁有近兩萬人口，超過一百家酒店和三間頗具規模的劇院。即使在今天駕車駛入泰晤士，那條筆直而寬闊的大道，仍有著不容輕視的堂皇氣派。而在大街尾段一直到博物館，每逢星期六都有市集。

擺售貨品雖然與各地市集大同小異，概為園藝種苗、果蔬麵包、手工藝品、舊書故衣、煙魚燻肉等等，但攤位設在有騎樓遮風擋雨的人行道上，可以安然信步細看。

即使不買什麼，沿街前行亦可觀賞維多利亞建築風格的木屋，早期移民在興建之初，就地取材大量使用珍貴的考裏木，故至今未變形腐朽，依然堅固如新。一些更具匠心的業主，將各自的房子漆成不同顏色。臨街的小塊綠地，遍栽四時花草，門廊走道都懸吊擺放鮮花，看上去並非濃重色彩揮寫庭園深深的大家手

筆，反倒像貴族子女在家庭教師指導下的美術作業，線條簡約，一絲不苟，色調萬不敢花俏，十分中規中矩。

在擺賣家庭烘焙餅食的攤檔後面，是一間不可錯過的古老劇院，如今還在放映電影。大堂裡有咖啡館，一邊喝一邊欣賞天花板的灰塑花紋與吊燈，足以令人想像淘金時代出入這裏紳士貴婦衣香鬢影的盛況。

一位有點古怪的音樂愛好者，他和他的狗都戴著墨鏡，幾乎每週六都駕著自己裝飾前衛的汽車，把大功率音響放在打開的尾箱，徐徐駛過市集附近大街小巷，提供現場免費流行音樂欣賞。看得出並非每個人都讚賞他與眾分享的慷慨，但有這一車重金屬音樂轟響，多少也打破了小鎮過份的冷清氣氛。

離開泰晤士返回奧克蘭，在二十五號公路左邊的 Hauraki 路直入，有間「The Muddy River 餐廳」，供應產自當地 Wahou Flounder，也就是廣東人所稱的「左口魚」。根據在紐西蘭生活的經驗，凡前不著村後不著店的鋪子，多有獨到之處的自己特色，這間餐廳做的左口魚，應是在烤箱裡烤焙出來，廚師掌握了左口魚體寬肉薄的特點，用恰到好處的火候泡制之。魚皮香脆，其肉鮮嫩。除了不能不為此餐廳的廚藝水準折服，還意識到凡魚多加薑蔥隔水清蒸之的傳統做法，未必一定最佳。

泰晤士半日游，往返兩百公里，可謂不遠不近，悠閒得很。有意深入科羅曼德半島者，自可繼續前行，不過山陡谷深，道路回折，須要的時間與精力也更多了。

作者註：奧克蘭至泰晤士約一百公里，經一號公路南下，經科羅曼德半島出口駛入二號公路，再轉入二十五號公路便可到泰晤士鎮，車程五十鐘。星期六市集從一早至中午十二時，切勿去得太遲，眾人收攤甚是迅速。

Te Aroha 蒂・阿羅哈：愛德華建築與蘇打溫泉

　　拜二十六號國道所賜，蒂・阿羅哈鎮中心有了一條極寬暢的大路，寬暢得與她那微型的商業區不成比例。由於偏離了東海岸的觀光幹線，這個人口三千的小鎮，見不到復活節的人潮。儘管我在駛離奧克蘭的路上，遇到長達數公里的車龍，活躍的奧克蘭人帶上家小，車尾載著越野單車，歡天喜地湧向城外渡假。但一轉入二十六號國道來到蒂・阿羅哈，馬上就感受到一種遠離塵囂的寧謐。她藏匿在愛山（Mt. Te Aroha）腳下，面臨Waihou河一泓清水，很有一股與世無爭的高傲氣派。

　　正午的秋陽下，一輛棗紅色古董車隆隆駛過愛山腳下的卡德曼豪宅，愛德華時代風情在這裏比比皆是，也令站在路邊的我有時光倒流之感。十數株銀杏樹，在嫩綠的草坡上，呈現一片金黃的蓊蓊鬱鬱。多少個世代的遊人踏著這綠地走過，其中可有人像我一樣，好比那迷途的雲雀，找不到舊識的樹梢?!百年歷史在這裏輝煌過復又黯淡，唯剩下幾絲殖民年代的流風餘韻，也如眼前的夾道枯柯，宿葉全無，實在是舊夢難尋的了。

　　幸虧還有被保管維護得完好如昔的建築——Domain公園的博物館（卡德曼豪宅）、溫泉浴室與餐廳，可以說是一組愛德華時代風格的建築。鎮中還有不少老房子和教堂，都可以作為後維多利亞時代與愛德華時代建築來觀賞。但我還是注意到，當年的英國移民，在他鄉營造故鄉的同時，聰明地採用了地方性的可利用材料和製作工藝，並按當地不同的氣候條件來適時改造住宅的式樣。比如許多維多利亞式和愛德華建築都有遊廊，據說就是吸收了在印度殖民地的建築特色，一來用遊廊遮擋強烈的陽光，增加通風，二來可以延伸活動的空間。

　　愛德華時代的建築保留了維多利亞時代特有的凸窗、尖頂和

繁複的鑄鐵裝飾，同時又受到法國「新藝術」時期的影響，開始用瓦片建造屋頂，出現了裝飾性很強的山牆和窗戶，房屋的風格也不再講究對稱。Domain 公園山坡上的餐廳，就是一座六角型的建築，雕簷綺戶，望去極為別致，端莊中顯現幾分奢華。

從那個時代的建築可以想見當時的社會風氣和生活，大不列顛當年的工業生產相當於全世界的總和，那是一個科學、文化和工業都得到很大發展的繁榮昌盛的太平盛世。然而社會風氣卻仍以崇尚道德修養和謙虛禮貌而著稱。從那個時代的建築還可以讀到英國全盛時期強勢傳統文化的華彩與優雅，儘管它有些孤高，甚至是霸道。

早在十九世紀七十年代，紐西蘭已開始大量投資公共交通，並逐步完成六大城市，五十九個小鎮，六十三個小郡，和三百一十四個有道路可通的小區域的建置。雖然當時紐西蘭經歷了從十九世紀七十年代到一八九五年的經濟低迷時期，但到了二十世紀初，紐西蘭人的生活環境已經大大得到改善，這個國家也變得更加適合人類居住。

自從一八八二年毛利酋長 Te Mokena Haua 把領地裡的溫泉送給殖民政府，蒂‧阿羅哈在二十世紀初逐漸依靠愛山的金礦與溫泉發展起來。蒂‧阿羅哈的金礦開採罄盡之后，礦上員工一度逐批移居鎮上，隨著公路、河道的全面開通，小鎮逐漸得益於溫泉渡假勝地的建成。那些穿立領高腰蛋糕裙的仕女，在戴禮帽的紳士的攙扶下，來到蒂‧阿羅哈浸泡溫泉，在山下的草地打保齡球，享受山林清新空氣滋潤肺腑。鎮上建起了酒店與銀行，但豪客富人來去匆匆，帶錢來花了便離去，無心長居於此。

令蒂‧阿羅哈人洋洋自得的是，他們擁有全球唯一的可飲用蘇打噴泉！只要在山間耐心守候大半個小時，就能見到熱泉從地下噴出。

在翻修一新的溫泉浴室裡，有個用貝殼杉做的巨大木桶，被蘇打溫泉水泡成青黑色，浸入無色無味、水質晶瑩的溫泉裡，開動SPA，整個大桶內鼓起無數氣泡。在這珍稀的溫泉裡，可以體味何為「三養」：恢復疲勞之「休養」、保持健康之「保養」，還有就是治療疾病之「療養」。溫泉水中的化學物質會沉澱在皮膚上，改變皮膚酸鹼度，故具有吸收、沉澱及清除的作用，其化學物質甚至可刺激自律神經，內分泌及免疫系統。至於要泡多少次才見效就不得而知了，反正只泡一次不會有什麼功效，頂多只是嘗鮮和滿足好奇而已。

推開水氣濛濛的木窗，山林的寒風立刻湧進來，與水中迸濺出的氣泡混在一起，在臉頰上留下滑膩的感覺。關上SPA，滿室立刻寂靜，枕在桶邊閉目養神，只聞松濤溢耳，鳥聲啁啾。

泡罷溫泉回住處的路上，立覺遍體通爽。忽見一輪碩大無朋的皓月，在黝黑的山麓後面昇起，如此清亮的月，今生今世絕未見到過。如銀的月色，瀉滿了一地，教人不忍去踏碎它。

當我在古宅的高床軟枕上就寢時，那窗上的月光樹影仍在無聲地移轉搖曳，屋前的叢叢薰衣草香氣襲人。秋夜更冷，雖擁厚被卻未足禦寒，睡意全無。只覺得氣清神明，很想再回到月下去，在那些熄了燈火的老房子四周徘徊，做一個異國文明邊緣的逡巡者。在咀嚼與回味歷史餘甘之時，不必刻意去細究區分不同文明之間的優劣，也無須輕率地去否定或肯定！重要的是虛心探究，學會鑒賞。這也是做人做事的道理：如悟真諦，始識真偽。

因了小鎮上的愛德華式建築，還有這一眼蘇打溫泉，生出些許感懷，權當作與有靈有性的愛山一次隱秘的對話。令我詫異的是：未待離去，竟已經好像又訂了日後再晤的相約。

Te Aroha 蒂・阿羅哈：濕地裡的黑天鵝

　　Howarth 濕地在蒂・阿羅哈鎮（Te Aroha）南部，很難想像幾十年前這裏曾是垃圾場，早年由釣魚俱樂部開發，清理堆積物，建成池塘吸引鳥禽，並植樹造林，修築步道。經數十年的維護與發展，形成這一片小鳥天堂。

　　獨自沿著碎石鋪成的步道進入濕地，入秋的楸樹竟然還是綠似盛夏，而其它的水杉、楓樹與白楊，早現了火紅金黃，紛紛葉落，踏上去只聞窸窣之聲。喜的是這落葉的樹，儘管有光禿的枝梢在冷風中搖曳。但秋的況味，在這裏不見一絲的悲涼，也不帶沉寒濕鬱、天慘地愁的肅殺，只擁有更多的飽滿豐碩與成熟。朽葉腐爛分解了又合成，孕育出春的新芽。還有那生機盎然的盈盈秋水尤為迷人，枯木上棲息著綠頭鴨，灰鷺邁著長腿在水草叢裡窺伺游魚，雲影也在水中徘徊。浮游生物餵飽了魚，魚餵飽了水禽，就連草木結出的果實讓飛鳥叼去吞食，種籽也因此而得到傳播。自然界萬物的相生相剋與和諧共處，有著奇妙而嚴謹的秩序規律，我們只能讚美造物主的萬能，感恩他的賜予！

　　長滿尖刺的板栗掉滿一地，有的被人踩破了外殼，拾去棕色的栗子，撥開厚厚落葉細看，仍可尋得許多。核桃也多，一個個淺棕色的小圓球落在這裏，揀起來用手掌一壓便碎，挑出核仁來吃。再看見三兩個孩子爬在橫斜水面的大樹上垂釣，樹叢裡歪倒著小自行車，在他們鶯鳴一般的笑聲中，我停住了腳步，立在秋天的晚霞裡，看溪水潺潺流過，宛若尋回幾許孩童的稚夢。想起來還像是昨天的事，赤足在羊城西郊的藕田裡摸魚，那黑泥沾於手上膩滑的感覺還在，怎麼一晃就過去了幾十年?!

　　暮色四合，夜幕漸垂。看著釣魚的小童，聽著林間的風嘯，慨嘆人生苦短的同時，也愈發感到自己的淺陋無知。一切仿佛還

未開始便臨近結束，我多想再留多片刻，讓自己再變謙卑一些，再多發現一些新知。

最後一抹斜陽裡，透過栗子樹金黃的葉片，仍可以望見濕地上水波的閃光，聽到水禽的啼鳴。輕輕走過一道短短的棧橋，在小巧的觀鳥屋裏窺見一群黑天鵝在水面撲打它們巨大的羽翼，許是殘留下來的候鳥基因使然，天鵝似是想沖天一飛。在南半球的四月，正是群鳥北飛的時刻，牠是飛不遠的了，只能伸長那優美的曲項，向著風高雲淡的天空哀鳴。

黑天鵝過去在歐洲人心目中代表「不可能存在的事物」，在經驗主義者眼中，「天鵝都是白色的」簡直就是顛撲不破的真理。直至一六七九年探險家在澳洲發現了第一隻黑天鵝，才終於証明法蘭西斯‧培根的警告有多麼偉大：「我們要當心自己被思想的絲線層層束縛。」

美國作家納西姆‧尼古拉斯‧塔勒布在他的新著《黑天鵝》中，提出這樣一個問題：「為什麼在黑天鵝被發現之前，沒有人去設想一下其他顏色的天鵝也有可能存在呢？」他認為人類只關注著特性，而忽略了去關注共性。由於受思想束縛之害，人們習慣了重視已知事物，而忘記去思考還有許多事物是我們根本未知，根本不了解的。

近代與現代科技文明以及經濟發展，讓人類變得狂妄自大，以為憑藉強大的軍力財力人力，必能爭雄世界稱霸全球；甚至以為自己無所不知無所不能。一些人開始習慣於將事物作簡單的歸類處理，一味將可能性比較小的概率事件歸結為不可能那一類。西姆‧尼古拉斯‧塔勒布告誡我們：有時侯歷史並不一定是徐徐行進的，而是跳躍式行進的。比如說中國的改革開放；比如說蘇聯的解體；比如說911；比如說金融海嘯，這些原先認為不可能存在的「黑天鵝」，不是都出現了嗎?!

　　當有人試圖預言並言之鑿鑿，這個可能那個不可能時，我們有必要懷疑，他可能沒見過也不知道，這個世界上除了白天鵝，還會有黑天鵝。

Te Aroha 蒂・阿羅哈：重遊蒂・阿羅哈

又是人間四月天，與內子到蒂・亞羅哈去了一次。見到了濕地裡水澤中的黑天鵝，也撿拾了不少山核桃和栗子，只是林木未見枯葉，記得去歲與眾文友同遊此地時，許多樹已經落葉，秋意十足地一片丹紅金黃。四季嬗連間，節令的更替似乎推遲了。

內子若有所思地指著路邊的木椅提醒我，去年是誰走失了，坐在這裏無奈地看著夜幕降臨，等眾人來尋。恍惚間林中好像還晃動著許多熟悉的身影，正全神貫注從落葉中翻尋栗子。從路邊可以望見樹上還懸著許多栗子，果色青鮮，尚未成熟，「去年這時可都熟透了，掉得滿地都是！」內子喃喃自語，我沒作答，逕自走出了陰森的樹林。

我還認出了那棵巨松，去年就在遍地厚厚的松針裡，發現了兩隻碩大無朋的蘑菇，鮮紅之中帶著圓圓的白斑，十分誘人，有童話色彩可也帶致命毒素。

橋頭有農夫出售果蔬，新鮮得還沾著露珠，趁內子挑揀牛油果和紅啤梨的空隙，趴在欄杆上眺望橋下，河水靜靜流淌，仍清澈如許。不遠處的碼頭旁，還停泊著那艘眼熟的古渡輪，去年此時，她載著一船老少文友和歌聲、笑聲，「突突」逆流而行，把兩岸的林鳥驚飛了滿天，如今卻在寂靜中枯候乘客到來。

在木桶裡泡溫泉的時候，發現服務臺的小女生換了人，去年的那位秀氣溫順，說話軟軟的，招呼很到家。面前這位十個指尖塗成十種顏色，跟你對話時冷冷地只說一個單字。後面那位毛利大媽主管，只顧著舐她的冰淇淋，還別過臉去陰惻惻地偷笑。

不過這半小時溫泉還是泡得相當舒服，枕在佈滿碳酸白霜的木桶邊上，仰望天窗外面浮動的雲絮，突然想起艾米麗・迪肯桑

的那首詩：「如果我能使一顆心不碎，那我就沒白活這一回。」有股比溫泉水還暖和的情感，從心底深處緩緩升起，遍佈全身。直至走進去年住過的旅舍，在人去樓空的蒼涼中坐下來，這種情感的暖流仍在奔流。

一整年了，屈指算來這輩子過了六十多個秋季，每逢夏日將盡，都盼金秋早些到來，我喜歡那雲淡風輕的涼爽，她的天色藍得醉眼，她的楓葉紅得炫目，能使人想起收獲與成熟。此外，秋的天地，萬物皆有蕭殺之氣，也喻示人是通過分得世界之痛苦，方與世界合二為一的。

一百多年前有位鼓天下之氣的文弱書生康有為，在觀看了普魯士軍與法軍色當之役的電影後，將「屍橫遍野，火焚室屋」的場面，與心中盤據數十年的陰沉影像結合起來，悟徹出世界之六苦為人生之苦、天災之苦、人道之苦、人治之苦、人情之苦、人所尊尚之苦。這些悲苦皆出自人類在彼此之間所作的分別——即家庭、性別、階級、國別、職業、法律的藩籬。康有為隨著年歲增長，學問漸深，想像日恣，漸漸滋長出人我一體之感，遂成《大同書》此一驚世駭俗之作。

撇開其「君主立憲」扶清滅洋的漸進改革空想不談，年輕的康有為身上，還真萌芽著中國第一批有真知灼見知識份子的偉大人格。憂國憂民，是要用思想，用筆作投槍，去身先士卒搏擊之的！

「虛君共和」雖成了康有為的未竟之志，但他卻得一妙齡十七的如夫人，並結伴周遊列國，在異邦的湖光山色中做著他天下大同的溫馨美夢。與身首異處的六君子以及千萬鬱鬱不得志的知識份子相比，他實在是很幸運的了。

從拿起筆的那一刻起，假如你要堅持真我，就要作好犧牲的準備。寫了幾百萬字，犧牲了的難道還少嗎？

　　「今生今世，還有多少個秋天呢？十五個，二十個，抑或更多？人的命其實很短，但又為什麼要彼此爭鬥、自尋煩惱?!」我問內子。

　　內子無語，只伸手過來撫著我仍筆挺的背。它承受過一甲子命運烊煉之重、生死之磨難，迄今寧折不彎。

　　面前的蒂‧亞羅哈山依舊巍峨屹立，巋然不動，也許它並不記憶往昔，但它卻見證歷史。

Waihi懷希：赤金之心——小鎮懷希

在許多次匆匆駛過懷希（Waihi）小鎮之後，終於決定把車停在她的街道邊，去探訪著名的瑪莎金礦（Martha Mine）。

這次遊覽導致了我與幾位喜愛旅行的朋友們之間的討論。究竟怎樣才能真正遊遍紐西蘭？

紐西蘭是一個氣質清純的國家，也許從未在歷史上有多驚天動地的影響，聲名也不顯赫，只像一位隱士，悠然自得地安臥在自己的一方淨土之上。在這裏旅行，首先得心境平和，而且不要只往觀光熱點去擠，紐西蘭百分之八十的人口居住在城鎮，一些不出名的小鎮，往往令你宛如邂逅美人，她雖不施粉黛地隱身山中田間，卻風韻十足，撩人心弦。年前我去的菲爾丁（Feilding）與瑪頓（Maton）還有公牛鎮（Bull），就是這類驚鴻一瞥的去處，而懷希則與這些小鎮不同，除了有歷史的蒼苔，她還閃爍著黃金的光輝。

懷希的黃金，是約翰‧麥康貝和羅伯特‧李於一八七八年，在Pukewa也就是現今的瑪莎山（Martha Hill）發現的。由於將礦樣送檢的結果未盡人意，兩人失望地決定放棄。可憐的約翰‧麥康貝和羅伯特‧李後來為自己輕率的決定懊悔不已，因為十一年後，威廉‧尼科爾（William Nicholl）取得了山上五英畝地採礦，命名以家族成員「瑪莎」，少數淘金者跟進後，隨之合併成「瑪莎公司」開採金礦，至今也一百二十年了。

在盛夏的陽光照耀下，我望著這個隕石坑一般巨大的露天礦場，真很難想像它是如何挖掘出來的，在它足有二百五十米深，直徑兩公里的礦坑裡，巨型礦石車像黃色小甲蟲，在礦坑道路緩緩爬行，這種自重八十噸的「巨無霸」，造價一百五十萬紐幣，它有六條高逾兩米的輪胎，每換一條要兩萬紐幣。

　　礦石車從坑底經過三公里長的道路爬到坑頂，須時四十分鐘，每車可運一百噸礦石，含金約為八至十茶匙。加上另一處深達六百米的垂直礦井法沃那（Favona）所產金礦石，兩處金礦每周可煉得價值一百萬紐元的金銀。

　　瑪莎金礦經歷了一八七八年至一九五二年、一九七六年至二零零三年兩個階段之後，進入紐蒙特公司（Newmont）接管金礦的第三階段，新礦主除了擴大了勘探礦脈範圍，還在社區強大的環保意識影響推動下，削減瑪莎露天礦坑的生產，以及建立社區公關互動，啟動關閉前的環境康復保護工程，使金礦變成一個聞名世界的環保金礦。

　　現今的露天礦坑已經開始整修坡度，日後將變成一個深達一百九十五米、巨大的人工湖，光是抽取河水注滿此坑就須時五年。使用大量氰化鉀提煉純金的工業技術，導致排出大量黑色污水，經過複雜的處理淨化之後，變成可飲用的淨水，重新注入 Ohinemuri 河，金礦還制訂「兩橋計劃」，在卡朗加哈凱峽谷（karangahake Gorge）與懷希之間植樹十數萬株，令這一帶魚游清水，鳥飛綠林。從卡朗加哈凱峽谷維多利亞礦場遺址至懷希一帶，由 Ohinemuri 河與許多步道以及鐵路相連，已形成一個自然風光與金礦歷史融匯而成的人文景觀，也成為綠色環保的典範。

　　為了開採金銀、鑽石與其它金屬，人們使用爆炸和大型機器像惡性疥瘡般的層層刮掉地殼，在地面上到處留下巨大的疤痕，有的從遙遠的太空都隱約可見，如西澳的卡爾古麗礦坑、南非金伯利的「大洞」，還有美國猶他州的賓厄姆峽谷金銅礦等，都是些直徑數公里，深達千米的超級疤痕。除了南非的一個鑽石礦坑注水養鰻之外，許多礦坑仍在製造粉塵、噪音與污染的毒害。唯紐西蘭的懷希瑪莎露天礦場，不遺餘力推行環保，待整治綠化完畢，不僅疤痕癒合還收美化之效。

目前瑪莎金礦只有雇員三百五十人，可能只能解決部份小鎮居民的就業，但這個距鎮中心不到百米的礦場，以及鎮上的教堂、圖書館、醫院等歷史建築，每天都吸引許多觀光客。坐在路邊咖啡座上吃午餐，只見皮膚曬成古銅色的俊男美女，在我的桌邊穿梭往來，從足下拖鞋沾滿的白砂，可知他們之中有不少人來自九公里以外的懷希海灘，新年期間有數不清的「活動房屋」與帳篷，分佈在海濱的山腳下，藍得醉眼的海面上，劃下一道道快艇飛馳的弧形的白色浪花。

駕車穿過鬱綠的果園和紫色的薰衣草田，在兩旁都是沙灘的公路上飛馳，有些地方左右都可見藍色的海水。路邊的渡假房屋，外觀樸素無華，屋內大多裝潢華麗，有的人家推門見海，邁腳便可踏上遊艇出航，透過落地大窗，可以瞥見牆上名畫，就連精緻的庭園裡，也散置著雕塑，而且全是後現代藝術風格，不經意地顯露出主人的風雅時尚，不像一心躋身中產的暴發戶，在家中堆砌金碧輝煌，俗不可耐地刻意炫耀。

因為金礦開發的緣故，懷希鎮素有「黃金心臟」之稱，她前有峽谷，後有海灘，中間是金礦，可謂物華天寶，人傑地靈。回奧克蘭之前，再去那環繞礦坑的步道行走，仍見礦山車在傾倒碎石鋪墊未來的湖岸，埋設地下的灑水裝置，正澆灌著年前栽下已現扶疏的草木，恍惚中忽覺日後那美若夢幻的湖也在望中了，且萬木青青，水波不興。

「雅」的生活方式

新年次日，忽發奇想，要以紐西蘭生活方式過一天，毋須刻意安排，竟就順順利利地如願了。生活方式（life style）是指一個人的行為方式和對社會的態度，也反映了他的價值觀念，對人們的消費以及社會的時尚也有著巨大的影響。能瞭解與體驗不同生活方式，除了增長見識，更重要的還是令自己學會如何快樂無憂地去生活！

曾在斐濟的雅薩瓦島（Yasawa）的土著村落裡住過一段時間，這是一個須經許可方能接近的世外桃源，也是波姬・小絲在此出演「青青珊瑚島」的地方。我的一位朋友開著自己製作的一葉輕舟來到這裏，由於被拒入村，只好睡在船上，後來感動了酋長大人獲准上島，還與酋長女兒相戀成婚，成為這個世外桃源第一名華人女婿，生下一個中斐混血兒。他把我接到島上，每天吃海裡的魚，喝樹上的椰青水，在沙灘上和土著孩子嬉戲，我最著迷的還是那山中的清泉，獨自步往密林之中借她幽秘一角，濯足沐浴，閉目遐思冥想。島上並無水電，入夜即燃篝火，撫琴起舞，睏極便睡，醒時才覺自己臥在沙灘。

村民生活簡樸，除卻一間茅屋，內鋪草蓆，煮食炊具與餐具就放在門外，全部財產一覽無遺，但他們卻是如此快樂開朗，不知愁和憂。村民之間的友愛與信任，使島上鮮見衝突，每家均分得可種薯芋的私地，即便有人收成不好也毋須擔憂，盡可到任何一家去取食，沒有人會拒絕你。在他們眼裡，背負著文明社會重重枷鎖的我們，就像綑住手腳在海裡浮沉的笨伯，哪裡可能抓住翔游的大魚?!

我樂而忘返多日未歸，妻兒卻在主島誤以為我失蹤而報警求助，再留下去恐怕會成為島上第二名華人女婿了。那跟隨我幾乎

形影不離的斐濟少女莫索，明澈的雙眸裡充滿臨別依依深情，還抓了兩條長尾蜥蜴放在我肩膀上作為禮物。當那青青珊瑚島從視野中消失，重回為口奔忙的文明紅塵，我知道，自己把純真與無憂永遠留在了這裏。

直至從斐濟移居紐國，覺得這裏也是一塊舉世難覓的淨土，島上Kiwi的生活方式亦具備另類的純真，值得去探討與体驗。所以才有了在零九年新年，以紐西蘭方式去過一天的打算。

因為除夕夜新舊迭替，打電話、整理日記、文稿歸檔，擾擾至凌晨才入睡，自然也就破例晚起，又約定了全家去Hunua郊野遠足，要事先吃飽些，就先用了一頓所謂的brunch（是breakfast和lunch的縮合詞），介乎早餐與午餐之間的混合式飲食。這種不倫不類的brunch是英國式的飲食方式之一，許多Kiwi在周末都會因玩樂至深夜而一覺睡到日上三竿，所以就以brunch來解決肚子問題，一般來說brunch的食物遠比傳統的早餐要豐富，但午餐的湯與主菜則會被略去。

除了橄欖球、帆船與釣魚，Kiwi最熱衷的就是遠足（bush walking）。在紐西蘭這些年雖偶有遠足，多選擇一小時以內的易行路線，而這次要嘗試高難度遠距離的路線了。到面積廣達一萬多公頃的Hunua遠足，有兩種檔次，一種是低難度的walking，另一種是高難度的tramping。後者須要攜帶簡便設備與食品飲水，我們全家都選擇了Massey步道tramping，往返要三個多小時。

在停車場已經見到許多本地人整裝待發，我們帶好地圖、雨衣、食物與飲水便進山了。在我前面走著一家印裔，夫妻倆帶著小女孩，上山後二十多分鐘便折返，一面還搖頭抱怨這條道實在太難走了。在登第一個山頭時，兩腿曾一度沉重如鉛，幾乎無法移動。拾了根樹枝拄著往前走，疲憊感逐漸消失，蛙妻甚至得意地唱起了山歌。

　　腳程快體力好的Kiwi不斷超越我們，有的還牽著愛犬，滿臉通紅，大汗淋漓，見蛙妻的山歌中斷，都在鼓勵她：「繼續唱呀，享受你自己的快樂！」

　　我不快不慢地勻速行進，蔭可蔽日的森林裏，涼風習習，鳥雀啁啾。時有陣雨降下，滲入衣褲，通體爽涼，似行天浴。漸漸發現愈往前行，人愈與林間別有天地合為一體：肌膚之張開貪婪吸收空氣負離子，耳朵之靈敏聽出葉落的簌簌，目光之敏銳看到草蟲樹蛙……大自然在此有其獨立王國的律治，生命的替代嬗連，不同物種彼此的攻防與依附，都有其生滅存廢的定律。沿小徑上下山經過那些似乎沒有盡頭、藤蔓交錯的森林，從那片綠意生機中感悟到，人們緣何迷戀遠足?!每次行進出入這個奇妙的天地，除了體能的操練，還有精神的敬拜、心靈的洗禮。三小時艱難路程走下來，覺得人對自然的確應有更多的尊重崇敬，更要學會習慣與其融洽相處。這種Kiwi樂此不疲的休閒方式，既健康又益智，還可蕩滌心塵。

　　回家沐浴更衣，驅車趕至南郊蔡家農莊，已是夕陽西下時分。出海歸來的老蔡，載頂皮製牛仔帽，正在抱怨魚獲寥寥，要兒子BBQ時多用牛肉串、羊排。孩子在泳池裡戲水，老蔡喜歡這個葫蘆形的小泳池，每天都要游一會兒，倚在池邊叼著煙斗望出去自己那片土地，幾匹懷卡托良駒悠閑吃草。老蔡醞釀在馬廄一側築舍養雞，他的Game Room也在這裏，放著幾副高爾夫球具和數不清的釣竿。

　　出於對Kiwi生活方式的憧憬，老蔡搬來這裏，幾年過去，儘管我等來客無不嘖嘖羨嘆，躍躍一試，他卻已露倦意。休閒農莊是Kiwi時尚流行的生活方式，老蔡農莊所在這條路上就有許多專業人士與影視明星，個個坐擁一塊田園生活的天地。這種生活方式除了有錢有閒，還要有體力。回歸自然，重返鄉野的代價，

便是事必躬親，修剪樹籬草地，維護欄柵房舍，照料牲畜作物與花樹，此外還須承受種種之不便與孤寂。然棄城出走鄉野，「躬耕吾所不能，學灌園而已矣；樵薪吾所不能，學薙草而已矣。」追求的是一種情懷，一種境界。所謂生活方式，首先講究的是心境，胸藏邱壑，城市不異山林；興寄煙霞，閻浮有如蓬島。

近年陸續有華人、韓日等亞洲人購入「休閒農莊」，不讓歐裔獨美，紐西蘭生活方式亦逐漸為大家所接受並仿效。先有形式上的進入，接下來便須要精神上的提昇，心境的滋養是一種文化熏陶濡染的結晶。元旦次日我結伴遠足，至休閒農莊作客燒烤，舉座皆學貫中西之人，健康富有、熱情開朗，但在Kiwi生活方式的表面之下，置身紐國青山綠水之間，眾人所言所想，根本沒有多少Kiwi文化的內容，依舊仍是自己原汁原味那一套，我們仍然未能敞開胸襟，心無旁騖地去享受這浮生之際的清靜悠閒。這說明我們可以好奇地接近甚至進入另一種文化，還須明白自己永遠不能成為它的一部份。我們所能做到的，除了尊重與理解包容之外，就是去蕪存菁地將不同文化調和融合，盡量避免形成或突顯對立與相悖了。

在紐西蘭生活，最忌一個「俗」字，「美味以大嚼盡之，奇境以粗遊了之，深情以淺語傳之，良辰以酒食度之，富貴以驕奢處之，俱失造化本懷。」話雖如此，但「雅」又是求不來的，更非你自己言必稱「雅」便算是有了的。就是你堆它一室字畫與蘭草，養它一山綿羊與駿馬，「雅」卻遲遲未來。她像一位通文而得趣的紅裙，在你飲了幾杯醇酒，醉眼惺忪半睡半醒之際，悄然飄至為你研墨添香，用柔若無骨的粉掌，拭去你激情奔流的熱淚。她仰慕的是你清澈高貴的靈魂，你獨立的思想，這裏面閃爍著智慧的一燭之光，炯照人間政治經濟的齷齪爭鬥，雖為孤寂清淒所圍繞，但卻貴在穿透生命的本真，恪守非意識形態的自我。何時她終於委身相許與你，永遠留下來了，你也就「雅」起來了。

Karangahake Gorge 卡朗加哈凱峽谷：步道迄今有黃金

深秋、初冬本無明顯的界分，只是細看枝頭的紅葉，紅到熟赭般深色，又見它們在那朔風中楚楚可憐地搖曳，仿佛即刻要飄落，你便可知曉，冬天果真來臨了。紐西蘭的草木過冬，看不到英倫那種蕭索落寞的悲涼。反倒是因為夜晚多了些霜露雨雪的滋潤，加上那陽光的撫照，反顯出綠地更綠，青山更青。連日來北島降雪，揀了這難得的晴天，開著紅色的「小福特」就往東部進發。

派羅瓦（Paeroa）和懷希（Waihi）兩鎮之間的卡朗加哈凱峽谷（karangahake Gorge），古木參天、蔭可蔽日，石壁陡峭，激流怒湧。晴時陽光不至，極為幽暗，降雨時愈見風緊雨急，似有神哭鬼號，毛利土著自古視此為神靈駐留的聖地，施以神咒禁令阻遏外人進入。十九世紀偏偏就在此地發現了品位極高的金礦，毛利神靈看守的可能就是這些埋藏於地下的寶藏了。

這裏的金礦石，是農夫約書亞（Joshua Thorp）一八六零年間隨毛利人行經峽谷所發現的。儘管喜訊不脛而走，但本地土著拒絕任何開放土地的談判。在總督詹姆斯‧麥克凱（James Mackay）斡旋下，終獲毛利人首肯立下契約。一八七五年三月三日上午十點，在派羅阿（Paeroa）等候已久的數百名淘金者，手執超過八百份淘金許可証，歡呼著湧入該地區，越過河流，爬上高山，各自劃定地盤淘金。但不穩定的地形令淘金變得很危險，此外雖然掘到了許多金礦石，卻很難粉碎及提取黃金。許多淘金者退出移往懷蒂考里（Waitekauri）、懷希（Waihi）和蒂‧阿羅哈（Te Aroha）尋找好運氣。

一八八五年，大型金礦公司如伍德斯托克（Woodstock）等先後介入，採用機械與冶煉技術取代個體手工採掘，由於技術上的原因，始終無法順利提取黃金，令投下巨資者十分失望。

一八九四年，引進氰化工藝冶煉黃金後，卡朗加哈凱峽谷產金倍增，礦場與冶煉工廠不斷增加擴建，繁盛一時。一九一五年起，卡朗加哈凱峽谷黃金產量驟降，一九二零年礦場相繼關閉，房屋地產價格大跌，當地人口減少至百人左右，學校只有不到二十名學生，令許多以此為家的礦工為之心碎。直至一九五二年最後一座維多利亞礦場關閉，卡朗加哈凱峽谷的黃金歷史始告結束。只留下許多巨大的碎石機殘骸與廢墟，靜臥在萋萋荒草中。

穿越峽谷的二號國道盤旋彎曲，許多遊客與本地Kiwi在滿足於駕車的驚險刺激，讚嘆深谷激流景致之美的同時，往往錯過了這裏豐富而有趣的黃金歷史。我戴著安全帽尾隨詹森進入維多利亞金礦的坑道，一百多年前斧鑿鎬挖的印痕，清晰可辨，這位步履蹣跚的老人告訴我，當年他的父親就在這裏挖礦。用電筒照射著坑道裡保留的金礦石，詹森指給我看那上面的一脈脈黃金，甚至在砌窯的磚塊上，都閃爍著金光。

由變電站改建成的小博物館裡，保存著金礦的許多圖片，甚至還有一絲不苟的設計圖紙，這些巨大的廠房與設備冶煉出的錠錠金銀，曾源源運往英國。詹森絮叨著金礦的盛衰，講述奧希尼穆裏河（Ohinemuri River）的清濁，他顫抖的手搖動碎石機，「呼」的一聲巨響，如拳頭般大的頑石，頃刻化為粉末。詹森調皮地眨眨眼睛說：「啊，幸虧沒把手指放在裡面！」

走在卡朗加哈凱步道上，可以隱約見到青草下面的路軌，它一直將你引向老鐵路隧道，穿山而過的隧道長達一公里，前面的毛利大媽有意放慢腳步，友善地用電筒幫忙引路，不時回過頭來提醒我們注意足下有積水的坑窪。

步道有時從半山腰逐漸下降到湍急的奧希尼穆裏河（Ohinemuri River）邊，幾乎探足可觸及那些水中的石礫，奔騰的河水在石塊上激迸出白色的水花，偶爾可見幾片紅葉隨波漂逝。

在凜冽的寒風中溯流而上，不能不想起一段毛利人愛情傳奇。

有位美麗的泰奴伊族（Tainui）毛利少女上山採集食物，當她回家時卻發現自己的村寨（Pa）已被敵人攻擊與搗毀，膽顫心驚的少女逃到山洞受到一位毛利青年的保護。後來少女的族人又回到原處重建村寨，並且尋回藏身山洞的少女。這令深愛上這位少女的毛利青年十分悲傷，游入河中永遠沒有再回來。

從此毛利人給了這條河一個名字：「Ohinemuri」意為「Where-the-girl-left–behind」。如果可以的話，很希望把這條河叫做：「痴情河」。

藍天下水清如許，本以為必定無魚，豈料在橋上遇見一位漁夫望著河水，手提釣竿卻不甩鉤，好奇問之，他笑答「要見到魚才行呀！」

「有魚嗎？」

「當然，我在這裏常常釣到鱒魚。」

也望著那清可見底卵石歷歷可數的河水，卻久久不見有魚；漁夫仍耐心地望著。風吹拂著岸邊黃了的垂柳，幾隻白鴨款款搖擺著穿過草地，向遠處紅頂的農舍走去。一層輕煙似的紫氣，籠罩著遠山，像有位高明的風景畫家，用色透明，筆觸輕掃，把群峰推遠再推遠。

撇下漁夫在那橋上耐心地守候魚兒上鉤，我和內子走進路邊的老店，要來兩杯香濃的熱巧克力，傍著火爐伸展鉛般沉重的兩腿，一邊細想「水至清」究竟「無魚」還是「有魚」的哲理思辯。

店中柔柔響著舒伯特的「鱒魚之歌」，「水流」音型的鋼琴伴奏，仿佛彈出奧希尼穆裡河的歡快水聲，宏厚的男中音唱道：「明亮的小河裡面，有鱒魚慢慢游，快活的游來游去，像飛箭一模樣。我站在小河河岸，靜靜的朝它望。在清澈的河水裡面，他游的多歡暢。

那漁夫帶著釣竿，也站在河岸旁，冷酷的看著河水想把魚兒釣上。我暗中這樣期望，要河水又清又亮，他別想用那魚鉤把小魚釣上。

透過蕾絲窗帘望見橋上的漁夫忽然忙碌著，又清又亮的河水中，果真有魚兒游來上鉤了嗎?!

此刻，風從峽谷中來，把帶四星與米字的國旗，吹得獵獵有聲。日已西斜，幢幢山影，潺潺河水，漸入暮色之中。遍尋不見漁夫蹤影，許是早已拎了那尾活蹦亂跳的鱒魚，急急回家去泡製盤中餐矣。

除了依依難捨谷中佳景，還著實替那尾可憐的魚惋惜……

牠從今以後不能在水中快活地游來游去了。

Hamilton 漢密爾頓：空中的花朵

　　星期六的凌晨，把車子開上進入漢密爾頓的道路時，稠稠的濃霧，還瀰漫在地面和路樹之間。經過徹夜熱氣球節嘉年華式的狂歡，全城仍在酣睡，只見湖邊有間早開的咖啡店，燈火通明卻空無一人，門邊還扔著剛送到的早報。

　　水波不興的漢密爾頓湖上，漸漸反照出暗紅的一線曙光，像天空的神祇在顧影自媚而非自憐。更似是有位寫生的藝術家，把那滴剛調罷的油彩，掉落在由暗轉亮的湖水裡。造物主不經意的一揮，正是神來之筆，點活了湖的魂靈。

　　黎明到來之前的黑暗中，群鴨撲翼鼓噪，沖破霧靄，低飛迴旋。叢叢水草參差有致錯落成趣的倒影，竟被游魚劃破，在泛起圈圈漣漪中化為碎片，一幅早晨的圖畫，就這般活潑潑地動起來了。湖畔的大片雪松，萬千針葉無一搖曳，仿佛吸足了天地精氣，正玉立亭亭地靜待破曉。

　　立在湖邊頓覺寒意砭骨，攝影家忙碌著立起腳架，在幽暗中調整鏡頭的角度。環顧四周，已有上百人圍著運氣球的車子，幾個穿厚衣的孩子乖乖坐著，期待地仰望朝霞漸現的碧空。

　　熱氣球的吊籃側倒在草地上，有人從一米多直徑的大尼龍袋裡，把折疊的熱氣球拉出來，很難想像這會和魔術師從他的禮帽裡拉出無窮無盡的彩帶一樣，在四、五個人的拉扯下，竟然出現了比籃球場還長的的物體。架起強力風扇一吹，數分鐘後，一個有點像中學體育館的龐大球體漸現雛型，從不鏽鋼管噴嘴射出的火焰，加熱著球體內的空氣，氣球漸漸膨漲然後徐徐升起。

　　在秋涼的清晨，觀看曙光中一只只色彩艷麗的熱氣球升空，令人心中除了喚回的童真，還生出種種奇想。當樹梢和屋頂後面，甚至遠處的雲端，突然出現許多巨大的氣球，無聲無息地在

空氣中飄浮，宛若一片盛開空中的鮮花，又像一群前來赴會的精靈。

比利時的蘭尼（Lenny），兒時參加阿爾伯克基氣球節，從此夢想有朝一日擁有自己的熱氣球。今年二十六歲的他，已經擁有三只熱氣球。在過去三年中，蘭尼帶著自己的氣球在十三個國家的天空飛行過，這次他帶來自己的「Mister Bup」烏龜氣球，這只十層樓高的綠殼黃身巨龜，除了打紅領帶，還穿一雙球鞋，沒綁好的鞋帶垂在空中，有六、七米長，粗得可開進一部汽車，四根鞋帶都能充氣，給這只巨龜增添幾分頑皮的童趣。

蘭尼現在擁有自己的氣球以及氣球公司，他的故事是美夢成真的現實童話。當然這須要很多的錢，但世人富有者多用錢窮奢極欲買醉揮霍，他卻用來圓夢，有勵志的意義，無怪烏龜氣球升空時，這麼多孩子在地面為她尖聲歡叫。

八十英呎高的「蛋糕」氣球，白色球體上寫著生日快樂，頂端還插著紅蠟燭。這個大蛋糕屬於來自美國新澤西州的凱夫（Keith）夫婦，凱夫的妻子是全美僅有六位專業全職女性氣球飛行員之一，在美國各地巡迴為各種生日派對助興。凱夫最近抱恙住院，由妻子與友人在紐西蘭負責駕駛這只世上最大的蛋糕，來慶賀漢密爾頓氣球節十週年生日。

大蛋糕升空前由至少八人忙了大半個小時，上升約兩百米后，估計是受風力的影響，在空中停留不到二十分鐘便下降著陸在林間草地，後勤飛跑過去協助迫降，還被主持人調侃一通：「大蛋糕為何藏身在樹叢后面久久不肯現身?!」

去年新製的「蟲夫人」熱氣球，也是來自美國，其主人擁有製造、修理氣球公司，有二十五年熱氣球飛行經驗，除了傳統的圓型球，他也是個異型球的愛好者，零四年他曾攜帶自己的「小蜜蜂」來過紐西蘭。

　　巨龜、蛋糕和蟲夫人升空後，與在空中飄浮的近三十只熱氣球會合，進行一場比賽，嘗試從草地豎起的三十米高桿上移走蛋糕，獎金是一千元。總共只有兩只熱氣球，成功飛到接近高桿的空中，但都未擊中目標。

　　比賽結束了，鮮艷奪目的氣球，仍在藍天留連，高得可觸碰雲彩，低得可撫摸樹梢。從空中鳥瞰懷卡托的阡陌縱橫的平原，可以看見蜿蜒的河流在陽光下熠熠生輝，青草地上的牧場農舍，還有那些道路和橋樑……吊籃裡的乘客，此刻正在喝香檳和交談，不過並非所有的氣球都用來休閒觀光，作為一項貴族運動在空中消磨時間，這次參賽的「Rick Walzack」熱氣球，就曾挑戰極限，飛越紐西蘭境內許多冰峰雪山，更曾與一百五十只熱氣球一起環球飛行。

　　全世界的熱氣球已經超過兩萬多個，在紐西蘭擁有自己的熱氣球大概要花三萬六千至五萬元左右，本地大多數氣球都屬七至八級（七級球體積為二千至二千四立方米；八級球體積為二千四百至三千立方米；九級球體積為三千至四千立方米；十級球體積為四千至六千立方米），每次可攜帶一百五十公升壓縮燃料，滯空兩小時左右，熱氣球平均使用壽命不少於升空累計五百小時。

　　紐西蘭的氣球飛行員並不須要特別執照，所以除了公司與組織，一些家庭也擁有熱氣球。但參與氣球運動的飛行員，每年都會保持三十五至七十小時的飛行時間。由於熱氣球起飛與降落，都須通訊聯絡與地面後勤配合，費用不菲。所以一些經營熱氣球觀光生意的公司，都把價格定位在兩百紐元上下，其中基督城的Up Up and Away公司就擁有五只全紐最大型和最先進的熱氣球。

　　漢密爾頓的熱氣球節從一九九九年開始，每年四月舉行，迄今已整十年。每年都吸引各國氣球發燒友前來，中國西安的長冶

俱樂部曾攜帶熱氣球在零七年來紐參加,並獲佳評。那一年「高桿取蛋糕」的獎金是五千元,今屆大大縮水為一千元,金融海嘯的陰影可見於此。

在初升的太陽裡,欣賞多達幾十只造型奇特、色彩鮮明的龐然大物升空,波平如鏡的湖面上,除了映照出藍色的天幕,還有這些熱氣球移動的倒影。這一種強烈的視覺衝擊,的確無以倫比。

Hamilton 漢密爾頓：移動的風景

　　沿著紐西蘭保養良好的道路駕車旅行，是本地的一種生活方式，田園農舍、山林綠地，時速百里間，匆匆掠過，這些路邊的風景，往往會因未及停車而錯失，留下幾許遺憾。而在河上泛舟，或可緩慢輕鬆地賞景，見到許多的隱秘。水邊的風光如佳人的背部，那肌膚特別嫩滑且不待說，其間輪廓浮凸與曲線玲瓏的起伏變化，卻是奇妙無比教人春心蕩漾的。

　　藍白相間的「Waipa Delta」號，二十來米長的船身，雙層甲板佔去大部，加上鈍圓的船首，使這條一八七六年明輪蒸汽船的複製品，顯得臃腫，徒有兩根笨拙的煙囪，很不協調地聳指向天空，只有兩舷那直徑三、四米的巨大明輪，惹人注目，在一個多世紀以前，船隻靠蒸汽推轉明輪為動力，無輪不成船，輪船之稱，顧名思義由此而得。有艘原裝的明輪蒸汽船，建造於但尼丁，從一九一二年起就在南島皇后鎮載客，她有一個香艷之極的船名「湖之淑女」，據說至今還燒煤，每小時耗煤一噸之多。有乘客就衝那股煤煙氣味而來，回味蒸汽機時代之經典，懷日不落帝國之舊。

　　船的下層是餐廳，早被訂滿，許多Kiwi老人，興致勃勃地在鐵板上烤小牛肉吃，說笑間兩岸風光自是一心不能二用，無暇去細覽的了。坐在上層甲板，輕沁暮春的曉寒，手捧懷卡托平原出產的紅酒，沿懷卡托河順水而下，看人家後院，樹林背面，牧場盡頭，素面朝天的紐西蘭，更裸露出她輕柔的活力美。

　　見慣了公路旁無邊綠草上的農莊，還有海濱的幢幢大宅，紐西蘭人生活場景在腦際早已定格。然而乘船從夾岸綠樹中穿過，那春天的雲彩在懷卡托河碧波上，投下無數變幻的碎影，野鴨棲遲，河畔人家逐一緩緩顯現，那後庭的青草紅磚，仿若舉足可及。晾衣的主婦、閱報的老者，還有垂釣的稚童，都揚起燦爛的

笑臉，有的還揮手致意，似是迎還出遊暮歸的鄰里，向你報著平安……我這才悟徹出什麼是紐西蘭情調。

一河兩岸的漢密彌頓城，雖不見古橋橫互，只有幾道單薄的橋樑跨越，但懷卡托河卻成了這座城市的靈魂，人們也不會忘記，她直通大海的碧波，映照過毛利與英人的激戰硝煙，提供多達八座電站的水能，澆灌著田園與牧場，滋潤養育過無數的牛羊馬匹與果蔬。

沿河保留有不少殖民時代的老屋古宅，不得不承認住在裏面或會覺得晦暗濕冷，但這類建築的美感，卻是通過每個蘊含昔日文化根柢的細節，表現出來的。那做工細膩的雕花灰塑，門廊的鑄鐵花欄，都散發著一種高雅的考究，那裏面有帝國海上榮耀的餘暉，也有殖民豐功偉業的殘照。而更多的近代屋宇，雖款式各異，闊大寬敞，但毫不見華麗宏偉，只呈現出質樸的節制之美，看得出每間屋主都很精心營造花園，在屋後至河岸的有限坡地上，栽植四時鮮花，把草坪修剪得像張嫩綠的毯子，一直鋪至臨水的小碼頭，這裏有葉漆得珵亮的輕舟，正繫在那裏待發。

船繞過河灣，把一座巍峨的灰藍色哥特式塔樓，拋在翠綠的山毛櫸樹林後面。從左舷望過去，岸邊有幢純白的前衛設計風格的華屋，洞開的落地玻璃門裏面，斜倚的女主人把腳擱在沙發扶手上，瀑布似的金髮旁，蹯伏著一隻黑貓，她戴著墨鏡懶懶地倚在殘春的日照裏，什麼事也不做，只享受屬於自己的幾分悠閒。聽見「Waipa Delta」號的引擎聲，黑貓抬起了頭，女主人仍保持那舒適的姿勢，只優雅地舉起勻稱的手臂，算是對滿船乘客的注目，作了回應：「好好玩去吧，我還想躺一會兒！」

紐西蘭人仍傳承了英格蘭人對居家修繕的痴迷，不是為了財富或地位的炫耀，是為了表達自己的個性與主張，通過住宅佈置、家俱擺設與裝潢，還有庭園的營造，表達自己的品味格調與藝術才

華，這是一種自我對生活的欣賞與玩味，對溫馨與舒適的追求。

這種品味，與財富多寡幾無關係，卻取決於主人的社會階級。僅舉「炫耀牆」（brag wall）為例，將個人與名人合影擺在起居室或門廳顯眼處，往往暴露了竭力躋身中產進階上流的炫耀心理。據說有教養的上層家庭，比較傾向把這類合影，擺在通往廁所的過道甚至廁所裡，以自嘲代替自吹自擂。

航程中偶而可瞥見懷卡托平原的一片無極青蔥，此地水草肥美，育出過許多世界名駒，一些素質平平的馬匹，在此地放養調教後，爆發力與耐力大增，都能變得十分出色。其中出生於一九九九年的長青馬后「日平線」（Sunline），從兩歲起共參加四十八場國際賽事，奪冕三十二次，亞軍九次，季軍三次，曾獲「澳洲馬王」美譽。退役後與名駒「直布羅山」配種，次年再配「紐西蘭種馬之王」（沙彪Zabeel），所產第二胎曾於拍賣會中以二百萬澳元的天價成交。據說為求名駒配出良種，一次成功的交配要收費十多二十萬元，這比一些所謂傑人名模的精子卵子還要值錢得多。

澳洲、香港的馬迷，曾在紐西蘭名駒身上投注億萬，亦獲利不菲。二零零六年一月，香港馬會在紐西蘭精選週歲馬拍賣會上，斥巨資競投，一次買去十匹，這些小馬的父母都是在國際賽馬中的皎皎者。近年中國湖北率先發展賽馬，也相中懷卡托名駒，自此，本地名駒的世界馬迷，將數以億計了。

懷卡托河的劍橋鎮是集馴養良駒精萃之地，可惜因河流地形關系，「Waipa Delta」號無法溯流而上直達劍橋，否則必會享受到另一段美好的航程。

因早餐進食太少，久坐在甲板上竟覺得餓了，下層餐廳飄來的肉香，更勾起饞涎食慾。很後悔沒捎帶些小吃來，吧台又只供應飲料，紅酒是越喝越餓，只好忍著。此時船開始掉頭回航，來時看罷右岸，現在景隨船移，可見左岸的另一派風光了。

Hamilton 漢密爾頓：我的秘密花園

　　復活節沿一號公路南下，遇大塞車阻斷旅程，被擠進了哈密爾頓，多次路經此城，從未駐足停留，這次可以下車走走了。首選當然是哈密爾頓公園。

　　夏去秋來，天仍煥熱，林木亦未捨去綠衣，但夏末的繁花卻是已見凋殘的了。在一片片樹牆後面，藏著幾處東西方風格的微型園林。有點像昔日法國宮廷裏供帝皇嬪妃女嬉戲的迷宮。印度園的純白，半園尖頂的鏤花建築，顯現出十六世紀莫臥兒王朝統治下，伊斯蘭化的風格，像泰戈爾的散文詩，有著「生如夏花般絢爛，死若秋葉之靜美」的安詳。

　　日本園的蒼綠，則在其間鋪陳出一方「枯山水」，以石為島，砂為水，劃出道道砂痕，比擬碧波。坐觀式的小空間卻有枯、寂、佗的大境界，抽象地表達玄妙深邃的儒、釋、道法理。

　　義大利園的桔黃，似乎呈現一片南歐的亮麗陽光，臺地式水景園藝，有匠意的過份工整，建築物又體現和諧與理性的柱式構圖，堅實的柏拉蒂奧園柱，有著古羅馬人體的優美勻稱。

　　美國園的青灰，有點冰冷，池中略顯臃腫的後現代雕塑，岸邊有性感尤物瑪麗蓮・夢露的瓷磚肖像，陽尖下展現明眸皓齒的笑靨。諸園皆有其鮮明文化特徵，唯此園有點近乎膚淺的簡潔，似是在嘲諷美利堅歷史缺乏源遠流長的蒼古！哈密爾頓有許多義大利僑民，也許這便是這裏義大利園精工雕琢的原因所在，又有誰可以肯定，用碎瓷片拼出瑪麗蓮・夢露，不是歐洲古文明對幼稚北美的一種調侃呢?!

　　逸暢園的靈感來自中國江南，充滿春風化雨的靈毓婉約，只是不解為何那大門矮了兩尺，帶上了舞臺上佈景的虛假，最美的是紫藤廊那一段，半池綠水如鏡，可見天幕的湛藍，亭榭琉璃

瓦頂的金黃，還有竹林的翠綠。又圓又黑的月門，開在一堵潔白耀眼的粉牆上，一拱石橋彎彎，幽徑由此通往竹林深處，拾級而上，倚在亭中「美人靠」上，便可就著清風，俯瞰這小巧玲瓏的園林，賞玩這一軸寫意的山水。

亙古時代，人類還未有庭園，陋舍之後，植以蔬果，後來社會殷富，家宅四周，栽種花木，美化家園，造園才成為一種藝術。園林是家居空間的延伸、公眾的遊樂地，人與自然對話的媒介，現代生活中，園林被稱為「城市之肺」。

記得曾看過一部電影《秘密花園》，一個病中柔弱的小女孩，發現了禁忌之地中的秘密花園，引出許多浪漫夢幻的奇遇。正如片中瑪麗所言：「每個人內心世界都是一座秘密花園。關鍵在於觀念，只要觀念正確，你會發現宇宙也是一座花園。」

電影改編自女作家法蘭西斯·斯霍奇森·伯內特的代表作。她在紐約長島佈置自己家的花園時忽獲靈感。書成後一紙風行，世界上許多大人和小孩都熱愛《秘密花園》。

沿著懷卡托河信步，我想到為什麼人類喜歡花園？又為什麼還喜歡在內心構築另一個花園？可能是因為出於那種對自然美景的依戀，在家中窗之一角，可以瞥見屬於自己的那片綠地花草，過上那種有美感享受的生活。

現實的個人空間或有限，心靈空間卻也無涯，在彼以想像與深情，構築起奇景異界的夢中花園，是存放個人許多幻想、夢境與往事的一隅，只有打開心扉，才能找到前往的通道。有時人在一生中，只對所愛的人出示過開啟的鑰匙，也可能畢生未讓任何人踏入這秘密花園半步。

Cambridge劍橋：端午晚秋遊劍橋

端午這一天，友人邀我南下，沿途取景拍照與寫生，近一年幾乎足不出奧克蘭，靜極思動，也就去了。

深秋的晴空，纖淨無塵，不見一絲雲絮，過了南奧克蘭的佛蘭克林，路旁的景致漸漸有了一種野趣，少了幾分人工雕琢。一地的樹木，總是少經些修剪的為佳，因出自造物主的神來之筆，若經人為的改變，這些偉大的作品就遭破壞了。在漢密尼頓與劍橋之間的這段景色，的確有很濃烈的英國味，懷卡托河水滿齊岸，老舊的農舍，火紅的秋葉，劍橋鎮內有許多維多利亞時代風格的老房子，經過精心整修，顯得精緻靈秀，不見那古宅的陰森，這些建築的屋頂與外牆，均漆成白、藍、紅、黃等顏色，顯出房主的個性偏好。路旁梧桐參天，嫵媚的秋陽照下來，在鋪滿落葉的干道上，投下斑駁的樹影。據說劍橋此地盛產名駒，騎師輩出，鎮中還建有雙駿銅雕。有人牽著披上毛毯的駿馬，踏著落葉晨操，使這小鎮的早晨，看上去更像英倫鄉村的一隅。

劍橋的英國風情，除了她古樸的教堂與農舍，老樹舊廳，河岸湖濱的歐式園林與田野風光，還體現在當地人的生活方式、藝文活動，甚至乎連衣著穿戴都顯得更傳統一些。

路過這裏卻不再想當過客了！想在她寧靜的林蔭道上徜徉，悄悄聽那腳下落葉沙沙輕響，從農舍的窗外，透過窗簾掀起的一角，窺望那牆上的油畫，在路邊小店，兩位老人正在往咖啡裡加糖，那股熱氣送來香醇，在極冷的清晨，喚起對溫暖的家的渴慕。蕭瑟風中，我低迴沉思，紐西蘭近兩個世紀的歷史，短暫然而安定，生活在這裏的人們，一代又一代安享太平，故有這山河的壯美，社會的富足，隱居於此遠離塵囂，生活或會略嫌單調，但擁有自由與和平。上帝似也偏寵紐國，在這不大的國土上，擁

有各種不同的地貌奇觀，氣候濕潤但不溽熱，有飛禽走獸卻不見毒蛇猛虎，有四季卻無嚴寒，土地肥沃、物產豐富，草木繁茂，花開四時，這真是一塊人間樂土啊！

許是熱愛藝術的使然，視覺藝術以繪畫語言進行表達與交流，心靈一旦貼近大自然，文化隔閡的堅冰便化為創作的澎湃春潮，這哪裡是陌生的異國他鄉，你我已是否已回到了夢中的樂園!?

徐志摩寄情於詩詠唱康橋，我今揮灑畫筆繪劍橋。秋天的藍穹多麼高遠深邃，我也瀟灑地揮揮手，悄悄走了，依依遠去，不帶走一片雲彩！因為今天的晴空沒有雲彩。

Cambridge劍橋：劍橋迎新

　　遼闊的懷卡托平原延伸至劍橋，坡度驟然下降，這一地形突兀的變化，不僅使穿越小鎮的懷卡托河兩岸形成陡峭幽深的河谷，還在鎮的另一端的山林裡，留下一個小而清澈的蒂柯烏圖湖。

　　去年深秋時分到過此湖，山邊水畔盡是滿目丹楓黃葉，幽徑的枯葉可沒腳背，踏上去窸窣之聲不絕。那日秋陽燦爛，落英繽紛，紅葉飄零，因為趕路不得不離去，心裡決意還要再來。如今來了，蒂柯烏圖湖還有鎮上都籠罩着一片濃濃的綠意，夏秋今昔的景致已是截然兩般了。

　　住處距離蒂柯烏圖湖不足百米之遙，手執一冊《湖濱散記》便躞步過去。時己夕照銜山，水波不興的湖面泛照着熠熠金光，草叢中綠頭鴨三五成群覓食。跨過一架木橋，柳蔭下有張空着的長椅，正適合讀幾章梭羅的絕句。

　　一年將盡，剛結束北半球幾萬里密集型旅行，選擇劍橋來安定平復自己的心緒，自然有我的理由。而在蒂柯烏圖湖畔讀梭羅，又是重新梳理思想裡千頭萬緒的最佳抉擇。一百六十年前哲人獨居湖濱小屋，在其魂魂畢生所寄的湖光山色世界裡，書寫下遠離喧鬧紅塵與苦難人群的孤獨禮讚，他對人類受物質文明腐蝕役使的批判，對自然形影風光的心嚮往之，還有何為「事實」何為「幻想」的哲思。都能為今天凡心未了煩惱多多的自己，帶來更多啟迪。

　　在二零一一年最後的時光，普天下之人無不想方設法安排行程渡假取樂，而電視屏幕上，仍不厭其煩地閃掠着過去一年世界大事的觸目驚心畫面：地震、海嘯、洪水、屠殺、騷亂、衰退、偉人辭世、魔頭身亡……在湖畔捧讀梭羅，只覺得除卻這些睿智優雅的文字，這世界一切的暴戾、野心、慾望與狂想，新生或滅亡，又與我有何相干?!

　　在最後一抹斜陽消失在劍橋茂密的梧桐綠蔭後面之際，我悟出了「我的生活本身就是我的娛樂，而且日新又新」的深意。

　　儘管夜宿一個通風極差的房間，但枕着《湖濱散記》入睡後一覺醒來，依然神清氣爽。順著綠蔭夾道的維多利亞路信步，古風小鎮一覽無遺。劍橋的所謂歷史古迹，年代最久者不過百餘年。這些維多利亞風格的房子，都顯得很袖珍，似乎經過微縮的處理。無論是設計、用料與施工上，都難掩非英倫本土製造的粗糙低劣。但從鑄鐵窗花欄杆、山牆灰塑、柱端渦型花紋等建築細節，仍然可見殖民時代初民在他鄉營造故鄉的一片苦心巧思。

　　雖然許多老房子的主人以及後人他遷，物業幾經轉手，有的改作旅舍、商店甚至收費洗手間。端賴歷任鎮委會將諸老宅編成Ａ、Ｂ兩類古跡給予保存維護，總算避免了大型現代建築淹沒古舊劍橋的災難。

　　它們與那些高大而美麗的梧桐之間，有著某種微妙的維繫。殖民者當年在新闢的泥濘道路兩旁栽下樹苗，搭建教堂與店鋪、旅舍與銀行，作為後人，不得不承認是出於在懷卡托河畔構築一座繁榮市鎮的願景。

　　因為兩間麵粉加工廠的出現以及地處北島交通要道，的確曾經出現過一段值得懷戀的盛世繁華。

　　如今樹已成蔭，小鎮却繁榮不再。惟餘下一間又一間骨董店，將凋零世家仍然閃耀着昔日富貴榮華的遺物，待價而沽求售，許是有人肯賣，又有人願買，生意才得以維持。我極喜歡逛骨董店，常常可以消磨半天，但僅止於欣賞。擁有，其實也是一種麻煩甚至成為苦惱，而且不管生前在世花多少金錢輾轉購得，或展示廳堂供客欣賞，或藏於密室自己把玩。人死後的身外物，均難逃被出售拍賣的厄運。這些骨董店正是為此而存在的。

在離開劍橋之前，越過古老的拱橋駛向南面近郊，方整如棋盤的街區很快就被田園風光所替代，農莊的樹墻修剪得十分齊整，步道平整寬闊，路樹繁花盛開，款式不同的鐵門後面，一幢幢精緻的房舍燈火通明。都說此地出產種馬名駒，每匹身價百萬，毋怪鎮中也有條另類「星光大道」，以馬賽克拼出名駒頭像，鑄銅牌以記駒名及賽事戰績。暮色中可見農場裡仍未入廄的駿馬，刷洗得發亮的皮毛閃着緞子般的亮光，這些未來的冠軍踏着訓練有素的步子，在柔軟的草地上輕快跑動，遠望去就如一張圖畫。

在夜幕低垂之前回到奧克蘭，滂沱大雨漸漸收斂，睡前再讀《湖濱散記》，再一次被那典雅精妙而香醇迷人的文句所陶醉，不知何時入睡。矇矓中只聽聞煙花炮竹爆響，似乎沒過多久，雨就停了，天也亮了。

新的一年，二零一二年就這樣來到了。

友人來電問我有何大計？我僅以梭羅書中所言答之：「依據自己習得的最新最好的生活方式，來調節自己的生活，這樣生活下去，就永遠不會被厭煩無趣所困，萬事且順著性情，則每個時辰都會向你展現全新的景象。」

他表示疑問，理由是世界末日或許隨時到來。當滔天洪水淹沒喜馬拉雅山，你還能這樣嗎？

「為何不能？」我反問他。

因為生死哀樂存乎一心也繫於一念，只視你能不能洞察識透。

所謂末日不也正是新生的伊始嗎?!

Rotorua 羅托露瓦：羅托露瓦湖畔的情思

　　不記得多少次了，我來到羅托露瓦湖畔，在拍岸的湖波邊行過，任水花潑濕風塵僕僕的雙足，她水邊的白楊與紅楓，春來碧綠，秋去金黃，這裏四季都美，倘若一定要選來遊的時節，我定會選深秋。我願聆聽那隨風飄落的紅葉，在足下發出籟籟的歡息，勾起心中的情思，極目望去浩淼的湖面，灰濛的遠山，含著一抹淡薄的愁雲，綠波上天鵝戲水高歌，儘管用筆墨描摹此湖總嫌蒼白，但如果一定要形容羅托露瓦湖，我寧可稱她為大地的明眸，如少女的眼波，嫵媚溫存，顧盼有情。

　　與那些到此一遊的匆匆過客不同，我來這裏是為避靜，喜愛那湖畔的景致，這裏寧靜中永遠有種勃勃的生氣！安坐在湖邊的長椅上，感受陽光照在肌膚上的溫暖。此時我覺得自己像湖上的一葉輕舟，無所事事地隨著水波起伏，不必遠航也不再畏懼那風浪的摧折，航程結束了，在驚心動魄的搏擊過後，享受寧謐實是一種幸福。而能在風光旖旎的一處，細細品味這幸福，則是幸福之中的幸福。在湖畔信步時，我還想到，一個人若能不僅只顧俗世責任及物質享受，並不以此自得，而能去探索更高遠的靈性渴望，去接近那知識區域以外的世界，才是真正的幸福！作為宇宙中的一介微塵，能有對善的順從，對道德的恪守，我們卑微的靈魂方能永生。這湖的壯美，果能令來到她身邊的人，生出宗教的虔敬景仰，我不由歎息，這是上天的神來之筆，一揮而就的傑作。

　　景色奇佳之處必人傑地靈，亦多傳說，羅托露瓦一帶曾是毛利人最早的故鄉，毛利人由夏威夷乘桴渡海南下，在此生活了千年之久，同其他南太島民一樣，原住民在歐洲人到來後才接觸鐵器和紙筆，在此之前刀耕火種，天生天養，憑天賦才藝與原始靈感，創作歌舞雕刻編織刺青，其題材取於自然、戰爭、生活、漁

獵等等，以及對祖先神靈圖騰的膜拜。所謂毛利文化亦無最早文字記載，只能口耳相傳。但其祖先確實是極具進取精神的勇士，這批慓悍的先民除了饒勇善戰，還很有詩人氣質，當他們第一次看到紐西蘭高山上的冰雪，誤以為是天際的白雲，故給這個島嶼起了個很浪漫的名字：「白雲綿綿的土地」（Aotearoa）。

我畢竟不是居住在羅托露瓦，盤恒數日自當歸去，每在城中的街道、湖邊和花園信步，除了看到遊人也看到的美景，縈繞腦際揮之不去的就是毛利文化。羅托露瓦城外的法卡萊瓦萊瓦（Whakarewarewa）文化村，實際上就是一座大型的「帕」，裏面還有地熱溫泉，當年的毛利人就在這裏取暖過冬，煮食充饑，據說地熱溫泉作為一種天然能源又取用方便，也是吸引大批毛利人聚居於此的原因之一。毛利人經過在這白雲之鄉的代代繁衍，產生了部落制度，這也是毛利社會的基礎。各部落都有建造得非常精密的「帕」（Pa），這是一種防衛性的山寨要塞，以削尖木樁圍之，內有堡壘，非常堅固。為防敵對部落偷襲，許多「帕」就建造在高地山頂，外有武士把守，男女老少則在內過日常生活，以策安全。法卡萊瓦萊瓦所陳列的毛利遺址，已無多少文化內涵可言，簡單的鋪陳，寥寥數語的說明，一日兩場歌舞一頓晚餐，似乎沒有可能充份再現毛利文化的核心價值。人們與其說是為探索毛利文化而來，還不如說是出於好奇，大概還有「到此一遊，不來可惜。」的心理作崇。

毛利文化是玻利尼西亞文化中最發達的一支，有著逾千年進取與勇敢的核心價值，可它卻在不過一百多年的短暫殖民歷史之中，隨著「帕」的棄守，部落的解體，而迅速衰落幾近消亡。或有人將其怪責於二戰前後政府對毛利文化的壓制，然而其後歷屆政府改弦易轍，投下巨額資金，設立各種研究毛利文化的機構，開辦毛利教育機構，通過推行種族和諧多元文化，毛利種族

地位得明顯提升，毛利語成為官方語言之一，毛利族人得到許多優惠，享有福利，成為世上最受優待呵護的原住民，雖然近年也有各方面的改進發展，但統計資料仍然顯示毛利人過度依賴失業救濟及政府提供的就業機會，酗酒、失業、家庭暴力與犯罪率很高，在法院和監獄，毛利人更是來往的常客。這不能不引起人們的深省與反思！

最近發生一對攣生嬰兒受虐致死慘案，暴露了毛利人文化中優秀精粹的被破壞及精神危機。這一個案引發了巨大社會反響，包括各階層人士及總理等均表示關注，更有人提出對福利政策的重新檢討等等。我認為，恐怕最需要反省的，還是這個族群自己，如何在科技發達的現代社會生存立足，如何在毛利傳統文化與語言的教育中，注入自食其力發奮上進的新知，承傳自身文化的核心價值。為人長者父母者，亦要擺脫對福利的依賴，不貪戀杯中之物，以勞動為生，身體力行去為下一代樹立榜樣。而青少年者，則應發奮讀書，力求上進。如此，這個族群才有希望重拾「進取與勇敢」的優良傳統。

南太平洋島國的民族，由於得上天賜予之豐富資源，宜人氣候，偏安一隅，與世無爭，過慣了「穿衣一塊布，休息傍大樹，生活靠援助，吃飯挖木薯」的悠閒日子。西方殖民時代之後，相繼在英式的民主制度下獨立，而島民們對祖先和酋長的崇拜，遠勝於對民主政治的理解。儘管大國以各種形式企圖推動這些島國跟上時代的列車，可這些島國仍停滯在靠援助輸以維持政府運作，作為其他大國的農場與漁場，或供富人觀光渡假的樂園這一階段，與此同時不斷滋長的卻是政治的腐敗、紛爭，治安惡化，經濟不景等問題。這些島國在全球化的浪潮中，充其量只能作壁上觀，甚至被邊緣化。和其他的島國弟兄相比，在南太各族島民之中，毛利人是最幸運的一支，也是條件最優越最受善待呵護

的，如果再無作為不思長進，則不能怨天尤人，要怪就怪自己不爭氣了。不知為何至今仍未見毛利有識之士，呼籲重振文化的核心價值，這可是一個族群薪火傳承的唯一命脈啊！再不努力，毛利族群失去的，就不僅僅是土地，而是希望與未來了。

羅托露瓦湖啊，妳清澈的明眸，見證了千年史實的變遷，人們來到妳身旁，為妳湖光山色之美傾倒之餘，也墜入歷史的省思與追憶。這裏綠草繁花，靜如隔世，曾孕育了一個多麼美麗而優秀的文化，如今卻行將湮沒在浩淼煙波之下。作為過客，我卻來了又離去，離去了又重來，始終對妳情也依依，終久難忘。

Rotorua羅托露瓦：雨天南行記——再遊羅托露瓦

　　總覺得住在奧克蘭有一大好處，就是出遊可以往北也可以朝南。我喜歡旅遊，只是往往即興成行，很少預先作計畫與準備。平時常看些旅遊景點的資料，有了心儀的去處便記著，待興之所至即時出發，我的行程大多是如此成就的。

　　這個濕冷的冬晨，在溫暖如春的室內，望著那屋邊一方草地與四周的圍欄，忽然很想去羅托露瓦，儘管先前去過數次，但都是在春秋兩季，那裏的隆冬，是怎樣一番景色呢？

　　開車過了劍橋，見鎮中兩列參天梧桐，片葉不存，禿枝殘椏，煞是蕭瑟。往南經 Tirau 鎮，這個八百人的小地方，卻有許多特色商店，一隻巨大牧羊狗造型的鋅鐵皮建築物，是遊客資訊中心，旁邊還有一座綿羊造型的餐廳。鐘錶店門面是個自鳴報時鐘，蜂蜜店外牆漆成蜂巢圖案，還有間外賣店簷上，坐著一隻很大的藍色毛利雞。這裏值得花點時間慢慢欣賞，有時甚至可以買到別處見不著的精品。步入橫街，會見到保養得極好的老木房子，百年前的雕花歷久如新，只有那穿越庭園的石徑，佈滿斑駁蒼苔，仿佛仍響徹著許多年前古人的足音。維多利亞凸窗的玻璃後面，襯著潔白的蕾絲簾子，隱約可見牆上色彩濃重的油畫和壁飾。有間房子裏開兒童派對，門前的信箱上系著幾只彩色氣球，孩子們穿越往來，厚重的大門開開關關，引起走廊裏籠中鸚鵡不安地聒噪。

　　這個座落在交通要衢上的小鎮，彌漫著舊日生活的寧謐，裝璜新穎的小店，充滿藝術人文氣息，連店中主人亦帶有雍容的貴族氣派，溫爾文雅。有暇到這裏作臨時居民，在農莊住上一宵，與主人圍爐夜話，高床軟枕間，擁被品讀哈代的小說，定別有一番感受。

　　行近羅托露瓦，未到那段綠樹夾道的林蔭路之前，遇上彌天大霧，能見度不足五十米，山林農莊概漸漸隱去，只剩下四周一片乳白濃霧，亮起車燈慢慢前行，只見路上白色的中線，僅聞沙沙輪胎聲響，不僅感到有種詭異的感覺，仿佛身處日本宮奇駿畫的卡通裏，那一列滑行在水中的幽靈列車，無影無聲地穿越人間天地，由不知何處來，往不知何處去。

　　在羅托露瓦郊外先去Agrodome，這間公司經營綿羊秀、滾人球、高速快艇、空中飄浮、高空千秋等項目，來此地的遊客是不能錯過的。

　　滾人球的半透明塑膠球是紐西蘭首創發明，現已風行歐美，聽說中國也開始有了。這種球直徑三米多，每次最多裝三人。從高坡頂沿長滿綠草的寬溝滾下，全程約兩百米。據說玩過的人都聲稱得到天旋地轉的全新體驗。但見寒風中玩罷的年輕人渾身濕透，瑟縮發抖地豎起Ｖ字拍照，我想還是在夏天來體驗比較合適。

　　高速快艇是在人工設計的淺沼水道上，以僅載三四人的小艇，高速行進中作不同方向角度的轉彎或旋轉，有時泥漿沖天不見船影，只聞尖叫之聲。旁邊有座四十米高的鋼鐵搖臂，勾住兩個盛人的大尼龍袋，從十層樓高空往下再往上來回擺蕩，我為其取名「高空秋千」，這也是個令人狂吼尖叫的刺激遊戲。

　　空中飄浮的建築是一個高大的園形鐵塔，有點像飛機製造業的「風洞試驗」，在園塔底部的底特律寶馬渦輪柴油發動機，以一千匹馬力，製造出每小時一百九十公里的風速，使人在巨大的氣流之上，可以充份體驗高空自由落體的飄浮感覺。兩位男士戴著風鏡，在飛行區上熟練地做各種動作，以手臂和掌心控制身體，時而旋轉時而翻滾，像一對展翅翱翔的雄鷹。

這幾個遊戲於我而言過度激烈，只可旁觀，最合適的可能是坐纜車登頂，然後乘小滑車下山，可惜到山腳時雨霧交加，只好作罷。

天堂谷的彩虹鱒與獅子，已看過數次，這次就略過了。前不久在此主持猛獸園的「獅子人」，因涉嫌家庭暴力，面臨訴訟官司，不知他現在處境如何？在看他餵獅表演時，一直很欣賞他身上那股充滿陽剛的男子氣慨。這次他火遮眼，怒撞其妻頭部而吃官司，其實也是事出有因，當時換了是你我，目睹妻子赤裸裸與另一對男女在床上大被共眠，又該作何想?!不教訓這婆娘，難道還向這幾位狗男女道午安再悄然退出不成?!

羅托露瓦湖畔有一座可稱之為此城靈魂的建築，十九世紀時這裏是療養院，完全依照歐洲溫泉療養院的傳統設計，利用地下溫泉與泥漿，引進各浴室供使用。現在已闢為藝術博物館。

這座都鐸式建築保留了歌特式建築的塔樓，其構圖中間突出這座巍峨聳立的塔樓，兩旁形成對稱。走陡坡式的山型木構造屋頂，鋪以桔黃屋瓦，呈三角型的實木構造，從樓梯登上閣樓，可以從內部欣賞那巨大的橡木屋梁。整座建築物在木柱、梁及樓板等結構系統上均採用鉚丁或榫接等方式結合。

白色外牆間以黑色的木頭，這些木頭並非一般人想像的是裝飾線條，實際上這些都是構架外露的木頭。

都鐸式建築還有另一個特點，就是對凸窗的運用。英倫三島多雨霧大，日照時數十分短少，凸窗的設計加強了採光，另外也增加了室內空間與欣賞外部景觀的視野。凸窗的內框以鑄鐵件分割成「格子」狀，因為古時製作玻璃的技術，無法製造大面積式玻璃，所以創出這一種使用小方塊玻璃的獨特樣式。日後這種「凸窗」延續發展出後期的「維多利亞」窗戶樣式，只不過「維多利亞」時期把原來漆成黑色的窗框改變成白色窗框。今日紐西

蘭的許多老房子，都保存了這種特有的「凸窗」。

我覺得僅僅是這座建築物，已足以作為一件藝術瑰寶來細作欣賞。

在華麗莊重的長廊裏，經過一個又一個房間，那些古舊的浴缸與水池，牆上計時的沙漏，花瓣形的水龍頭，鏽蝕的管道，都教人想起昔日的繁盛風華，多少紳士淑女來此銷金享樂，泡在有特殊療效的溫泉裏閉目養神。那一座座大理石雕像，有神話中的仙女與天使，也有貴婦的形像，有強烈的古希臘雕刻藝術風格，人物刻劃曲線微妙，空間分佈均勻，表面光滑，衣褶生風，嘴角帶笑。這些藝術品完整無損地屹立多年，曾經見證這裏不絕的歡歌笑語，門庭若市的熱鬧。多少榮華富貴灰飛煙滅，她們嘴角的微笑永恆不變。

最令人難忘的是建築物地面以下全部挖空，形成一個深兩米餘的地下世界，巷道縱橫，柱樑林立，管道錯綜複雜，甚至還有泥漿浴缸供客人療病之用。一百多年前的工業水準與科學技術已如此發達，確實難以想像。

從大堂弧形的實木樓梯步上二樓，從高大的窗戶裏眺望，幾何形的花園裏草兒仍綠，花卻凋殘，煙雨朦朧間仍見地熱蒸氣四處冒起，空氣裏彌漫著硫磺味，不遠處的羅托露瓦湖上，浮游著天鵝身影點點，寒風中海鷗水鳥卻不倦地起落飛翔。古老的「湖之皇后」號巡遊歸航，長方形的白色船身，滑過如鏡的湖面，嘹亮的霧笛響徹水天交接的遠方。

霧更濃了，雨也愈加稠密，湖上吹來的風徹骨冰寒，不知何故，心中萬分想留宿於此，明晨登船一邊遊湖一邊享用英國式早支，每次來都有這同一個夢想，但都未及成真。有位作家曾說過：「只要還有夢想，你仍未老！」

為此，我保存著這夢想！

Rotorua羅托露瓦：紐西蘭的「世界爺」

在黎明的細雨裡，我站在一片高大挺拔的加利福尼亞紅杉之間，一株株碩大無朋而又筆直的樹影，像一群巨人，軀幹粗壯，默然肅立在這裏已經超過一個世紀。尚有縷縷晨霧在林間繚繞，腳下的地面，顯得鬆軟而有彈性，那是百年落葉積成的一張天然地毯，四周靜得可以諦聽到枯枝折墜的響聲，在某一株高聳入雲的紅杉頂端，有隻鳥兒在千迴百囀地唱著自己的歌。

羅托露瓦城外的瓦卡雷瓦雷森林（Whakarewarewa Forest），是二十世紀初英國移民測試各種樹苗生長的地方，有許多來自歐洲、美洲等地的樹種，從紅杉所佔的數量與面積來看，當年的英人很看重這一樹種，因為它樹幹之通直圓滿、材質之耐腐耐火、紋理之華麗美觀，比起本地的考裏（貝殼杉）有過之而無不及。可惜經過試種，發現紅杉生長過於緩慢，故未擴大造林。

在一百年間，瓦卡雷瓦雷森林的紅杉已長高至六十多米，成為紐西蘭本土最高最大的樹，在植物界的巨人面前信步，撫摸那樹皮上隆起的筋和縱裂的紋，仰望那似乎觸到白雲的樹梢，我由衷敬佩它顯露的莊嚴法相，古今中外世人對森林樹木均抱崇拜之心，在農業發明之前，人類就棲居林中，看到樹木開花結果，採擷果實為食。森林成為人的衣食之源與居住之所，樹神崇拜也因此成為世界性現象。

直至今天，人們仍將一些老樹視為神明敬拜，相信它們有某種神秘的法力，能夠影響我們的健康、生活甚至運程。

我在媒體上發現這則消息，台北中和市長邱垂益，在批准移植一株五百歲老冬茄樹之後，當晚就感到腳掌劇疼難忍，至醫院求治，診斷為「足部韌帶斷裂」，也就是俗話說的「斷了腳筋」。在留醫那天晚上，邱市長夢到「樹神」托夢留言：「移植

中樹根被切了，很痛，且被斷了好幾條樹筋，所以要斷你一條腳筋以示懲戒，且須百日方可復原。」

惶恐不安的邱市長，事後受訪時表示，經此事件教訓，體驗老樹是有生命的，今後自己要更重視環保，也會在傷勢痊癒後，攜鮮花素果，向老樹祭拜禮敬致意。

與此同時，市公所發言人也證實，百日後該老樹才會發芽，其時間也與邱市長腳傷復原所須時間相吻合雲雲。

這則看似笑談戲言的花邊新聞，也可以被理解為人對大自然的肆虐破壞與大不敬，必遭報應，自食其果。近日全球政要齊集哥本哈根商討「減排」所為何事？正是因為我們的狂妄自大，正在招致地球的毀滅。一報還一報，就是這個道理。

在這塊美麗的淨土上旅行，足跡遍及之處，最大的感受就是：紐西蘭人對大自然的尊重與愛護，其所獲恩賜就是百分之百的純淨，就是世代安居樂業的寧謐平靜。寧可經濟發展緩慢，也要環保先行，不透支子孫後代的資源財富，讓國民活得放心安心，此乃真正之德政也。

一位來自加州的美國老人，友善地替我和內子拍了一張合影，他也凝望著瓦卡雷瓦雷這片年輕的紅杉。在加利福尼亞北部，有的紅杉已逾四千歲，壽命之長，幾乎見証了整部人類文明史，被稱為「世界爺」，這些高達一百多米的巨杉，要比我眼前這些高出一倍以上。和原鄉的美國紅杉相比，四周的這些百年樹木，只是嬰孩或者說是「世界爺」的玄孫而已。

他肯定想起了加州那些樹幹大得可以開出一條公路的大樹，這裏有的是千年紅杉，僅一株樹的木材，就可以蓋五十棟六室的木屋。可能是比對了兩地之樹的一高一矮、一老一少，他寬厚地微笑了。但我很想告訴他，因為這裏的人熱愛大自然，對一草一木呵護有加，紅杉在紐西蘭也會長得很好。

　　千百年後，瓦卡雷瓦雷森林的紅杉也會成為久經世面的「世界爺」，它們將以無比恢宏的氣勢，傲視人間，俯瞰歷盡紛爭的煩囂紅塵，笑看多少代滿懷野心為慾望驅使的生靈，在抱撼中腐朽。

　　再顯赫的功名終有盡時，最鼎盛的強權亦會式微，惟這些高大美麗的樹，堅固不移，不為風雨所催；它見証歷史，記載生活變遷，而且比人活得更長久，跡近永恆。

後記：瓦卡雷瓦雷森林在羅托露瓦以南四公里處。羅托露瓦不
　　　僅是地熱奇觀觀光重鎮，還以林業馳名。市郊有林地
　　　一百二十五萬英畝，其中人造林三十萬英畝，主要種植加
　　　利福尼亞輻射松，有少量紅杉林。新西蘭林業研究所就設
　　　在該地區。羅托露瓦有紐西蘭最大的鋸木廠和造紙廠，生
　　　產的木材占全國產量的一半，生產的紙張和紙漿占全國的
　　　四分之三以上。

Rotorua 羅托露瓦：輪子上的人生

　　人們常說，如果你心裡總想著一事或一人一物，這一事或許真的會發生，這一人一物往往也會意外地出現在你眼前。在前往羅托露瓦的路上，我曾數次想到十年前在湖畔見到的「吉卜賽」車隊，祈盼這次能再遇到這群到處流浪的藝術家，再一次接近與觀察他們輪子上的藝術人生。

　　在湖畔一片透射著金色晨曦的霧靄中，使我喜出望外的是，又見這支奇特的車隊。三十多輛卡車、巴士改裝成的「活動房屋」，每一輛都是個性鮮明的當代藝術作品，運用主人的巧妙構思，採用各類材質，還要配以對比強烈的色彩。

　　在付出兩元作為代價後，獲准走進「鬍子」（此乃我為這位鑲嵌藝術家取的綽號）的家，用紐西蘭輻射松原木裝飾內壁，主人發揮對彩色玻璃的迷戀，將所有的窗戶都設計成類似教堂的花窗，陽光透過七彩玻璃照進屋內，留下一片迷幻的光影。車頭上方是主臥室，堆著書籍畫冊和被褥。從臥室沿一條精巧的木梯走下來，佈置成小客廳，南亞風情的編織掛毯，也很像教堂的一角。整潔的開放式廚房裡，寥寥無幾的瓶裝調味料，說明「鬍子」是個崇尚粗茶淡飯簡樸生活的人，他使用「吐司」爐烤麵包的時間，肯定大大超過使用煎鍋去烹製食物。

　　穿過廚房是廁浴二合一的衛生間，也有一扇小巧的尖拱形玻璃窗。從這裏有道窄得僅可一人通過的樓梯，通往上層的生活區，「鬍子」就是在這裏斜躺在「L」型布藝沙發上，聽他的尼泊爾音樂，膜拜自己心中的神明，我猜忖他信奉的應該是印度和尼泊爾一帶的佛教。

　　從唯一的那扇門裡望出去，有個小陽臺，旁邊繫著一艘橙黃色的划艇，從這裏可以鳥瞰整個吉卜賽市集全貌，停放有序的

車隊，各自在車邊架起帳蓬，展現木製工藝品，繪畫，書籍，算命，水晶，草藥產品，LuckyStar咖啡，時裝，手工首飾，民族服裝，食品，棉花糖，玻璃吹製，充氣城堡，紋身和穿孔，手繪工藝，騎小馬，還有現場音樂與吉普賽舞蹈。

在傾聽了我對其生活的嚮往之後，「鬍子」告訴我，任何人均可申請加入車隊，當然你首先要擁有一部主題車屋，並確定所經營的項目與車隊內別的成員並不雷同，最後你還必須簽署一份願意遵守車隊守則的合約，除了一些條文，還要求你樂意主動與車隊其他成員保持親密合作。

「鬍子」花了三年親手打造這所精緻的車屋，已經隨車隊流浪了整整十年。「鬍子」還介紹了他的鄰居，一位戴著插有駝鳥羽毛絨帽的婦女，正在她那紫綠相間掛滿鮮花的車尾旁邊，愜意地享受手中那杯咖啡，小木桌上擺著一副塔羅牌，用猩紅色絲巾蓋著的圓形物件，應該就是能窺測未來的水晶球。

而對面的兩夫婦，都是燒製工藝玻璃的高手，兩根玻璃棒在乙炔噴槍的加熱下漸漸熔化，在藝術家的十指巧妙操控下，飛龍奔馬，一一躍現，栩栩如生。「鬍子」告訴我，這對夫婦在上世紀九十年代初，參與了這個「吉卜賽市集」車隊的組建。

車隊不僅具備吉卜賽流浪尋歡的生活型態，還蘊含著烏托邦式反叛的「嬉皮」哲學。一九六七年，東方的中國正進行一場血腥的文化大革命，西方的美國也發生了一場美麗而鮮艷的「文化大革命」。由於她是當年夏天發生在舊金山北灘，所以被人們記憶作「愛之夏」（Summer of Love）。

史上空前盛大的蒙特利流行音樂節（Monterey Pop Festival）在舊金山南方附近舉辦之後，嬉皮文化和搖滾樂結合為一體。披頭四專輯《Sgt. Pepper Lonely Heart Club's Band》登上暢銷唱片冠軍榜首。時代雜誌以「嬉皮：一種次文化的哲學」做為封面故

事，宣示嬉皮哲學精要：「作你自己想要做的事，不論何時，何地。改變每個你遇到的人的心靈。打開他們的心——如果不是靠藥物，那就依靠美、愛、誠實與愉悅。」。

後來搖滾成為商業，嬉皮文化也成為一種商業利益的貨品被販賣，並影響歐洲及全世界。有一篇文章提到：「嬉皮是二十世紀資本主義體制中最偉大的一場文化革命。當然，這場革命注定是失敗的。……他們只是想天真地逃逸出體制，建立一個華麗但不實的空中城堡，而不是想要改變綑綁他們的社會結構和政經權力。所以他們創造出的文化與音樂注定被商業體制吞噬，因為他們雖然看到了體制的部分病徵：異化、對自然的剝削，對人類創造性的束縛，但卻貧困於政治經濟學的剖析。」

其後，留鬚蓄髮、粗獷污穢的嬉皮士，也在紐西蘭四處游蕩。

上世紀七十年代中本地就出現 Housetrukers，由居住在汽車移動房屋裡個人、家庭，組成吉卜賽人式的群體，過著飄忽不定的流浪生活。

一九七八年，奧克蘭北島出現了自給自足的吉卜賽園地，聚集了年輕的歐裔與毛利藝術家，他們在次年於懷希舉行的冬季音樂會，吸引了七萬多名狂熱的「粉絲」。

Nambassa 的藝術表演，是一群演員、音樂家、舞蹈家、詩人、畫家、作家、服裝設計家、燈光音樂師，道具設計師、汽車機械師的集體創作，表達了年輕一代反主流唯心主義的思潮，針對當時紐西蘭經濟萎靡、失業嚴重、毛利族裔的土地訴求等社會現實，鼓吹遠離社會公約的規範，顛覆現存文化理念與發揮創造力。他們制作的大型搖滾歌劇「古人回歸」，迄今仍是經典之作。

在經歷一段輝煌之後，這個龐大的「嬉皮」團隊日漸式微，終至瓦解。

　　「鬍子」參與的車隊，是一九九零年組成的，與當年喧囂浮躁的嬉皮士相比，車隊中的藝術家表現出更多的沉穩與內斂，他們不再激憤與反叛，而是優雅地在自己的車屋旁，心無旁鶩地創作，善意友好地與人交流，車隊裡瀰漫著一種近乎宗教膜拜的肅穆。

　　精通占星術的四十歲弗蘭齊女士認為：「駕著自己的貝德福德卡車到處旅行，可以遇到許多可愛的人，見到迷人的景色。」而另一位畫家菲爾則慶幸自己「不必忍受吵鬧的鄰居，也無須經常修剪草坪，沒有老板和任免，也不用看著鐘錶計算時間過日子，還可以免費享受百萬美元的無敵大海景。」

　　入夜之後，再次來到湖濱車隊營地，白日的熱鬧場景已不復在，停靠在水邊的車隊見不到通明的燈火，有扇小巧的窗扉，透出昏黃的亮光，許是有人一書在手，夜讀不倦。有曼陀鈴琴聲隨風傳來，不知是哪一雙纖纖玉手在把憂鬱的心弦彈撥。

　　四十年前那場革命風暴的呼嘯，此刻又迴響心頭，那是泯滅人性、扼殺個性的暴力，八億人只看雄文五卷樣板戲八齣，只順從一個大腦而又相互廝殺磨折的悲哀，在無數生靈心中留下多少仇恨與殘忍的遺痛；而大洋彼岸的那場滾石革命，卻是個性解放與心靈自由的嘉年華，參與者俱稱為「花之兒女」，他們的音樂與詩歌成為一個精神的品牌，一種文化的結晶，一直留存到四十年後的這個夏夜，隨著湖風在人們心裡引起雋永絕妙的迴響。

　　我很想去敲「鬍子」的門，告訴他明天動身時捎上我，繼續「嬉皮文化」之旅。

Rotorua羅托露瓦：羅托露瓦的「鴨子」

在羅托露瓦見到檸黃色的兩棲裝甲車，很像一艘輪子上的船，有著笨拙、怪異的造型，停放在旅遊中心都鐸式建築前面，船上擠滿興奮得臉色通紅的遊客，每人口中含著一隻鴨嘴形的哨子，在缺了兩顆門牙的艇長帶領下，傻呼呼地向路人吹出「呷、呷」的響聲。

美國通用汽車公司在二戰時，設計制造了兩萬多艘這種六輪兩棲裝甲車，由於它的軍事裝備代號「DUKW」近似「Duck」，所以美軍官兵暱稱為它為「1942的鴨子」。一九四四年六月六日，美軍使用多達兩千「鴨子」在諾曼第登陸，運載許多重要裝備與兵員。次年，三百七十艘「鴨子」渡過萊茵河滲透至帝國中心，在消滅法西斯的行動中，發揮了極其重要的作用。

我最喜愛的電視長劇《雷霆傘兵》（台灣譯為《諾曼第大空降》）中，饒勇善戰的美軍101師506團E連，在行動中也使用了「鴨子」。戰局轉至亞洲和南太平洋時，「鴨子」也來到水田、河漢與沼澤中，許多人第一次見到這種可以在水中和地上行走的「怪物」，美軍在靈活出沒水陸叢林的「鴨子」上，用機槍掃射逃竄的日本士兵。

當年的「鴨子」不如現在的這般舒適，並無遮篷和軟座，我坐在「鴨子」上，幻想六十年前這艘水陸兩棲裝甲車是如何被運到紐西蘭的，不知是哪些年輕的美國大兵曾經坐過這「鴨子」。所幸二戰時代的南太平洋，日軍的攻勢到了所羅門群島便成強弩之末，沒能入侵斐濟以南的紐澳，否則有關「鴨子」的戰爭故事，一定會更多。

「鴨子」在陸地上行走起來相當平穩，速度也不慢，穿行在羅托露瓦湖畔的地熱沼地裡，可見無數海鳥棲息湖中岩礁之上，

遠遠望去莫卡依阿島蔥郁翠綠的身影，島上仍有人家與溫泉，不能不想起紐西蘭版「羅蜜歐與茱麗葉」的故事，毛利少女海尼莫阿思當年泅渡冰冷的羅托露瓦湖，與情郎幽會。古今中外，凡愛者均願意為對方犧牲，只是我們遺憾地發現，人與人愛上的時間越來越短，相愛的時間也同樣越來越短。

最近在基督城一家報紙刊出讀者來信，有位美國老兵尋找昔日的紐西蘭女友，說不定他當年也乘坐過「鴨子」在紐西蘭巡戈。這只是許多戰火情緣動人故事之中的一個。

一九四二年六月美軍抵紐協防，一年後已有五萬。三年間共有十萬美軍來紐，加上艦艇水手、船工及來渡假的美軍，前後統計約二十萬人次。美軍抵紐協防，是英相邱吉爾與美國羅斯福總統協商產生的方案，為避免在二戰戰場的紐軍，被紐國政府召開防衛國土，遂徵得傅利澤（Peter Fraser）總理同意，派美軍進駐紐西蘭。自此，美澳紐聯軍形成南太平洋軍事同盟，以墨爾本為指揮中樞，聯手抗日，也埋下戰後《澳紐美聯防條約》的伏筆。

同文同種的盎格魯·撒克遜小伙子，來自北美，熱情開朗，帶來好萊塢電影、流行歌曲、口香糖與可口可樂。其時，十多萬勇敢的本國男士正在遠方作戰，芳心寂寞的紐西蘭姑娘，遂改投美國大兵的懷抱。戰時正式註冊結婚的有二千對新人，同居者中有百分之八十未婚生子。美軍給社會風氣保守的紐西蘭帶來了文化震盪，一夜情始於其時，大眾女性主義也隨之勃興。當然也有可怕的性病，一九四一年到四三年登記患有淋病的紐西蘭女性比以前增加了七成。

前面提到那對基督城的二戰異國鴛鴦，雙方是在一家唱片商店中相識的，紐西蘭少女陪伴那位熱愛音樂的美國大兵，漫步在基督城街頭，待夕陽西下才依依惜別，分手之際，雙方交換了通訊地址，並允諾以魚雁傳情。大兵退役回阿拉巴馬後，果然接到少女的來信，數年後通信突然中斷，但大家都並未忘記對方，直

到上世紀七十年代，女方還去了阿拉巴馬州尋找過當年的情郎。

直到二零零九年末，垂垂老矣的老兵才致信報社，尋找當年的紐西蘭情人，早已兒孫繞膝的她從報上讀到這封信時百感交集，公開表示「你要找的人就是我」，這個長達六十年兩地相思的故事，終有了一個久別重逢的大結局。

沒有人知道他和她能否再一次牽手走遍基督城，但僅憑這段短暫的一日之愛能夠持續六十年之長久，足以使二人不枉此生。

在遐思浮想之際，「鴨子」已經緩緩駛入藍湖之中，這個湖和它的姊妹湖綠湖一樣，缺少靈氣，過於平緩的湖岸線，缺乏層次變化的山林，都令環湖景色不耐欣賞，惟陸地行舟與水中行車的體驗，還有點刺激。

一路上滔滔不絕的艇長，此刻也顯倦意，將引擎熄火，任「鴨子」逐波漂流，艇中各人一時默然無語，各自凝望湖光山色，湖畔山莊裡走出一位嬌小的金髮婦人，解開纜繩，開著快艇向對岸駛去，「她購物去了！」艇長望了一眼腕錶，淡淡說出這句話，隨即打火啟動，把「鴨子」駛回岸上。

回來後查找有關「DUKW」的資料，獲悉二戰之初軍方拒絕裝備這種兩棲裝甲車。在馬薩諸塞州海岸警衛隊一次擱淺事故中，其它船隻無法接近，束手無策之際，急召兩艘在附近海域試驗航行的「鴨子」相助，兩艘「DUKW」到達後，在雨急浪高及每小時一百多公里的風速中，僅用六分鐘便順利救出七名海岸警衛隊隊員。「DUKW」的性能與功用，初顯神通，令軍方另眼相看。後來在諾曼第登陸時，「鴨子」顯示了高度適航性，在九十天內為盟軍運送了十八萬噸物資。

「鴨子」在上世紀五十年代，曾被開發成「超級鴨子」（Super Duck）和「公鴨」（Drake），「鴨子」自成一族後，曾被蘇俄仿制，並贈與當年越共在東南亞的熱帶叢林裡抗擊美軍。

　　直至今天，這種六十七年前製造的兩棲車，仍被用作水陸觀光與建築用途，英國皇家海軍保留少量作水陸兩棲作戰訓練之用。「鴨子」在美國、愛爾蘭、英國、加拿大、紐西蘭、夏威夷、阿拉斯加等地的二十多個城市仍被使用，舊金山有一艘「鴨子」還被命名為「北京鴨」。羅托露瓦的這兩艘，經久耐用，運轉良好，甚至完全符合紐西蘭LTSA（陸路運輸安全局）和MSA（海事安全協會）的嚴格標準，所以持有公車與客船兩種牌照。

　　乘罷「鴨子」，不能不承認，「通用汽車」畢竟是個經得住時間考驗的老牌子。

Rotorua羅托露瓦：地熱噴泉與毛利文化

十年前初探羅托露瓦，到過Te Puia毛利地熱村，如今再去，發現已經面目全非。當年是作為一個部落村莊的仿真模式，還原毛利文化，突出其古樸與獨特。如今則更像商業與原住民文化混合而成的觀光中心，耗費不菲的現代風格建築橫陳村口，十二座最具威力的守護神木雕，用螺絲固定在高大的鋼柱上，顯得有點不像受眾崇拜的圖騰，反而更像詭異的假面舞會面具。

導遊卡拉，和別的玻利尼西亞婦人一樣，把頭髮盤成椎髻，記得在河北滿城出土的漢代銅人女像，就梳著類似的髮型。可能是太胖的緣故，卡拉領著我們走進林蔭夾道的村子不久，說起話來明顯有點上氣不接下氣，但她還是走得很快，而且不停地跟我們交談。

要在黃昏到夜晚短短的時光，濃縮精煉千年毛利文化，讓來自各國的遊客，觸及這一原住民文化的精要，並非易事。我們這十多人分別來自巴西、葡萄牙、美國與印度，我們和另外兩對Kiwi夫婦與母女則是本地人。卡拉簡要地介紹了毛利人的信仰，然後巧妙地借著回答葡萄牙老人關於毛利語言的問題，表示語言作為溝通交流的工具，最重要的還是彼此了解。就像各位來自世界各地，雖然種族文化不同，但我講的話，你們都聽得懂，這就足夠了。

在百分之一百傳統的毛利木雕與麻編草裙面前，卡拉坦言如今已找不到純毛利血統的土著，她自己就有四分之一蘇格蘭血統。她還感嘆毛利人從人口眾多的大家庭，逐步演化成小家庭，她自己的祖父有九個兒女，二十六個孫子，可到卡拉這一代卻只生了兩個女兒，她幸福而自滿地告訴大家，不久前有了一個孫女。「妳會有很多很多孫兒孫女的！」大家齊聲安慰卡拉，她聳聳肩，顯得失落地回答：「但願如此。」

聊起家庭兒女的話題，似乎蓋過看風景的興致，直至進入陰暗的奇異鳥屋，從奇異鳥卵的孵化談起，一群人靠牆倚坐又談了許久家事。

Te Puia 的地熱間歇噴泉雖然不斷噴發，但要見到壯觀的一刻，還是要靠運氣。在夕陽餘暉下，替巴西母女拍了一張合影，她倆投桃報李，也幫我和蛙妻拍了一張。

毛利武士吹響螺號，跳起瞪眼吐舌的戰舞，飛旋白色小球的毛利少女，光滑皙白的手臂，像海鳥柔軟的翅膀在空中舞動。我們應邀入列共舞，我脫去上衣與健碩的毛利武士同跳「哈卡」，雄壯的吼叫聲中，拍打胸膛，踩足揮拳，只感覺到男性雄風的熱火，遍體燎燒，不能自已，以致渾身顫抖。這種激奮只有在毛利女孩渾圓柔和的歌聲響起後才漸趨平復，還是那首百唱百聽都不厭的毛利情歌 Pokarekare ana，女性的溫存使男性雄風傾刻化為繞指柔情。

豪情萬丈的毛利戰舞，或可令敵喪膽，但那畢竟為殺戮所歌；然情歌卻為愛而非恨高唱，這個發生在羅托露瓦湖畔笛聲傳情、泅渡幽會的愛情故事，取代了多少在這片土地上發生過的血腥、陰謀、野心與財富的歷史，不僅流傳下來而且長存人心。

十年前的 Hangi 晚宴，美食陳放在一張長達十多米的巨大原木桌子上，青口、生蠔、大蝦、煙魚、各色果蔬以及冒著熱氣的 Hangi 豬羊與雞肉，任君取食，氣氛溫馨可人。而毛利食堂改建後變身為西式餐廳後，過於冷調了些。

晚餐後一行人披上毛氈乘車前往地熱噴泉，如銀月色下泉水挾著濃密的蒸氣，在來自地球深處巨大壓力催谷下噴向夜空，竟達百呎之高。我們並肩坐在炙熱的岩石上，喝著滾燙的巧克力，眾皆無語。

導遊卡拉離去前再三叮嚀：「我很希望各位在回到自己家中之後，把在這裏看到與聽到的告訴親戚朋友，讓他們也分享紐西

蘭的毛利文化。」她的話使我想起原木雕成的守護神，修長而沉重的戰舟，跳「哈卡」時那位與我相對吐舌的毛利青年，還有那豐腴美麗的少女歌手，她的歌聲一直如山間微風，穿越我不平靜的心靈，使我難以忘懷。

也許你會因為在村中徘徊良久，仍然看不出任何的驕傲與炫耀而詫異，但這個強悍、聰明而又一度如此不幸的民族，從來沒有離棄過自己的傳統文化，相反還頑強執著地恪守衛護她。即便是在出售門票的觀光景點，毛利人並沒有販售祖先遺傳下來的火山地熱奇觀，雕刻編織歌舞的傳統藝術，也沒有向世人訴說往昔的歷史屈從恥辱博取憐憫施捨，更不是只盯著觀光客的錢袋千方百計掏空它。毛利朋友矜持中摻雜幾分自尊，告訴外間來客，他們早已在這裏存在數百載逾千年，這就是他們的家園，他們的文化也將會永不消亡。

Rotorua羅托露瓦：「地獄之門」泡泥漿浴

　　一九三四年蕭伯納來到羅托露瓦旅行，他企立在 Ngati Rangiteaorere毛利部落擁有的地熱溫泉旁邊，見到怪異的地表佈滿大小孔洞，各自冒出白色蒸氣與黑色泥漿，這位文豪靜默良久後又喃喃自語：「我真希望自己沒有來過這裏，它簡直就是教士常說的我將來註定要進去的地方。」他給了這塊奇妙的土地一個凶險的名字：「地獄之門」（Hell's Gate）。

　　七十多年後我駐足當年文豪屹立之處，除了慨嘆斯人已逝，實在感受不到兩者之間存有任何的維繫。原因可能是這位多產的劇作家，除了熱衷撰寫他那些說教味濃重的戲劇，對紐西蘭之旅惜墨如金，沒有留下什麼文字的東西。

　　不過他為此地命名的「地獄之門」已屬無價，令後人到這裏泡浴，多少會有點身臨人生末日必經關隘的惶恐。

　　泡在石砌泥漿池裡，準確地說是泥水而非泥漿，泡浴之人要自己動手從池底把火山泥挖上來塗遍全身。我費勁地從池底一點一點摳出泥巴，百思不得其解，身後池塘深不可測，泥漿取之不竭用之不盡，為何偏偏不往泡浴的池裡多放一些？

　　當身上泥漿逐漸變乾，感覺得皮膚在收緊，再一小片一小片地剝落火山泥，這樣可除去從皮膚表層的污垢，以及從深層吸出的多餘油脂。據說這是泡泥漿浴的訣竅，如果只把濕漿一昧往身上塗抹，而不等待它變乾後剝落，美膚的效果就可能減半。

　　毛利人稱這些泥漿「Wai Ora」，意為「健身之水」，據說火山泥還有三色之分，黑泥可治關節炎，並且可以紓緩痛風症狀；白泥可以平衡膚色效果；灰泥則用來護膚美容。在我看來均為一種顏色，灰黑而已。

　　負責照顧我們的毛利俊男，服務實在殷勤體貼，還兼職幫忙留影。在規定泡浴的短短二十分鐘裡，他進來四、五次，問我們感覺如何。還要我和蛙妻猜他的實際年齡，未待回答他就自稱已過「八十歲」，指著我們身上的泥漿笑言：「天天泡這個泡出來的唄！」

　　沖乾淨身上泥漿進入一個溫泉池浸泡，那種每個毛孔張開遍體舒泰的美妙感覺，會令每個人第一個動作，就是長吁一口氣，然後閉上雙目。假若把泡泥漿比作第一境界，那麼泡完泥漿進入這一池溫泉便是第二境界，但還不是最高境界。

　　在泡了三十分鐘後再跨入旁邊那個冒著白煙的池子，置身於四十二度高溫的熱湯之中，才體會到甚麼叫做「騰雲駕霧」的第三境界。

　　在熱湯之中泡了數分鐘，皮膚迅速泛紅，喝了兩杯毛利俊男遞來的冰水，還在不斷冒汗，此刻兩臂只須一撐，便可身輕如燕躍上地面，這裏有一處延伸出泥漿池塘之上的平臺，坐在這裏任憑朔風拂來卻不覺絲毫寒意，茶几上擺放的日報，載滿世界大小新聞和圖片，戰爭、天災與金融危機，但此時此際即便讀了它們也恍若是另一個世界的事，遙不可及也與己無關了。妙不可言的滿足，令人無欲無求，因為擁有了她而不作他想。

　　籠罩著「地獄之門」的是一種凝重的沉靜，萬籟俱寂中只聞林間鳥語啁啾，還有來自地底深處的蒸氣「嘶嘶」之聲，宛若地府傳來魔鬼的聲聲嘆息。

Lake Taupo 陶波湖：陶波湖與雪山

　　人人都說萬頃碧波的陶波湖，大得可以容下整個新加坡，待我真的來到它的身旁，卻感覺不到那種似海洋一般的寬廣開闊，只遙遙望見天邊的雪峰，在夕照中閃著皚皚金光。當夜就宿湖邊一客棧，極小的房間，然而淨無纖塵，黑夜裏只聽得那湖上吹來的風，在窗外呼嘯，還有浪濤拍打湖岸的響聲，聲聲催人入夢。

　　雖說是初春了，清晨的湖濱仍極峻冷，在仍未綻芽的禿樹下漫步，可以看到初升的太陽，正照亮湖畔的松林，在深藍的湖面上，抹上一陣金黃。兩三葉釣鱒的漁舟，起伏在湖心。昨日黃昏雪峰的儷影，今不見倒影在水中，只有層層雲霧，繚繞在天邊。從陶波鎮的位置眺望湖景，的確無法有開闊的視野，因為這是整個湖泊最窄的一處，兩岸相隔不過一兩千米，當年選中這裏墾拓的先民，可能有見於湖面較窄，風浪不大，適宜停泊船隻，同時這一帶湖岸也較為平坦，易於建屋闢路，故蔚成一鎮也。

　　由於要趕往魯阿佩胡雪山，陶波鎮只匆匆走了一下，就驅車出發了。附近的地熱蝦場，還有胡卡瀑布，來時途經，自然沒有錯過，昨日還在蝦場享用了現撈的鮮活大蝦，雖是水煮，但其味鮮甜，餐桌就安放在一條山澗邊上，望著漫山色彩層迭的叢林，還有那在水面上飛馳的噴氣快艇，想起西諺所稱頌的人生享受：「美食、美酒與美人」，在這個充滿陽光的上午，有美味的鮮蝦，美麗的景致，美好的天氣，不亦快哉?!

　　從陶波湖驅車南下，有段不算短的路程可飽覽湖光山色，負責駕車者尤應小心，公路沿湖傍山而築，蜿蜒曲折，切不可顧著欣賞，而忘了安全。陶波湖在群峰環繞下，蕩漾著六百平方公里的碧波，湖面仍彌漫著霧靄，遲遲未被晨風吹散。去冬未落盡的紅葉，點綴著湖畔精美的渡假小屋。那種人與自然的和諧，亙古

不變的甯謐安祥，使人難以置信，這一帶至今仍建有十五個永久性地震觀測站，監視著每年多達兩百五十次的地震。陶波湖本身就是一次火山噴發時地表坍陷而形成的，當時熔岩以過百公里的時速迅速奔流。據說陶波湖底至今仍接觸著活動的熔岩，深處的湖水還是熱的，那裏可以聽到這個沉睡巨人的心臟在搏動。有一位作家更將此比作「大地母親的胎氣」。

　　從一號公路轉入四號公路，進入東加里羅國家公園，這裏可能是北島最荒涼壯觀的景色，有著那種野性的召喚，漫天黃草，遍野黑石，襯得那三座銀白的雪山，越發雄峻奇偉。在華卡帕帕（Whakapapa）雪場山腳，換上了厚厚的羽絨衣，換乘專線小巴登山，沿途蜿蜒的公路上，已見下山的車輛，頂上全是一層白雪，而路邊的石隙樹腳，也忽見撒有少許雪絮，越往上則雪更多，漸漸覆蓋了山野，這便是雪線以上的雪山了。

　　空氣是帶上了森森的寒意，而由於昨夜剛下過一場喜雪，滑道上掠過的身影，個個雀躍歡飛，坐纜車抵達餐廳與服務部，見到連小孩都穿戴全副滑雪裝備，在陽光下來去滑行，心裏覺得光是坐看而不參與，實在遺憾，於是也租了一個雪橇，拖著它登上滑道坡頂，待坐上這個如同嬰兒澡盆一般大小的玩意兒，準備下滑時，心裏已經知錯，因為它並不如想像中那麼容易操縱，旁邊一對夫婦滑下去後，起初一直偏右，見兩人掙扎努力片刻，便在百米之遙的雪地上打起滾翻來，兩人尖叫聲未落，我也被推離並滑行起來，下滑的速度非常快，用來控制方向的繩子根本就不聽使喚，幾秒之內我已從那對夫婦身邊掠過，然後就見到滑道另一端用來阻停雪橇的雪牆，意識到應該拐彎了，可我還是在猛烈的撞擊後，離開了雪橇，在雪地上滾動與滑行，剎那間發出孩童時光跳水的尖叫聲，然後就四腳朝天地躺在魯瓦佩胡山頂，有關滑雪的所謂參與和體驗也到此為止了。

　　還是在雪山上的餐廳裏喝著熱咖啡的感覺好，從落地玻璃窗裏面，遙望山下青蔥綠野，是那麼地暖和愜意，真有點天上人間兩種不同境界的感覺。下次來或應留宿山頂的旅舍，向著那熊熊爐火，一卷在手，靜讀默思，或與摯友話說當年。只有那雪峰上風雪交加的淒厲呼嘯，在徹夜迴響，那種奇妙的氛圍，一定浪漫似詩。

　　歸途改行四號公路北上，故無緣再睹陶波的湖光山色，然而公路兩側的景色，可能是穿越丘陵地形起伏的緣故，卻出乎意料地生動及富於變化，在夕陽照耀下，一片延伸至天際的春樹綠草，總見有牛羊悠然覓食，間中又有小河淺溪，穿越山林與牧場，倒映出點點晚霞，而現代化了的農莊，是不見炊煙的了。偶見那屋頂的煙囪冒出一縷白煙，也可能是哪個怕冷的老農，在用去秋砍下的蘋果樹，點燃壁爐以驅春夜的寒意。今朝的田園，儘管很英國化，然而不復再有牧歌，那呼喚牛羊的號角，早已不再響起，想聽牧歌，只能去向那林中淙淙流水去尋，在那樹梢葉片與風兒的囈語間去聽，再添一點想像力，從那郊野的村道上，跑出一輛快得絕塵的輕馬車來，勾勒出窗後面閃過俏美的臉蛋，這幀描繪英倫田園風光的水彩畫，就算揮就了。

　　每次旅行在紐西蘭的大地上，總念及當年擇此地建立家園的航海先驅，百餘年歲月匆匆，憑其致力人類與自然的相互尊重與保持和諧，在科技文明突飛猛進的全球，卻保留下一塊淨土。它不追求過度的開放，寧可像穩重的紳士，在擁有物質財富的同時，更珍惜精神財富。在萬丈滾滾紅塵中，它並沒有急於去追趕與仿效別人，在大國搏奕國際政治棋局的同時，它默默履行國際義務，向動亂的犧牲品——難民，伸出仁慈愛心之手；儘管它也存在這樣那樣的問題，但它卻努力善待自己的子民，讓他們擁有世上最藍的天空，最潔淨的水源，優裕的福利，享有舉世聞名的

Lake Taupo 陶波湖：雪中跑步

自從在本地報紙闢了專欄，日寫一篇，彈指寫了半年，已成百餘篇。夢裡都見一隻說不出形狀的物體在電腦上蠕動，醒後心想這或許就是人們所講的「爬格子動物」了。星期六不必「爬格子」，聽聞魯佩阿胡山昨夜降雪，突發奇想，帶上羽絨服、手套便直奔雪山。

年前曾即興南下，亦是極早出發，在奶湯一般濃密的晨霧中，體驗了宮崎駿出神入化的動畫製作中的詭秘幻境。未料此次亦然，一路霧裡行車，到了上午九點，霧中泛濫的懷卡托河，煙波浩淼，淹在水裡的冬林，露出樹幹枝椏黑色的剪影，時隱時見。偶而閃過三兩仍未被朝陽照亮的農舍，點著燈光，冒著炊煙，卻仍似在黯淡的黃昏。

行近陶波，風吹霧散，始見陽光。山陰樹影處草木均結白霜，藍寶石一般閃著波光的陶波湖躍現眼簾，遙見南端有潔白一片崢嶸，拔地而起直聳雲霄。

「不要告訴我這是白雲。」我先發制人警告蛙妻。

「可不是白雲嗎?!」她還是條件反射地喊出來，一邊疑惑地探首窗外再仔細看。

蛙妻驚叫起來：「雪山！真是雪山！」

廣袤的東加裏羅高地，是一片滿佈火山碎屑、野草叢生的荒原，無數赭黑的浮石，隱現於起伏的金色草浪之中，偶見其間水泊相連，倒映著魯阿佩胡（Mt. Ruapehu）三座雪峰的白色山影。

二千七百九十七米高的魯阿佩胡峰之側，是最年輕的瑙魯赫伊山（Mt. Ngauruhoe），此山極為險峻，頂端長年雲霧繚繞，很難一瞥真容，據說只有最富經驗與耐力的登山者才敢攀登她。

湯加里羅山覆蓋著皚皚白雪，仿佛披一身銀色鎧甲，雖然

高度低於魯阿佩胡與瑙魯赫伊，但她卻擁有偉大武士Ngatoro-i-rangi的恢宏莊嚴。在毛利傳說中這位勇敢的酋長，為尋找更多的土地供自己族人使用，登上此山後迷失方向，只好向火神求救。火神在白島露面後，又在羅托露瓦展現熔漿，最後在湯加裡羅山爆發，噴出衝天烈焰供酋長取暖。

酋長武士登山尋地的傳說，同其他的毛利神話一樣，具備呼風喚雨，感天動地的氣魄。從將南北二島比作毛伊的獨木舟與釣魚所得，到塔拉納基山逃離湯加里羅西移，毛利人的傳說氣勢磅礴，縱橫宇宙，表現出這個民族豐富的想像力與浪漫色彩。

旅行於紐西蘭奇山異水之間，除了自然地理的常識以及殖民歷史，多涉獵一些毛利傳說，往往能拓展旅遊的想像空間。通過眼前山水似曾有過又未必盡然的人神互往，我們可能更理解與珍惜自己所生活的這片土地，從其不朽的歷史滄桑中，體味對賦予萬物生命與安寧之神的敬仰。

駛近懷卡帕帕（Whikapapa），即見元積詩中「才見嶺頭雲似蓋，已驚岩下雪如塵」的景致。昨夜喜降大雪，使萬樹積雪如雲，也覆蓋了山下的城堡酒店，連她前面的一大片綠地，都鋪上了盈尺白雪。

車輪沒有綁防滑鏈，故未獲准駛上雪峰，就把城堡酒店前面當雪場，穿上羽絨衣，和蛙妻捏雪球，追逐打了一仗。驕陽映雪，白光眩目，寒風如刀，冰冷徹骨。早來遊人堆好的大小雪人，正好傍著留影。積雪的松柏下，有巨大雪人高逾兩米，足蹬紅色皮靴的女孩擁雪人作接吻狀，姿態優雅嬌媚，旁邊有人捧起白雪撒向空下，山雀也來湊趣，飛落雪人頭頂喧鳴。陽光下一切是那末鮮明輕快悅目，那美妙的瞬間，畢生難忘。

我踏著深及沒踝的白雪，小跑起來。當年在零下八度的清晨六點，穿背心短褲跑過長江大橋，片片雪花落在熱氣騰騰的身上

即刻就融化了。發達的肌肉承載著年輕的心，不知倦地跑向自己的目標。

距離上次雪中跑步，四十八年過去了，今又在雪中再跑了一次！

跑向黃藍相間的城堡酒店，這裏的魯阿佩胡大廳有壁爐送暖，還空著一張暗紅色的天鵝絨沙發，正候我前去躺臥。

心還年輕則步伐仍健，速回大廳就著石砌的古老壁爐烤火，從白色木框的巨大落地窗裡遙望雪山，冷暖殊異，迴然兩個天地，宛若換了人間。

四、北島西南部

New Plymouth 新普里茅斯：她永遠在這裏

　　新普里茅斯（New Plymouth），一個很英國的地名！思慕許久去看塔納拉基雪山（Taranaki），揣著一本蘇珊・愛倫・透斯談旅遊的小書，念著這位情思細膩的女士所說的那句話：「旅行者必須能夠跟隨個人品味、傾向和直覺……一個自助旅行者往往可以找到一些非傳統的辦法。」蘇珊是一位很懂生活頗具品味的女士，她遊畢英倫寫的游記，字裡行間透出一股精緻文化的馥郁芬芳，她總有那種獨特的品味，使自己的文章像一只喝過的瓷杯，上面留著淡淡唇印，還隱約可見那位貴婦的絕代風華。

　　要開幾百公里的車，馳往可愛的新普里茅斯，就是把這深秋的遠行，看作一幅色彩斑駁的畫圖，主題普里茅斯誠不可錯過，然一路所見，也是這畫圖內各要素的構成，也是萬萬不可錯過的。隨意前行，停停走走，選取不同的方位與角度，悉心感受之，藉助時轉景移，將思緒再次梳理，總可以從世俗庸碌的泥淖中自跋。

　　我以為這便是自己的非傳統了。

　　在那深秋涼風席捲遍地紅葉的清晨，從彌漫在懷卡托平原上的濃霧中穿行，整整走了兩小時，人車仍在霧中。車燈無法穿透乳白的濃霧，偶見睡眼惺忪的笨鳥，迎面撲來，甚至可以聽到它閃避未及的羽翼，刮擦到車頂的響聲。駛入「被遺忘的公路」，霧更濃了，樹也更密，叢林邊的廢棄木屋，棚架塌陷，雜草蔓生，主人不知去向，遺下一片荒蕪。腳下的路進入幽谷便是砂土路面，刀削斧

鑿的岩壁，有著一種震懾性的迫力，壓在心頭。小心繞過處處塌方，才察覺許久未見人煙車聲。百年前這裏是馬幫出沒之地，風霜滿臉的農夫，在駄著羊毛的馬背上，閃避迎面而來的枝椏，紮營山溪之側，煮茶的炊煙、甫始升起，旋即為山風驅散。迄今在那些流水潺潺的深澗裡，仍藏有珍稀的綠玉，只有畫著骷髏頭骨的警示牌立在峭壁邊緣，提醒尋寶人，過份的好奇心也會送命。

當年馬幫走四天的路程，幾十分鐘就走完了，還未駛入斯特拉福德，塔納拉基積著皚皚白雪的尖峰，便出現在無雲的蒼穹。雖然在午間分別從多森瀑布（Dawson Falls）及另一條山道試圖接近雪線，可惜車至山腰便須徒手攀登，只能卻步。峰巒之間雲霧繚繞，偶見岩隙石縫殘雪反射出銀光眩目，而峰頂始終未現出真面目。待接近新普里茅斯，冰峰已被落日染成金黃血紅，旋即隱入迅速掩至的夜幕中。

夜間在新普裏茅斯街頭漫步，燈也燦亮店也光鮮，卻總有一種遠離塵囂的清幽。特別是走過那農舍改建的意式餐廳，鏽蝕的雕花鐵門深鎖一院林木森森。壁爐裡跳動著火舌，杯光燭影，樂聲繚繞。門前白色的雕花木柱上，倚著吞雲吐霧的紅衣女郎，兩條裸露的小腿，線條勻稱，在晚風中顯出一道蒼白。走近時忽見伊人嫣然一笑，百般嫵媚間略帶些許的風塵味，更為這小城之夜蒙上神秘色彩。

普基庫拉公園（Pukekula Park）不知怎麼會被稱為「綠野仙湖」，但她的確在次日清晨征服我心。百年老樹簇擁著一湖碧水，紅色拱橋橫跨其間，水禽翔游，林鳥啁啾。在法國梧桐圍繞的露天劇場，水榭舞臺空蕩無人，從沾滿露水的節目單上，想像著昨夜在此的歌聲穿雲裂帛，感動了草坡上滿座人群，還引來那林仙花神在旁聆聽。晨曦中低迴於此，竟覺得落葉沙沙中，昨夜的餘韻似有似無地從水面上飄將過來。

園中秋色赤楓與黃葉相間，倒影在明鏡似的湖面，與紅色的橋影相映成趣。當最早一抹朝陽，照亮了林木的葉冠，白色的茶屋仍沉睡在這童話的夢境，古老的蒼苔，覆蓋著她紅色的瓦頂，戴蘇格蘭呢帽的老人，腋下夾著早報，端坐在湖邊的木凳上，靜候著入內飲第一杯熱咖啡，他的斑點獵犬匍伏足下，繼續睡自己的好覺。

沿著「沖浪公路」從西往東行駛，塔拉納基雪山就此形影不離，在青蔥原野的那端，她巨大的身影由底部的灰藍，漸呈出深赭淡黃，直至頂端的雪白。雲彩概已遠去，似是讓她盡顯自己的玉潔冰清。

火山灰坭、雪水流泉，使這裏變成一片水草豐盛的沃原，紐西蘭引以為傲的乳產品便得其益而盛產於此。而第一個將紐西蘭乳產品推向世界的卻是華人周祥。由於沒有周祥後人指引，當年他創下的事業已無從辨識追記，甚至連他的名字都以訛傳訛誤為「張朝」。但在普基阿里基博物館（Puke Ariki Museum）裡，仍為這位杰出的華人先驅保留了一個小小的專櫃，陳列著一八八九年周祥在但尼丁商展上贏得的銀盃以及他簽署的支票，他製作的牛油被評為最優質產品，自此他的乳製品一度獨領風騷，馳名國際。周祥的另一大創舉，是獨具慧眼發現當地盛產白木耳並收購輸出中國。周祥建立的商業網涵蓋雪山草原，曾經襲斷塔納拉基地區的貿易。當年他被譽為「最有國際觀」的紐西蘭人，的確實至名歸。

在雪山腳下的牧場邊用早餐，感覺到一股涼氣寒意，從雪山方向徐徐飄來，那種清新難以言喻。雙目闔上，恍若可以看到自己的魂靈在天地間舒展，無色無形，但又與天一般藍，與雪一般白。

沿著蜿延的道路圍繞雪山一週，雄峻的塔納拉基山，始終以不同角度的身姿，勾起我跪下膜拜的崇敬之心。此時此刻除了哲學，你大概已經神清氣朗，心無旁鶩，也不能再念及其它。

　　二千三百年前，西哲伊壁鳩魯與一群詩書錚友，在雅典的狄比隆門外，自闢一片菜園耕讀為生。在自由、簡樸、友誼、思考之中，尋覓人生理想與幸福。他或未抵達真理之終極，但他這份謙卑中的偉大卻非今人之所及。

　　我輩何幸，雪山腳下這一片人間淨土，皆是伊壁鳩魯的菜園；哪一塊草皮，不足供給學問老牛咀嚼反芻擷取真理的養份?!但是，誠如另一位西哲塞內卡所言：「命運女神未曾給予我們任何能夠真正擁有的東西。無論公有或私有，沒有任何東西是穩定不變的，人類和城市的命運皆在動盪之中。任何經由多年辛苦代價並籍著眾神祇的仁慈建立起的架構，皆有可能於一日之內煙消云散。不，一日對於急速而至的不幸災禍已是過長了，一小時，一瞬間，已然足以瓦解一個帝國。」

　　有智慧的人，必須隨時準備與命運女神賜予的一切禮物平靜地分手。

　　面向雪山，背靠大海，億萬年滄海桑田的變遷，正在教誨人類這個物種，勿以萬物之靈自翊稱傲，有文明幾千年，相對只等於宇宙的彈指須臾。造物主一次又一次地發出警誡，但我們始終視而不見，聽而不聞。

　　美麗與莊嚴的冰峰，底下便是熔岩烈焰，沉睡的巨人幾時甦醒，再一次毀滅當年所創造的這一切呢?!

　　誰能知道？

　　可以肯定的惟那巍巍雪山，冰雪千年，她，永遠在這裏！

Wanganui旺格努伊：河畔的耶路撒冷

離開向南的一號國道，轉入一個叫Raetihi的荒廢小鎮，東歪西倒的老房子，被風掀起的鋅鐵皮屋頂，長滿鏽斑，店鋪全關著門，空蕩蕩的大街上，連流浪的狗都見不到一條。我開著紅色小福特穿過無人小鎮，駛上通往Pipiriki的曲折山道，向旺格努伊河旁公路（Waanganui River Road）進發，此時離聖誕只有兩三天了。

並不是所有人都知道，在旺格努伊幽深蔥郁的河谷裡，有這麼一塊小小的淨地，她也叫「耶路撒冷」。土紅鉻黃兩色相間的聖約瑟芙教堂，矗立在綠草如茵的山坡，它高而窄的尖頂，直指向白雲如絮的藍天，看上去它太尖太高了，和四平八穩的教堂對照有點比例失衡。有銅鐘懸於塔樓，一八八八年教堂失火，有人拉動鐘繩呼吁村民救火，急促的鐘聲響徹河谷，傳送至十數里之遙。四年後聖約瑟芙教堂重建，嘹亮鐘聲再次響起，直至百年後的今天。

十九世紀一位法國女性──修女瑪麗・奧伯特，乘船航行了四個月來紐，旅途中她學習毛利語，立下「我為毛利朋友來到這裏，並死在他們中間。」之誓。在各地傳教、行醫與教書數年之後，修女瑪麗・奧伯特因此得到一張政府贈送的免費乘車証。為了接濟貧者、救治病人、教育孩子及傳播福音，每天超過十六小時的辛勞工作，嚴重損害了她的健康。

一八八三年七月四號，在一個奇冷的冬日午後，瑪麗・奧伯特接受深入旺格努伊河谷地區的任務，與其他教會人仕乘坐毛利獨木舟溯流而上，四周氣氛詭異，沿岸有許多好奇的毛利人在叢林後面窺望，不時有人發出凄厲的長嘯，事後她回憶道：「我感到自己進入了另一個世界。」

　　數年後，瑪麗‧奧伯特和村民一起建起了教堂，她使用一切人類所用過的方法，設法幫助窮苦村民，受到毛利人的信任愛戴。當然，在接受餽贈獵物與食物的同時，偶而她也會收到意想不到的「禮物」，其中包括一個放在河船艙底的嬰兒，身上還貼著標籤，上面寫著：「送給蘇薩尼‧約瑟芙」。類似的「禮物」她收到不止一次，居然前後收養了四十多個嬰兒。

　　在買下了附近幾百英畝土地之後，瑪麗‧奧伯特帶領眾人種植了數千株果樹，有梨、桃、李、蘋果、檸檬、櫻桃等，還種了許多草莓。當蒸汽船開始在河上運行之後，瑪麗‧奧伯特又得到一張無限期使用的免費船票，她的水果也開始運往旺格努伊銷售。

　　修女瑪麗‧奧伯特還得到教皇的接見與封聖，享譽全球，她創辦的慈善之家遍佈紐澳、斐濟與東加。

　　教堂的門日夜敞開，在兩扇彩花玻璃旁邊，繪著一對精緻的毛利圖案，牆上還掛著毛利婦女容貌的聖母像，祭壇正面有一塊毛利雕刻，上面擺著展翅欲飛的小天使。想像力豐富的毛利藝術家，還在教堂內部的牆上，畫了基督故事的壁畫。

　　教堂側翼有幢兩層小樓，內置非常整潔舒適的床鋪，開放給訪客留宿，不提供餐飲，每位僅象徵性收費二十元，洗手間及其它設施概標以法文。囊中羞澀者尚可議價，據說只要有充份理由，教會很樂意提供一張柔軟的床，讓苦旅中人在耶路撒冷，渡過一個美好的晚上。

　　我腳下就有一隻盛滿檸檬的紙箱放在路邊，那是今晨採擷下來的鮮果，供來訪客人自取食用，黃色的檸檬上面，有人隨手放下幾朵盛開的紅玫瑰。

　　旺格努伊河的流水，就在百米之外喧笑，耶路撒冷的鐘聲響了，一下一下，飛向青山綠水。我在路邊那座廢棄的紅磨坊前坐

下來，有個騎山地車的美少女，斜倚著圍欄，正按摩著紅腫的赤足，我們相視一笑，互不言語，只聽著那鐘聲傳來又遠去。

在耶路撒冷的鐘聲裡，紅色小福特的輪胎，輾過碎石，搖晃起伏地沿河行駛，抑制著想哭的欲望，只感到人本應如羊羔般雪白純潔，更盼那萬千魂靈的深處，祛除邪惡罪孽，只響起一片天籟的讚美詩。

Wanganui旺格努伊：毛利土地的萊茵河

　　沿旺格努伊河而下，山道崎嶇，布滿尖硬的石塊，無論對駕車人士還是騎山地車的背包客，都是一次靈敏與勇氣的考驗，我是受那些走過這條路線的人引導，才決定離開寬闊平直的國道，拐進這條所謂「旺格努伊河濱大道」的。最末一所農莊很快就消失在茂密的森林後面了，鳥語代替了人聲，塵世似已遠隔，有些地方的路面窄得僅可一部車通行，我開始埋怨那些生花妙筆的作者們言過其實，後悔不該離開大路，如果不走這條誇張的「河濱大道」，此時恐怕已經泡在酒店的浴缸裡了。

　　但當我第一眼見到她——旺格努伊河，頓時感嘆選擇這條路線實在是上乘之策。從陡峭的崖岸上眺望，熠熠閃光的河水像一條銀色緞帶，寫意地穿過深谷密林，除了返照出藍天白雲的流水，就是無邊無際的綠樹，使人想起西班牙詩人洛爾迦的詩句：

> 綠啊，我多麼愛你這綠色。
> 綠的風，綠的樹枝。
> 霜花的繁星
> 和那打開黎明之路的
> 黑暗的魚一起到來……

　　萬綠叢中掩映著毛利村落，鑲嵌著紅色浮雕的會堂不時出現，還可見到殖民時代的廢墟，包括那道修建於七十年前的「絕地橋」（Bridge to Nowhere）。這些都承載著一河兩岸拓荒墾植、爭奪土地的歷史，而從「耶路撒冷村」（Jerusalem）、倫那那村（Ranana）、雅典村（Atene）少數定居點的地名，也可以追尋到法國天主教傳教團沿河留下的痕跡。從一八四零年開始，歐洲移民

在河口一帶定居，並逐步溯流向上游擴展，一八六零年蒸汽輪船開始在旺格努伊河上航行，白人與毛利人之間持續發生一些衝突。

毛利人毫無疑問是這條河最早的原住民，西元八百年，毛利探險先驅 Kupe 就勇敢地溯流而上，在他們的傳說裡，旺格努伊河是塔拉納基山與湯加里羅山爭風吃醋打起來之後才出現的，塔拉納基山不敵從北島中部敗逃至西岸海濱，在身後的大地留下一道又長又深的疤痕，長年冰封的湯加里羅山送來融化的雪水，為這道大地的疤痕療傷，才有了旺格努伊河。千百年來毛利人划著獨木舟，在河上捕捉小鰻魚，在岸上建立自己的家園，從樹林裡採果狩獵，與世隔絕也與世無爭。

但是毛利獨木舟終不敵馬力強大的蒸汽輪，精於計算與科學管理的歐洲人，在一八八六年就建立了航運公司，把大海—沿河定居點—內陸連接起來，當時乘船可北上至陶馬魯努伊，一九零三年惠靈頓的鐵路通到了陶馬魯努伊，旺格努伊河便成了水陸交通運輸的紐帶。據說紐西蘭成為國際旅遊勝地，與這條被譽為「毛利土地的萊茵河」（Rhine of Maoriland）有直接關係，早在一九零五年，每年有超過一萬二千多名遊客來此療養渡假與泛舟戲水，甚至有人在河濱構建了一間水上酒店。

旅遊作家喬治・鄧福德曾用如此優美的言辭描寫道：「浸滿歷史的旺格努伊河慵懶地迤邐穿過國家公園，流向旺格努伊區域。」如今在闊葉林的濃蔭下遠眺這條大河，那些殖民時代栽下的白楊與松樹，早已長得高大筆挺，河畔有歐式紅頂白牆的農莊，青草地上徘徊著白色的羊群，確實令人如同置身歐洲的萊茵河畔。

百年以來航行在這條河上的龐大船隊，在公路、鐵路與航空發達之後，逐一停航，只剩下一百呎長的「威瑪利號」（Waimarie），這條有「河之皇后」美名的明輪蒸氣船，在英國建造後於一九零一年裝箱運到旺格努伊，在惠靈頓註冊牌號是「No.1」。

　　坦白說「威瑪利號」加蓋了後甲板的頂篷之後，顯得有點頭重腳輕，但她曾經沉沒又再次出水復航的離奇歷史，讓人寬容了她這點外觀上小小的瑕疵。「威瑪利號」在一九五二年突然沉沒，沉睡水底淤泥四十一年後被打撈出水，並在千禧年第一次下水，令人難以置信的是 Makers Yarrow 公司在一八八九年製造於倫敦的引擎，整整運轉了五十年，在水底又泡了四十年，依舊可以修復使用。在對外開放的機艙裡，可以聽到這座被漆成綠色的引擎，「隆隆」運轉的響聲，像巨人的心臟均勻而強有力地搏動，每小時航速可達十一節。

　　「威瑪利號」每天下午都出航，載著各地遊人觀賞河岸風光，不時避開往來的快艇，船長允許你掌舵，即使是短短數分鐘，也會令人為自己能掌控這麼一條滿載歷史的古輪而感到驕傲。

　　船上有人作問卷調查，「四十五元船資是否值得？」我聳聳肩，要怎麼才能給出恰如其份的答案呢?!

　　在流淌不息的綠波上航行，見兩岸青山徐徐迎來，多少歷史的血淚、人世的變遷都隨波逐流逝去，而船上的你，正享受河上的涼風，健朗愉快又逍遙，這實在是無法以錢相抵的。

Wanganui 旺格努伊：老舊的優雅

旺格努伊的皇家歌劇院，一九零零年二月剪綵那天，擔任設計的建築師史蒂文森，因為在早幾個月去世，沒能看到這幢木造的愛德華時代建築落成，市政府只好將二十一英鎊的設計費，轉交給了他的遺孀。

在一百零九年後的今天，我立在街頭仰望這座米黃色的建築，還能看出史蒂文森設計的巧思，既保持了後維多利亞時代的傳統風格，同時又折衷地注入古典希臘元素，以改良式的柱廊立面，托起三角山牆，使歌劇院顯得格外凝重莊嚴，幾乎看不出木質板材建築輕飄飄的缺點。

歌劇院內部仍保持當年的原貌，圓拱的天花，鑄鐵的欄杆，上下兩層有八百多個座位，令人驚訝的是舞臺空間十分巨大，便利表演者處理空間變換，營造出視覺變幻的感覺。走道、木椅、灰塑浮雕都和從前一樣，雖然老舊卻仍保存完好。

這所歌劇院曾經是旺格努伊的靈魂，她的籌備與建成，曾代表了十九世紀年代，英國社會變遷對文化生活的影響。作為社交與藝術中心，她也一度享有過輝煌，馬車載來的紳士貴婦，魚貫步入燈火通明的大堂，看一場歌劇，不僅能享受音樂，還能感受歐洲。在當時只有數千人的小城，蓋起一幢歌劇院，確實是很理想主義也很異想天開的，她使旺格努伊在紐西蘭諸多市鎮中顯得與眾不同。

不過，她和城內其他古建築一樣，無奈地承受了易變的人們的逐漸冷落，除了一年一度舉行的歌劇節，平時幾乎沒有安排任何演出，為了維持修繕保養，開放給公眾租用，只要付一點少得可憐的租金，便可以在這幢世界少有的木頭歌劇院裡開會演講甚至舉行生日、結婚派對。連簡陋的導覽介紹上，也印著表格，成為「歌劇院俱樂部」之友的代價，也只須區區十八紐幣。

　　城中能保存下來的木質建築，絕大多數是民居，中心的維多利亞大道兩旁，有歷史價值的石材建築，都被充份利用，開了食肆與畫廊，而且粉刷成檸黃、粉藍、桔紅、銀灰與草綠各色，用色極為鮮艷大膽。街邊漆成郵政綠的煤氣燈柱、柵欄、座椅、花托與三角拱門，均為當年殖民政府用生鐵鑄造，配上懸吊的花籃，還有路邊咖啡館紅色的遮陽大傘，在夏日陽光的照射下，光影浮動、色彩絢爛，宛如一幅出自莫奈內生動筆觸的印象派油畫。

　　陶波港街拐角有間名叫「史泰拉」的小酒館，兩面木牆都鑲著玻璃，坐在桃花心木的小圓桌旁喝杯濃咖啡，可以望見大街上燈柱掛著的聖誕花飾，已經是平安夜了，旺格努伊人仍稀落零星地徘徊在商店門外，反而餐廳裡節日氣氛更濃，戴著紅色聖誕帽的侍應，笑容滿面地忙碌著，臨窗坐著一對老夫老妻，邊吃邊隨著老歌〈白色聖誕〉的旋律搖擺著身子，Bing Crosby 深沉渾厚的歌聲，在掛著老照片的四壁之間迴響，他的嗓音創造了兼具流行與古典的經典，帶給人懷舊的傷感，喚起對往事美好的回憶。窗邊那對老人，仿佛化身成我的父母，當年父親摟著母親，也是伴著 Bing Crosby 的歌聲起舞，有時他還維妙維肖地摹仿 Bing Crosby 的男中音，那時 Bing Crosby 唱的「In the Cool, Cool, Cool of the Evening」正風靡全球……。

　　父親去世後數年的這個聖誕，我悄悄來這小城過節與避靜，不搶購送禮、不應酬赴宴，想不到異地小酒館的一曲老歌，還是撩起這許多往事的追思。

　　從「史泰拉」小方格的窗後，還可以看見一百多年前的火車站和船碼頭，蒸汽輪船「威瑪利號」正巡航歸來，汽笛長鳴，蓋過了小酒館裡柔和的音樂。

　　平安夜裡，一河兩岸萬家燈火通明，月色下寬闊的旺格努伊河銀波閃爍，東岸杜瑞山的紀念塔在夜色裡愈顯巍峨，早晨我

曾穿過山腳二百多米長的隧道，乘坐吱吱作響的老電梯，昇至山頂，這座世界僅存的兩座接地電梯之一杜瑞山電梯，晚於歌劇院建成，卻彰顯了旺格努伊人無窮的想像力與浪漫天真。因為工程浩大開鑿一座山竟然不是為了採金取礦，而是為了山上住宅區的發展，方便居住在這裏的人們出入。旺格努伊人的忽發奇想，還包括打撈沉沒四十多年的蒸汽輪「威瑪利號」，能工巧匠居然修复了一八八八年製造、在水下泡了近半個世紀的引擎。

步出「史泰拉」小酒館，已近午夜，繁星閃爍，晚風送爽，在路邊的鏤花鐵椅上坐了片刻，我的肘部感覺到鑄鐵扶手的冰涼，街心的噴水池汩汩有聲，與不遠的河流同聲和唱，交集融匯著歐裔與毛利文化的旺格努伊，像流淌在她腳下的大河一樣，浸泡著豐沛深厚的歷史，除了生生不息的進取，還有著老舊的優雅。

能在如比美麗的河旁海濱之地，靜靜度過一個另類聖誕，雖說短暫實是難忘。特別是在汽車旅館的房間裡，如痴似醉看罷電視午夜場《歌劇魅影》，醜美迥異的「魅影」與克莉絲汀，唱出「告訴我，你愛始終不渝！只你一人歌聲，足令我心展翅飛翔！」蕩滌心靈的音樂，使人潸然淚下，得以將錮閉緊縮甚至扭曲的心懷重新舒展開放，記得有位作家說過：生活的華美與質感不一定要與奢侈與虛榮的消費相聯。天地逆旅，光陰過客；而浮生若夢，為歡幾何？如果我們能靜心靜觀萬物風情，然後想起短若一夢的人生，相較於悠久恆定的山川，千百年來沉靜站立山麓的巨杉古樹，我們終究能夠開悟——身外之物，莫過於當下此刻之情。

在感恩之後，立刻如嬰兒般熟睡過去，且一夜無夢。

Marton & Bulls：「瑪頓」與「公牛」

公牛鎮（Bulls）遊客中心裡，金髮女郎「你到過重力峽谷嗎？」一句話，指引我跑多了幾百公里，也改變了我在北島南部瑪納瓦圖地區（Manawatu）的行程。遊罷幾個充滿殖民拓荒歷史魅力的小鎮，以及風光旖旎的朗吉蒂凱河（Rangitikei River）流域，我終於發現由於自己當年遊經此地的漫不經心，導致一再錯過了如此壯美的風光，是多麼大的損失。特別是當奧克蘭步倫敦之後塵，成為一個國際化城市，外來人口佔了多數之後，這些散布在各處的小鎮，變得更加質樸可親與值得一遊了！

從旺格努伊前往公牛鎮只有數十公里，龐大的黑色木牛就立在鎮公所門前，下面裝有輪子，方便鎮民每逢節慶將牠拖去巡遊。鎮上的食肆與酒吧，都冠以公牛之名，奶業公司的廣告詞也是「紐西蘭從公牛這裏擠來了牛奶」。其實人們只是妙用了該鎮奠基人詹姆斯‧布爾（James Bull）的名字而已，由於Bull即「公牛」之意，令該地有了一個引人注目與難忘的鎮名。畜牧業、肉類加工是該鎮的主要經濟支柱，而附近皇家空軍Ohakea基地的許多空勤人員，也居住在該鎮，每年基地的空中特技表演及飛機展示，也成了小鎮的嘉年華。

一八五七年，二十六歲的木匠詹姆斯乘「印度皇后號」從倫敦來到紐西蘭，到達惠靈頓後，他的第一件作品，就是為國會議長製作了一把精美的座椅。

在為托馬斯‧司各特建造渡口房屋時，詹姆斯結識了托馬斯四個美麗的女兒之中的克麗斯汀娜，稍後更娶她為妻。

在施展自己絕妙木匠手藝建造房屋的同時，他還發現了朗吉蒂凱河兩岸的樹林，可以砍伐並供給鋸木廠加工，為不斷湧至的移民，提供造房木料。遂向丹尼爾隊長（Daniell）租了五英畝土

地，並在一八五九年建造了當地第一間商店，其位置就在今日鎮中高街（High Street）附近，三年後這間商店成為郵局與酒鋪。

詹姆斯自此在當地大興土木，興建了朗吉蒂凱酒店與克里夫頓酒店，並經營馬廄與啤酒廠。他致富後還成為大慈善家，慷慨捐贈三英畝土地用作建設醫院，先後捐出物業有市政廳、土地郵政署、圖書館和保齡球俱樂部。

難怪遊客中心裡的金髮女郎，指著牆上詹姆斯的肖像，滿懷敬意地細聲告訴我：「是他建起了這個鎮！」

只有一條主街的公牛鎮，能留住遊人腳步的，只有路邊鐵皮屋頂的博物館與骨董店，還有就是她的歷史。

今時慕「公牛」其名遊小鎮者，恐怕首先只聯想到芝加哥的 NBA「公牛隊」和飛人喬丹，而對留著一把大鬍子的詹姆斯 Bull，以及他的聰明才智和慈悲心腸，不再感興趣了！

從公牛鎮去瑪頓鎮（Marton）有多條路徑，有些道路只從綠野樹林間穿過，兩旁只見無邊草木青青，僻靜得很，會令你有一人一車一天地的遐想。這個小鎮遠離交通幹線，其名得自庫克船長在英國的故鄉約克郡瑪頓，她隱身在瑪納瓦圖綠色的平原中，在一八六六年已經是一個小型鄉鎮，成為牛油、羊毛、麵粉的供應基地，製造與修理馬具、馬車的生意也興旺起來。當時的商店和兩間酒店，至今仍完好如初。一八七八年，從新普里茅斯至北帕默斯頓的鐵路幹線修到鎮上，瑪頓立刻興旺起來，從朗吉蒂凱森林砍下的原木，也被運到鎮裡兩間鋸木廠加工。

一九零零年，鎮上就有了三所寄宿學校，足顯當地對教育之側重。

一早從旺格努伊開車進入鎮區，很多店鋪還未開業，在路旁那間不起眼的小餐館裡，叫了一份英式早餐，現在許多 Café 供應的只是歐陸早餐，兩者是有區別的，只不過無人在意而已。

　　早已有人在旁邊的長桌邊就座，眾人都戴著鹿角和小紅帽，據說是本鎮要人的聖誕聚會。侍應擺出銀光熠熠的刀叉，鮮花簇擁的餐盒裡，陳放著英式早餐，有煎培根、火腿、香腸、布丁、煮豆、炒小蘑菇、煎薯餅。房間裡飄蕩著柴可夫斯基的舞曲「胡桃鉗」，牆上還掛著筆觸極為細膩、表情安詳的人物油畫，這裏面有種只能意會不能言傳的精緻氣派。吃罷這麼一道早餐，讓人覺得千萬不可輕視這些立在路旁與田野邊的小鎮，她們貌似平庸的村姑，其實隨便哪一位都是家學淵源的閨秀。

　　在都市生活日趨摩登與緊張的今天，這些古樸典雅的小鎮，還成為中產的布爾喬亞之流，悄悄離開塵囂，回歸自然的最佳選擇呢。許多從大城市遷來的家庭，正逍遙自在地到農莊茶室品茗賞花，隨意把車子停靠在樹下，不必為尋找一個泊車位，開著車子像獵人尋找獵物般在大街小巷上繞來繞去。在惠靈頓、奧克蘭只能買一套小小兩房公寓的錢，在這裏可以買四室兩廳的House。寬敞開闊的花園裡，琴音與鳥鳴和唱，甚至還會有個睡蓮飄香、野鴨戲水的池塘，你可以在上面架一道小橋，至於是白色的歐陸風格，還是紅色的京都款式，那就悉聽尊便了。

　　離開兩個小鎮前往重力峽谷（Gravity Canyon），一百多公里車程似乎頃刻可至，從一號國道拐進山路，不時經過跨越裂谷的一座座橋樑，山陡林密，平滑的柏油路面上，迎風飄舞著許多從樹下落下的白絮，遠望過去猶如初雪。越往山裡走，道路兩邊的地貌越發奇特，有許多高低不等的尖峰，像許多巨大的春筍，聳立在牧場的芊芊綠草中。

　　群山裡突現一片平原，楊樹挺拔，雪松屹立，牛羊遍地，農舍點點，疑是行走在中歐田園風光之中，而千萬年前地殼的擠壓變動，卻在這山中的平原間，撕裂出一道百米深谷，蔚為奇觀！

「重力峽谷」的驚險游戲，可以告訴你甚麼叫做「勇氣和膽量」。很普通的一家本地人，就站在石壁陡立的峽谷邊上討論，誰去作那驚天一跳？

削瘦的小弟堅決表示不跳，他姐姐——一位略嫌豐滿的姑娘，平靜地表示願意去跳。簽生死狀、磅體重，以及跳臺上對繩索長度調整的測試，擾攘一番之後，白衣黑褲的姑娘走上了跨越峽谷的鐵橋，從這裏往下看，谷底湍急的溪流上的橡皮舟，就像嬰兒的鞋子一般小，深谷吹來的急風，在兩旁石壁間呼嘯。

在這一百米的高度，她猶豫了，被綁住的雙足開始發抖，姑娘終於大叫一聲，躍出平臺，伸展開皙白渾圓的兩臂，滿頭金髮散開來，像一隻美麗的鳥，俯衝向谷底，她的尖叫聲響徹河谷。雙親和弟弟都在齊聲歡呼，她從繩索上解下來後，半臥在谷底的橡皮舟上喘氣，許久沒能站立起來。

在服務生巧舌如簧的游說下，我也爬上了山頂，從這裏可以像一根剛砍下來的樹幹，臉朝下吊在鋼索上，飛快地滑行差不多兩公里。已經有三個年輕人被吊著往下開始滑行，聽到那兩男一女聲嘶力竭的狂叫，我幾乎立刻肯定，這「高山飛狐」的玩意兒絕對不適合我。只好戰兢兢再問服務生，可不可以改去Mangaweka划獨木舟，他立刻打電話去查詢，那邊回話說幾艘船早已出發，要泛舟摩凱溪谷中，只能待來日了。

遊罷公牛、瑪頓兩鎮與重力峽谷，日後若再去划獨木舟，還是要去看看「橡皮靴之都」泰哈比鎮，這裏每年十月都有一個擲橡皮靴的比賽，這倒是個全球獨一無二的特別比賽！若讓鎮中高手向布什或溫家寶擲鞋，說不定真能百發百中。

Fielding菲爾丁：菲爾丁的原味生活

　　聖誕節那一天來到小鎮菲爾丁，中心廣場的鐘樓上，孤零零坐著一個布做的聖誕老人，開車繞行經過鎮中街道，一排排愛德華時代建築門窗緊閉，惟見路邊鐵柱上聖誕彩旗獵獵迎風，白鴿在空蕩蕩的街心徜徉。在十四次被評為「紐西蘭最美麗的小鎮」之後，連菲爾丁買賣牛羊的南太平洋最大的Saleyard也成了觀光熱點。看得出鎮上經過大整修，路面鋪設了紅磚，據說籌措公共基金的同時，還發動當地居民認購捐贈磚瓦，無論從景觀或是實用角度看，橫貫全鎮的金柏頓大道都是一種不夠諧調的奢侈，寬達四十米的路面，有時可能十分鐘內才通過兩部車，與鎮區的規模不成比例，那些安裝在大道中央的兩行路燈，入夜後照亮的是冷清無人的街道，徒然浪費能源。菲爾丁鎮的委員會為維護小鎮體面風光，用心良苦誠然可嘉，但是否可以更謹慎地使用有限的資源，還大有可商榷之處。

　　在過去的英國，村莊是各個農場的中心，人們居住在村內日出而作，日入而息。但在紐西蘭，當初的村莊是屬於原住民的，分為一個又一個部落的毛利人祖輩生活在自己的土地上。而十九世紀移民至此的歐洲人，甫始上岸，只能暫居在早先形成的一些定居點甚至荒郊叢林裡。

　　起初的定居點出現在海港、河流、公路交通要道之處，有小店出售糖、鹽、茶葉、紗線等簡單的日常食物用品，星期六晚上農民們還到小店中聚會，收郵件與交談，這種小店也充當收發郵件、出生死亡與婚姻登記以及投票的地點。十九世紀九十年代，冷凍技術的開發，導致紐西蘭肉類、黃油和奶酪出口劇增，鄉鎮迅速增長並繁榮起來，在一八七四年只有十九個超過一千居民的定居點，到

一九一一年已經有九十六個了。菲爾丁在一八七四年尚未有歐裔進入，到了一九一一年，已經達到三千一百六十一人口。

教堂始終是最早出現的建築物，隨著郵局、旅店、酒館、銀行、運輸等服務相繼出現之後，學校、俱樂部等也建立起來，鄉鎮亦逐步形成，菲爾丁是其中的一個典型。

菲爾丁由東、南、西、北四條筆直的街道圍成一個正方形，鎮區規劃完善，磚瓦樓宇早已取代了鐵皮房頂的木屋，這些建於十九世紀末的樓房，體現了濃郁的愛德華時代建築風格，建築細部略顯粗糙，有的還在外牆塑有主人的姓氏與商號，在陽光下閃爍著昔日繁華微弱的餘輝。主要商業區的老房子都受到精心翻新保養，但是在稍僻靜的街道，尚可見到失修的古宅，剝落的灰泥、殘缺的門窗，難掩菲爾丁人維護小鎮體面的力不從心。

在此盤桓數日，不去打開旅舍中的電視機，不聽電話不收發電郵，以步代車在這些老房子之間轉悠，嘗嘗路邊小店的咖啡和家製餡餅，到鎮邊的私家花園賞花。黃昏後到曼徹斯特廣場的女神雕像下餵鴿子，再到十步之遙的電影院餐廳去吃一頓地道的紐西蘭式晚餐，試試本地的羊肉和葡萄酒。漆成全黑的小餐廳，只有幾張檯，如不訂位，一座難求。單調的英國傳統菜肴，在紐西蘭已經異化，以紐西蘭新鮮優質的果蔬肉類海鮮作原材，匯入了毛利、太平洋島及各國烹調手法，形成了獨特的紐西蘭美食風格。個人認為，這小餐廳做出來的菜肴，毫不遜於奧克蘭的頂級餐廳「彼得‧戈登」。

夜間走過鎮中街道，最能領略小鎮生活的原味，男人們除了到酒館看球賽轉播與聊天，大多留在家中陪著妻小，透過蕾絲窗簾，可以看到柔和的燈光下，闔家圍坐吃晚飯或看電視，樂也融融，享受歡樂今宵，這無疑也是個人難得擁有的財富之一。而在都市現代生活的匆匆之中，有時家裡老小甚至連「早安」都來不

及問候，便外出四散，湮沒於人海車流裡面。人們不斷尋找，尋找機會，尋找金錢、尋找情感，充滿希望而出，疲憊不堪而歸，永不知足，從不感恩，總是覺得自己比別人窮，房子比別人小，地位比別人低，成就比別人差。人們只看到自己缺乏多少，很少去想想自己擁有什麼。

更可惜的是，世人多以金錢多寡論貧富，殊不知健康、真愛、親情、平靜也是財富，而且是最彌足珍貴的財富。

我們的盲目、麻木與貪婪，導致了永不知足的野心，從來只識索求與佔有，不懂施予和放棄。這與視野之闊窄高低無關，蒼蠅也有翅膀能飛，甚至也在它的高度俯視萬物，但牠盯著的卻是散發腐臭的一點。井底之蛙雖仰視觀天，但那一片藍天畢竟共屬於自己，且澄澈高遠，直抵銀河星漢，終至宇宙無極。

在菲爾汀小鎮的黎明醒來，只聽見羊群被驅趕入 Saleyard 的「咩咩」叫聲，鐵皮房頂上，有一群八哥在聒噪，回味那半夜就飄來的淡淡花香，卻始終無法分辨究竟是出自哪種花卉。

推門就見 Manfeild 公園草地上的一隊綠頭鴨，搖搖擺擺走向池塘，有只無聊的花貓趴在石牆上，走過去靠在牠旁邊，一齊看群鴨過草地，我和花貓就這樣呆了很久，直到牠伸懶腰轉身離去。望著空空而已的大草地，只覺得在一個別人找不到你的地方住幾天，消磨時間、無所事事，也是福氣。

五、北島東部

Napier納皮爾：浩劫重生的納皮爾

夏末的納皮爾（Napier），夜涼如水。側臥在海濱音樂台前的綠茵上，聆聽海軍銅管樂隊吹奏著拉德斯基進行曲，雄渾如千軍待發萬炮齊放，接著臺上有人把那支薩克管，吹得千迴百轉無比憂戚，整隊鼓樂低吟，似海濤嗚咽陣陣為它唱和，一曲奏罷，一名年輕的白衣樂手演奏木琴，節奏由徐緩至驟急，持鎚兩手飛舞，至高潮處只見黑色木琴邊旋轉舞動著的一團白影，整個樂隊在琴音的引領下，如駿馬奮蹄狂奔。草地上老少共舞，樂隊指揮介紹，奏木琴的少年也是納皮爾人，引來眾人歡呼。

我身旁端坐一位穿傳統斜紋上衣的紳士，旁邊的女郎穿著海軍服，一頂欖形水手帽，俏皮地斜戴在瀑布似的金髮上，他們和許多海軍打扮的男女一起隨著節奏搖擺身軀。七十多年前大地震，英國海軍Veronica號軍艦正好停在納皮爾的西碼頭，這批訓練有素的官兵成為第一時間趕到現場的救援人員，艦上發報員在地震發生後七分鐘，就用摩斯電碼發出緊急電報。奧克蘭海軍裝載著救援人員物資也在第二天早上趕到納皮爾。當地人對海軍如此愛戴尊崇，概源於此。

貝殼狀的音樂台，用地震後廢料建成，其實整個納皮爾海濱公園，完全建在堆填震後清理的瓦礫之上，她迎著海風，綻開百花，兩列諾福克島松墨綠色的偉岸身影，在桑德歇爾柱廊桔黃色的圓拱襯托下，宛如一隊衛士，拱衛著這座劫後重生的城市。流連在著名的海濱步道上，望去那維多利亞木屋的鐵皮房頂，夾現

在裝飾藝術風格的樓房中，可以感受到這座城市的不死精神。

一九三一年二月三日夜，七點九級地震在瞬間毀滅了納皮爾，房屋倒坍後火警處處，供水系統被破壞，市民集體到海邊提水滅火。次日早晨七時，「納皮爾市民控制委員會」便成立，中午在納爾遜公園搭起了可容兩千五百人居住的帳棚區。城中半數居民則井井有序地從水陸兩路，疏散往各地。一個多月後便由各界代表十三人，成立了「納皮爾重建委員會」，開始重建。

Art Deco——裝飾藝術型式作為納皮爾重建的選擇，可以說是一個必然的偶然。其時裝飾藝術正風行歐美，流行工業文化所興起的機械美學，又汲取了遠東、中東、南美古文明的圖騰文化。強調簡約對稱的幾何造型、鮮豔明快的色彩。而舊納皮爾城區都是維多利亞風格的房屋，有許多灰塑與鐵鑄雕飾、樑柱與陽台，地震時許多人被震落的裝飾物、陽台擊中造成傷亡。重建時規劃，拓寬道路，將電線管路敷埋地下，限制建築外牆的招牌、裝飾物還有簷篷陽台。以方盒造型為主但各有特色的裝飾藝術風格建築，便成了最佳選擇。唯藝術畫廊與地震博物館造型最為醜陋，大猩猩手持雪糕的創意不知出自哪位仁兄之手?!不妨改建為「達達主義」風格，像高迪在巴賽隆納設計的巴特羅公寓和米拉公寓，造型奇特而又富有動感，既能與城中裝飾藝術建築相映成趣，又可彰顯與時俱進繼往開來的社會進步。

曾任霍克灣博物館館長的羅伯特，首先注意到納皮爾的裝飾藝術建築如此之多，設計如此之美，經過多年努力研究整理和推介，納皮爾成為世界裝飾藝術之都。每年二月第三個週末，都舉行裝飾藝術節，將震災死亡的黑色記憶，融入耀眼的藝術光彩之中，不能不承認，這是紐西蘭人處變不驚樂天知命的性格特徵。

節日的納皮爾街頭時光倒流七十年，滿目懷舊風情，男女均著英國傳統服飾，很喜歡那些紳士的西服，筆挺貼身，還有他們拎著

的手杖，顯現男士的翩翩風度。女士們穿傳統碎花圖案連衣裙和禮服的都有，帽子、披肩、手提包、皮鞋、襪子和小洋傘也與衣裙顏色搭配相襯，講究得很。我尤欣賞那玲瓏通透的面紗，若隱若現遮去藍眼高鼻，只露出一抹朱唇，引人暇想的含蓄美之外，還很有神秘感。當地商店有專賣懷舊時裝的，亦有人即時買來穿上應節，論手工、質料與款式，自然不能與珍藏在桃花心木衣櫥裏的舊衣相比，後者的確散發著一種特有的精緻完美與典雅。

納皮爾人擁有許多珍貴的古董汽車，這與該地向來富庶有關，此地中產階級的「布爾喬亞」之風尤盛，除了經濟和社會地位，還推崇高尚人格、知識素養和藝術品味，家居住宅中營造園林，停泊遊艇，還注重擺放雕塑、繪畫。

曾經有人說：「英國車是男人指環上的鑽石。」在大街上古董車遊行隊伍裏，有幸見到英國名牌「MG」、「莫里斯」還有「沃爾斯利」，還有一部價值連城鑲金鍍銀的「勞斯萊斯」。司機和乘客均著七十年古裝，見了方知何謂真正的「香車美人」。

尾隨古董車隊往赫斯廷斯（Hastings），此城與納皮爾同毀於大地震，重建時採用西班牙佈道院建築風格，顏色更帶一種南歐強烈的陽光感，市中心一大水池內，少女戲水解暑，沿街懸掛白紫兩色繁花，城外遍佈果園酒莊，春暖花開，果林開出白色粉紅花朵，亦是一景。

待趕回納皮爾，海濱花園的下午茶已近尾聲，樹下涼篷裏，女士們擺出維多利亞時代的金邊彩繪茶具，祖母配方秘製的鬆餅、蛋糕飄香，紳士們倚在藤椅上，聽著手搖唱機膠木唱片播放出的老歌，唱針刮擦出的「嘶嘶」聲，更帶來幾許蒼涼的美感。直至暮色降臨，尚有幾戶人家，未撤出涼篷，笑語聲驚飛了林間的歸鳥，那邊廂，昨夜笙歌儷影的舞臺早已曲盡人散，只有兩個俏麗小女孩坐在台邊說悄悄話。懷舊老歌飄揚在夜空中，反反復復都

是那個旋律，只覺得歌手唱出了人生滄桑後面的淒美，也扯動了我某一根心弦，似又重奏起人生舞臺上當年的春風得意一曲。

後記：據資料記載，一九四五年一月，德國法西斯 U-862 潛艇駛入納皮爾港，坊間至今傳說：德軍上尉蒂姆，曾帶領艇上全艇官兵，上岸擠取牛奶充作軍糧。教人納悶的是，納皮爾人如此推崇紐西蘭海軍，當時不知正在何方？

註：本文部份資料參酌台灣地震考察小組訪紐文章。

Pahiatua 帕希亞圖阿：路邊的歷史

　　離開納皮爾的Ｂ＆Ｂ家庭旅舍時，太太與韓裔女主人相擁告別，她不斷把水果裝進太太的提包，待車子開上了馬路，回首望去仍見她嬌小的身影佇立在晨曦之中，短短兩晚留宿，彼此竟有了難捨難分的感覺，人的感情有時真很奇妙。

　　留宿韓裔女主人家中這兩晚，一躺下來望著那高達四米多的天花板，還有那盞古色古香的大吊燈，就同太太嘀咕，以前的老房子怎麼修得那麼舒適，六、七十年的房齡，地板仍珵亮平滑，樓梯的雕花扶手，呈現出漂亮的弧形，那種典雅的線條，只有手工極好的木匠才做得出來。連厚實的窗戶上的銅把手，雖已生銅綠，握上去仍有種可以信賴的手感。現在新蓋的房子，除了衛浴潔具、廚房設備好使，建築和裝修用料，的確徒有其表，假假的像舞臺上的佈景，也不經久耐用。

　　從納皮爾往惠靈頓，要跑三百多公里，沿途窗外的山丘原野一片枯黃，竟不見紐國山河特有的嫩綠青鬱。數月無雨，嚴重的旱情，已經迫使農場主開始射殺牲口，減產以避缺乏水草的危機。偶爾可見一兩片綠草地，都有巨大的搖臂在頻頻灑水澆灌。跑了幾十公里還未見到一輛車，二號公路象一條灰色的緞帶，靜靜鋪陳在遼闊的大地上，一直延伸到陰霾密佈的天邊。

　　沿途幾個小鎮都甚冷清，路邊有許多木頭做的老房子用來開店，賣骨董、小食與雜貨，雖然老舊，卻常修繕，不見長年失修的殘破斑駁。屋簷下懸吊著盛開的花球，幾個老人並排坐在長木椅上，靜靜望著往來的汽車，類似時光倒流的場景，好像在哪部懷舊電影中見過。

　　這些小鎮名不見經傳，靠附近的工礦與農場養活著，也有酒店和汽車旅館，掛著古老花體字的招牌，居然還開著博物館，偶

而跑進寥寥幾個好奇的過路客，充當義工的接待員，會像招呼來家的熟人一樣，打開珍藏的鎮館之寶，盡數供你欣賞。有時在這些偏遠的角落裏，會有意外的驚喜，我就曾在一間民宅改成的小博物館裏，見過一幀風景油畫，描繪鄉間農舍的荒蕪後園，筆法洗鍊豪放，調子裏那種響亮的灰色，絲毫未受歲月塵封的影響，有著油彩未乾的濕潤，這張小畫真的深深迷住了我。

經過 Pahiatua，就見到波蘭兒童難民營遺址，一九四四年十一月三日，七百三十三名逃出納粹魔掌的波蘭兒童，輾轉經伊朗來到這裏紮營安居，紐西蘭政府還為他們建立了波蘭人小學。這些孩子與一百零五名成年難民一起，生活了五年，後轉移到另一個難民營。一九五二年該營完全關閉，原小學及營房拆開分散出售，用作牧場農舍或食堂。這些波蘭孩子後來都留了下來，並獲得分配土地供其使用，許多人今已六、七十歲了，他們成立了「波蘭兒童難民營農民協會」，一九九五年在波蘭兒童難民營遺址建立紀念碑，讓後人永世不忘紐西蘭人民的慷慨仁愛精神。

波蘭兒童約翰·羅伊，在難民營中成長，後來成為優秀的紐西蘭商人，並被委任為波蘭駐紐名譽領事。約翰·羅伊六歲的那一年，德國侵佔波蘭，他與家人飽受法西斯鐵蹄蹂躪，待蘇聯紅軍到來，本以為解放得救，豈料紅軍士兵反復洗劫波蘭民居。包括約翰·羅伊一家在內的二十五萬波蘭人，在一九四零二月十日夜裏，只獲准用十五分鐘收拾衣物，坐了六個星期火車，被集體遣送到蘇聯北極圈內與西伯利亞集中營。遣送途中死亡率已達百分之十，到達目的地後，在極地風雪嚴寒的折磨下，近半數人陸續死亡。約翰·羅伊的母親亦在古拉格集中營飢寒交迫中死去，兄弟姊妹失散。

經過十八個月的生死煎熬之後，約翰·羅伊終於與七百多位波蘭兒童一起來到紐西蘭。在這裏學習英語，上了大學，娶妻生

子。一九八零年，他曾重返波蘭，並找到失散多年的胞弟，兄弟倆久別重逢，卻已物是人非，兩個世界。約翰・羅伊名成利就，而他的胞弟幾十年躬耕田間，仍是一個無知的農夫，當時約翰・羅伊把身上所有的財物都掏給了苦命的弟弟。

一九四八年在前蘇聯操控下的華沙政府曾要求紐西蘭歸還這幾百位兒童，但遭紐西蘭峻拒。

波蘭語遺產信託基金的網站上這樣寫到：「個人的故事，是不能忘記的。每個家庭，每個孩子都有自己生活的地方。每一個故事都不盡相同。但他們也有一個共同的主題：那就是曾經遭受蘇俄侵略，困在西佰利亞或烏茲別克斯坦，重生在波斯與Pahiatua難民營。這代表著個人和社會的成長。波蘭語遺產信託基金提供機會讓Pahiatua的孩子寫自己的故事，讓別人及子孫後代閱讀，讓全世界都記住！」

約翰・羅伊寫了一本描寫這段人生傳奇的書，其他的倖存者亦先後寫下自己與家人的遭遇，其中以瑪麗亞寫的《一次難忘的旅程》最為動人，她對當年身陷蘇俄集中營的慘況，有其詳盡的憶述。我佇立在兒童難民營遺址的青草地上，牛羊或悠閒臥立，或埋頭嚼草，當年幾百個清脆童音唱出的民謠，似仍響澈雲天，仿佛可見約翰・羅伊與孩子們幼年的身影，在此奔跑。幾十年滄海桑田，他們虎口餘生的故事，已不再僅僅在圍爐夜話中回首當年，而是作為一段怵目驚心的歷史，寫入人類文明史的篇章之中。

一直以來，在公共圖書館的展示櫥窗裏，間或發現有關波蘭的文化、宗教與藝術的介紹，到過Pahiatua難民營之後，才明白紐西蘭多元文化中波蘭元素的由來。在繼續駛往惠靈頓去的路上，腦海裏不時浮現與這段歷史有關的人與事，亦聯想到直至今天，紐西蘭仍在收留那些其他國家拒收的難民，儘管隨難民而來的種種問題，令人詬病與擔憂，但這個遠處地球南陲的小國，不僅曾

將自己的兒女送上世界大戰的火線，來承擔自己的國際義務。同時她還張開臂膀，歡迎那些因宗教、種族或政治原因失去家園的不幸人們。六十多年前波蘭兒童在Pahiatua的動人故事，僅其中之一罷了。值得一提的是，無論是受害的難民，還是拯救難民於水火的Kiwi，記述與回憶這段歷史，都沒有仇恨怨懟，也沒有恩主施捨賜於的自翎不凡，這一種寬容與理解，的確令人欽佩。

公路在Up Hutt附近，變得蜿蜒曲折，濃霧彌天，山影遮日，行過這段險路，便是「大風之都」惠靈頓了。為了減輕內子對山路盤旋的擔憂，說了一個笑話，不知哪位想像力豐富的仁兄，在網上發表他老人家的遊記，言之鑿鑿談到惠靈頓的大風，竟描述在大街上都有繩索，供行人牽扶免致被風吹倒。內子聽了大笑不巳，此刻居然來了一陣狂風勁掃，車子猛烈跳動起來。後來居住在Up Hutt的老友告知，儘管城中並無繩索，但行走這段山路的車子，被大風掃下山，倒是確有此事的。

東岸千里行

早春，沿東岸去了一趟吉斯本（Gisborne）。

紐西蘭北島，除了貫穿南北的一號公路，東西兩岸都有公路。從奧克蘭往吉斯本有兩個選擇，可從一號公路南下羅托露瓦，走三十號公路向東至瓦卡塔尼（Whakatane）、奧波蒂基，再順東角的三十五號公路直達吉斯本；也可沿二號公路經陶朗加（Tauranga）沿海往瓦卡塔尼，再從奧波蒂基（Opotiki）穿越Waioeka峽谷至吉斯本。這兩條路線往返都要一千多公里。

我選了後一條路線，沿東岸二號公路到了陶朗加附近，出現了些令人眼睛一亮的景致。當車子爬到坡頂往下滑行時，可以就勢窺見高高樹籬後面的果園和酒莊，整齊得如繃緊琴弦般的葡萄架，高過人頭的奇異果棚，那些柑橘樹自在地掛滿了金黃的果實，沾滿露珠在晨曦中閃閃發亮。每見果園酒莊，都聯想起體態豐腴的美婦，慵懶地斜倚在麗日和風裡，渾體散發出自然的風華，有剛剛受孕的滿足，又可見生產的期盼。

奇異果和葡萄酒，盛產於東海岸，這些果園和酒莊的主人，每年只攝收一造果實，釀成酒入瓶的，那一個年份的天氣、季節的特點，甚至盛酒用了新桶的氣味，都紀錄在酒的液體中。而包裝發售各地的果實，亦記得當造的收成好壞，那些累累碩果帶給人的心跳與微笑，成為晚間餐桌上碰杯的話題。壞天氣的影響，災害的打擊，物賤傷農的悲哀，也只能在夜間上床前虔誠默禱告求。

在路旁一幢地中海式的酒莊裡，使我更深信有人把農事做成了文化。

葡萄架旁是鴨子戲水的池塘，開滿各色仙客來，楊柳下橫著一條板凳，草坡上擺放著雕塑，女主人立在試酒的櫃檯邊，湖藍的套頭毛衣襯出栗色的捲髮，輕描黛眉，淡抹朱唇，指甲塗著蔻

丹的玉手，在晶瑩透亮的高腳杯中倒下自釀的「蘇維儂」白酒，閉目細細去品，自可品出東海岸充沛的日照雨露和果香來。

駕車在東海岸前行，不時停下賞景。殘冬尚未過去，一片青綠靦腆地在樹端林梢藏頭露尾，讓在朔風中掙扎倦了的枝椏，喜洋洋地挺拔起來。芳草連天的原野，綠色漫上了丘陵圓滑的山脊，偶而也見到幾叢紅黃雜間的樹木，在萬綠的包圍裡顯得孤寂無奈。嵐霧剛剛散去，我踏上濕滑的草坡，望見一條窄而彎曲的河流，並不湍急的流水返照出天色，河邊每隔幾十步築有供人垂釣的木製平台，已經有人靜靜坐在這裏等候鱒魚上鉤。

陽光下牛群嚼草，羊羔蹦跳，清晨的微風吹來，帶來一股牧場青草的香氣，甚至還隱約帶來農舍裡飄出的烤「司空」的味道，望上去那精緻的房子是那麼遠，窗前還亮著暖黃的燈光，但閉目想像一下，卻仿佛見到壁爐裡的餘燼，可見桌上擺著剛剛擠下的新鮮牛乳，還有奶油果醬，正待著睡眼惺忪的一家來享用。

凝神諦聽，寂靜中除了一兩聲清脆的鳥叫，可以聽見河水流過的喧響，還混雜著林梢葉片的絮語。感覺到有股愜意遍佈全體，如此舒泰，如此輕快，一次旅行，只要用心，是可聽，可見，可嗅，甚至可以感覺出何為美的。

瓦卡塔尼（Whakatane）是東岸不可錯過的海濱小鎮，儘管鎮中老宅櫛次鱗比，古風猶存，但她那停泊著無數遊艇的港灣，總使人聯想起時髦的奧克蘭。風浪不小，護波堤裡面的大小遊艇都上下搖晃，風速計飛快旋轉。除了本地人的船，其中有些不起眼的遊艇，曾經數度環球航行。個人判斷，甲板上還放著躺椅的，多半是用來欣賞海上落日而不是遠航的。

因為初到此地，還鬧了笑話。行囊中帶有一本遊記，美國的羅林斯·韋描寫城中 Strand 路邊有塊巨石 Pohaturoa，是毛利勇士

刺青、洗禮的神聖場所，Ngati Awa部落的首領就在此石上簽置懷唐伊條約，末了他還特別說明「海水總是不高於這塊岩石」。

從瓦卡塔尼龐大的旅遊資訊中心裡走出來，在夾著雨絲的強風中尋找「聖石」，除了一列列門面精緻的店鋪，哪裡有刺青和簽約的大石頭?!失望之餘正欲離去，坐在車內抬頭望見眼前居然有座石山，正是Pohaturoa，石縫還生滿草木。

下車再望去這高達幾十米的「聖石」，回味著那句「海水總是不高於這塊岩石」的話，我會心地笑了，知道被作者幽了一默的，當不止自己一人。

八百年前，毛利勇士Toroa率家人划著獨木舟駛入河口，把女眷留在船上，自行登岸拜會酋長。豈料獨木舟隨退潮的水流漂入海中，危急中勇士的女兒Wairaka打破女人不可掌舵划槳的禁忌，振臂高呼：「E！Kia Whakatane au I ahau！」（讓我們像男人那樣吧！），把船划回海邊，此地因而得名瓦卡塔尼，意為「像男人那樣」。

和雄風十足「像男人那樣」的瓦卡塔尼相比，奧波蒂基（Opotiki）更像個沉默寡言的老嫗，羅林斯・韋的書中形容該鎮「害羞而可愛」，並不貼切。奧波蒂基鎮小而充滿毛利傳統風情，街道兩旁聳立著高大的柱雕，駐足細看，會讀出許多毛利傳說。雕像上男女身都有，面目看似猙獰，但瞪眼吐舌，可示怒退敵，也可迎賓接客，是給你一矛還是與你碰鼻，全在乎來者居於何心。

毛利族這種警覺自強不甘凌辱的性格，也顯現在毛利先知Te Kooti身上，來東岸旅行，對這位先為武士後成先知的傳奇人物，不能一無所知。他因支持吉斯本Hauhau起義被捕，一八六五年流放至查塔姆群島。在島上Te Kooti創建Ringatu教派，並在兩年後策劃驚世大逃獄，率二百餘眾囚徒劫持Rifleman號回到北島，一路攻城掠地，大敗英軍。Te Kooti被赦免後致力傳教，一八九三年

去世，信徒將其已下葬的遺體掘出復又秘葬，迄今無人知其墓塚所在。

奧波蒂基的 Whakatohea 族毛利武士曾經參加過十九世紀末的土地戰爭，饒勇善戰使他們成為當年英國遠征軍敬仰的「真正戰士」。他們對出賣自己族裔的叛徒，嚴懲不貸。一八六五年，該部落派出武士，在鎮中殉道者聖斯蒂芬教堂暗殺被懷疑當了政府密探的族人 Rev Corl Volkner。據說佈道壇附近至今仍可見叛徒的血跡。

我在這座白色小教堂門前停住了腳步，主日崇拜剛剛開始，讚美詩猶如一片天籟，從五彩的玻璃窗內飄出來，我坐在門外的木凳上，聆聽莊嚴而嘹亮的歌聲，透過路邊色彩斑駁的毛利雕柱，可以看到對面博物館的櫥窗，一對歐裔老人的塑像，斜靠在老式的躺椅上，許多殖民時代的舊物，堆放得雜亂無章，蒙塵寸厚，一派凋零。歷史，到底給我們留下多少可記的往事呢?!

庫克船長三訪紐西蘭，帶來自然科學啟蒙，後至的殖民者帶來歐洲農耕與工業技術，且以「偉大的進取開發」自居。但很多人不知道，其時原住民毛利人並非野蠻人，他們是最早的「星際航行家」，也擁有自己的宇宙哲學與文化，只不過在不速之客面前，不具備影響、改變外來文化的能力，因而失去左右自身未來的權力。

區區兩百餘年間，文明與野蠻犬牙交錯纏鬥，殖民者與原住民皆曾經歷之，兩者都曾有過野蠻與文明、慷慨與貪婪、智慧與無知的一面。我在南太平洋生活的經歷，亦使我畢生都尊重珍惜這裏島民擁有的文明、慷慨與智慧。直到今天，他們身上的良善、樂天、大度與超脫，仍足令許多自詡發達族裔中人汗顏，自愧弗如。

　　念及於此，儘管聖斯蒂芬教堂眾信徒已四散，仍婉拒了門前老者的邀請轉身離去，那灘密探的血，不看也罷。

　　為了一睹懷阿埃卡峽谷（Waioeka Gorge）美景，捨棄從東角去吉斯本，改途經二號公路。在濛濛春雨中駛入青山夾道的峽谷，馬上就感到不虛此行的驚喜。沿著佈滿灰色卵石的摩圖河前行，時可見身著橙色救生衣的泛舟者，揮動槳桿，隨激流起伏漂游。峽谷一帶經過殖民初期濫伐，山中已少見喬木巨樹，如今這裏已是國家自然保護區，經過多年養息經營，今又樹密林深，鳥雀啁啾，滿目蔥鬱。

　　在這條絲帶般的公路邊，見到一座荒廢的吊橋，走在它的木板上，可以聽見生鏽鋼纜在重壓下發出的「嘶嘶」聲。橋那邊的山中，曾有過一批移民屯居墾荒，砍伐林木，種植放牧，經過數年艱苦努力，終無法維持生計，遂忍痛放棄所建家園他遷，惟留下這道吊橋在歲月風雨中日漸殘破，從橋頭的幾幀舊照上，還依稀可辨那些牽著馬車從橋上走過的先民的面目，河谷中仿佛又迴響起丁丁伐木之聲，有種夢破的淒愴，隨山林的風在耳旁嗚咽。

　　道路穿出山谷，灰濛雨絲被擋在高山那邊，輪胎在路面上摩擦的「沙沙」聲，輕快又悅耳，陽光也透過雲層射下來，如大師神來之筆，略蘸油彩，輕塗淡抹，瞬間激活了車窗外這幅色彩豐富的美圖。山勢漸復平緩，重又見牧場的綠地牛羊，待路的兩旁躍現一片果樹繁花與葡萄籐架，吉斯本就在望了。

　　路經一家鮮花盛開的院子，綠茵上毛利孩童逐球嬉戲，成人散坐在宅前門廊台階飲酒取樂，樹下有女子彈琴輕唱，內子動情地說，多麼和諧感人的家園之樂啊！

　　回首再望那生趣盎然庭園早已遠了，「這本來就是毛利人的家嘛，焉能不樂?!」我心中作如是想。

Gisborne 吉斯本：吉斯本印象

　　庫克船長的雕像屹立在一個地球儀上，兩腿分開略比肩寬，那是一種航海家在甲板上穩穩站立的姿勢。夕陽餘暉將海天染成金紅，雕像和那片巨大的諾福克松林，卻已化為黑色剪影。

　　如果你到過紐西蘭北島東部的吉斯本（Gisborne），可以見到貧瘠灣（Poverty Bay）的白堊崖岸，花白的茅草和黃色的野花，遠望過去像是一片武士頭盔上佩戴的羽纓在海風中搖曳。二百四十年前十月的一個下午，「奮勇號」上醫生的男僕尼克・楊發現的正是這個看上去荒涼而險峻的地方，庫克船長終於找到了紐西蘭這塊土地。尼克的雕像也立在離庫克像不遠的海濱，三兩少年靠著雕像的石座垂釣，不到百米之遙，一艘紅色船身的萬噸巨輪正裝卸繁忙，沉重的貨櫃落到艙底發出的巨響，驚起海鳥四散。

　　早春的吉斯本是寧謐安靜的，夕陽下更有著些許世外的孤寂，稀少的人口，往往令你有機會獨佔一大片綠茵或是整條河畔步道。棋盤式的街區，實在找不出幾座值得一看的古建築，觀光指南策劃長達三小時的「古跡漫遊」有點言過其實。

　　三條河水流經城區，其中威瑪塔河（Waimata River）與塔魯赫魯河（Taruheru River）匯合成圖蘭嘎努伊河（Turanganui River）出海，這條河也是紐西蘭最短的河流，只有一千二百米。跨河建橋甚多，吉斯本也又得一名「橋樑之城」，只惜諸橋設計如同城中建築一樣簡便平庸，即使入夜以各色燈光映照，也難現任何美感。

　　我嘗試尋找圖蘭嘎努伊河中央那塊石頭，當年在庫克船長力邀之下，一位滿臉狐疑的毛利人游過來時，曾在這塊石頭上蹲過，許久才肯上岸與庫克行碰鼻禮，這是生活在後石器時代的毛

利人，與已進入近代文明的歐洲人的首次友好接觸。此石被命名為特·托卡·阿·塔伊阿烏，直到今天，仍有人視此石為解決部落糾紛的界石。遺憾的是沒有找到這塊奇石，只有英國人築起的一道長堤，把圖蘭嘎·努伊河一分為二，蔚藍的海水在這裏不倦地拍打著堤岸與船身，為吉斯本這段兩個多世紀的歷史輕歌和唱。

很難想像如果沒有庫克船長首次登陸的這段歷史，吉斯本會還有多大的吸引力。雖然毛利人也是划著獨木舟來這裏居住的，但庫克的到來，畢竟引起了不同文明的衝突，開拓了紐西蘭新的一段歷史。

當地毛利人把庫克船長的這艘船稱為「遠方漂來的一個島嶼」，把她鼓滿南太平洋海風的船帆當作「天上的白雲」。也有毛利人說「奮勇號」是來自哈瓦基（故鄉）的傳奇大鳥魯阿卡旁嘎，毛利人一直以為自己愛吃的紅薯是牠帶來的。從大船上放下來的舢板，被形容為「羽毛不豐滿的小鳥飛入水中」，身穿紅色軍服的英國水兵，也被毛利人當作「色彩斑駁的動物走到小鳥背上」。

初次與毛利人相遇，「奮勇號」船艙內的庫克船長與學者班克斯，也緊張地翻閱達爾林普《南太平洋發現實錄》這本書，從一六四二年塔斯曼在紐西蘭南島之行的記載與插圖裡，比對眼前這片大陸的奇特景色，書中所描繪的毛利武士，正划著巨大的雙體船破浪而來。

毛利人對這些高瘦的歐洲人雖說好奇卻不歡迎，剛揮別溫柔多情大溪地美女的庫克一行，對毛利人的勇猛慓悍也感到吃驚。在大溪地土著挨了槍炮就逃跑，可這裏的毛利武士卻跳著雄壯的戰舞，揮動長矛以死相搏。由於溝通出了問題，在交換物品時發生衝突，學者班克斯為部下開槍打死毛利人一事，在日記中寫下了內心的悲哀：「啟航以來最不愉快的一天終於結束了，這天給

本次旅行留下黑色的印紀。希望上帝不要讓我們遇上比今天更苦澀的日子！」

英國皇家學會主席莫頓伯爵曾給予庫克類似指示式的「提醒」，指出「必須善待可能到達的那些島嶼上的居民，對他們表現出尊重和最大限度忍耐……要記住，戕害這些人，是一種高性質的犯罪……他們和那些最優雅的歐洲人一樣，也受著上帝的眷顧。……同時要讓他們明白，我們仍然視他們為國家的主人。」

在奧大副校長安妮‧薩爾蒙德所著《發現南太平洋》一書裡，讀到了以上這段話。當然，後來殖民者與王國政府同毛利人之間發生的種種事情，包括戰爭與殺戮掠奪，証明了在倫敦的書房裡與在萬里之外的南太平洋，同樣一件事會有多麼不同的變化。

在吉斯本緬懷這些歷史別有一番情趣，同紐西蘭一些大中城市相比，這裏二元社會的特色尤為明顯。許多街道均冠之以英國人名，維多利亞時代的樓房頂端，還保留著當年商號的字母灰塑。但毛利人的身影仍處處可見，一千多年前他們就在這裏種甘薯和捕魚，勢力之大，甚至拒絕「懷唐依條約」上簽字。東海岸富饒的平原，在毛利土著的堅守下，令歐洲人足足等了六十年才得以進入，如今吉斯本一帶的土地，仍有許多是業者向當地土著租用的。

除了自詡為「全球第一個見到日出的城市」，炎熱潮濕的東岸還產出紐西蘭三分之一的「夏多內」（Chardonnay）白葡萄，吉斯本釀製的「夏多內」白葡萄酒因此聞名於世，她散發著熱帶果香，口感濃郁肥美。在2號國道旁的酒莊和果園停留片刻，能有意外的驚喜，剛經剪枝的葡萄籬架從我們腳下延伸到天際，除了常見的高登式整枝系統，還有較少出現的棚架式。種植葡萄的最精髓，就在於平衡枝葉生長與果實生長，除了留有足夠葉片進行光合作用製造養份，又要避免葉片過盛消耗了寶貴的養份。整枝系

統就是維持這一種微妙平衡的方法。一所酒莊成功的秘籍，除了釀酒，全在整枝與剪修了。

這裏的米爾頓酒莊（Millton Vineyard）採用非常繁雜而又神秘的自然動力種植法，強調大地、植物體與宇宙三者間的協調，依據天體運行等自然力量來影響與提高葡萄的質量產量，利用月亮盈虧運行，在特定時辰進行耕耘、剪枝、噴藥、施肥等農事，據說可集天地之靈氣，收到神奇功效。可能正是這種奧地利人獨創的妙法，使米爾頓釀出的白梢楠酒（Chenin Blane）入選世上「一千零一種在你死前必飲之酒」。

個人挑了一瓶「Day Break 酒莊」的白蘇維儂酒，促銷價只賣十一紐元。連年葡萄豐收，釀出的酒又滯銷，大釀酒商壓價進貨，每噸葡萄收購從七、八百元降到百元左右。許多人包括我自已，都有過闢一塊地種葡萄釀美酒的夢想，真的好憧憬待在古意盎然的酒窖裡，那種難得的寂靜與滿足，將生意、文化與享受熔為一爐，誰能想到，在鮮花簇擁的酒莊後面，一樣有愁也有悲。

許多嫩芽怯生生在黑褐色的葡萄藤蔓上綻出，而路那邊盛開的桃李，雪白嫣紅，正開得燦爛，花瓣落在果林間古舊的木輪車上，裝點著古老的蒼苔。柑橙園中卻一片累累金黃，有鳥雀正忙碌地飛上飛下享用水果的盛宴。

登上卡蒂山回望生機盎然的海港、平原與城區，波平如鏡的海面竟不見一點帆影，水天蒼茫，海鳥高飛。當年庫克船長在此初嘗文明衝突之苦，其實哪怕他再多細看一眼，斷不會輕易失望，將如此富饒美麗的地方，以「貧瘠」陋名痛貶之。

南島篇

Picton 皮克頓：夏洛蒂女王灣的風雨

從惠靈頓到皮克頓（Picton）的渡輪，在風雨中前行，暗藍色的船首，破開庫克海峽滔滔白浪。顛簸中稍覺不適，不由憶起數年前乘遊輪遇風暴的經歷，現代工業科技打造的萬噸巨輪，居然會像一隻小木塞載沉載浮，讓一千多乘客「同船吐」。怎教人不能不對庫克船長頓生敬意，早在一七六八年，他就指揮那隻三十五公尺長、吃水量僅三百餘噸的「奮勇號」，在我眼前的海峽裡航行過，那種勇搏風浪的毅力與意志，令人難以體察。

北島海岸上那些風力發動機巨大的身影，漸漸隱去，一片夕陽映照的陸地已經在望。船身似乎貼著西角灰褐色的石壁，駛入南島的峽灣，這些冰河時代由海水沖刷形成的峽谷，島嶼星羅棋佈，長度只有四十二公里，彎曲蜿蜒的海岸線卻長達三百八十公里。許多地方林木森森，道路崎嶇，遊人都改乘水上計程車或自租快艇前往。坐在寒風砭骨的甲板上，看兩岸青山徐徐相迎，終於明白迷宮似的夏洛蒂女王灣，為何會在三百年前令庫克船長為之傾倒。

渡船入港，依山而築的皮克頓（Picton）華燈初上，因抵達時天色已晚，行前與酒店主人約定一個類似特工的聯絡方式，在指定的房間門外地毯下，找到了鑰匙。

次日晨起，在臨街的窗口可以看見許多背包客，皮克頓街頭擠滿了橫越庫克海峽往來南北島的遊人。出乎意料之外的是小小的港口居然有一間「海馬世界水族館」，雖然滿腹狐疑，但櫃檯後面女郎嫵媚的笑靨，很快就讓我們心甘情願地掏出二十元買了門票。

不到一人高的水族箱裡，懶洋洋地浮游著幾十條魚，海馬缸裡只見一隻海馬，孤獨得像古希臘的哲學家，在濁水中昏昏沉浮思索，萬物之靈的人緣何自甘付錢充當冤大頭?!

有位工作人員許是對展示內容之貧乏感到內疚，從籠中掏出

一條蜥蜴，那爬蟲居然朝我伸出藍色的舌頭，令我頓時有了值回票價的滿足感。

皮克頓同紐西蘭有些小鎮一樣，除了小博物館和旅遊信息中心，她還是健行者的集散地，成千上萬來自世界各地的健行者，扛著背囊進入峽灣周邊的密林，其他裝備與補給由水上運輸，行走路線長短難易均可自選。

在夏洛蒂女王灣的步道，很適合初學者，總長度不過七十一公里，從海艦灣到決心灣僅四公里半，兩小時可輕鬆走完。從露營灣走到波蒂奇要八小時，約二十四公里。徒步穿過叢林賞花觀鳥，再在山脊上俯瞰峽灣，絕對是另類的享受。

多山的南島有許多步道，從公路上遠望是青山翠巒一片，其間卻有網路般的小徑，並築有小木屋供健行者夜宿。小屋雖簡陋然設備齊全、潔淨舒適，入住者均自覺自律，小心使用，維護衛生，離開前打掃清理妥善。夏秋兩季這些小屋經常人滿為患，必須購票預訂。

值得慶幸的是在夏洛蒂女王灣還有一條觀光車道，從峽灣山腰繞行，彎道一個接一個，有許多是「Ｕ」形的，在路邊的觀景台停車瀏覽，很少人會不發出由衷的讚美聲。

天雖密雲四合，卻有夏天風雨送爽，夏洛蒂女王灣比紐西蘭其它地方，顯得更素淡恬靜，有種看破紅塵的脫俗。一座座翠巒在水中央，波平如鏡，偶見輕舟行過，船尾激起一道弧形白浪，攪亂了這片靜水，教人心中無名地憎厭這本無過錯的輕舟，為的只是它的出現，打破了山水的寧靜境界。

其時風是柔和雨是細密的，為峽灣增添幾分空濛。在濕潤的草坪上坐看遙岑遠岫，很難相信一七七四年在這裏的青草灣，毛利人曾經吃掉了庫克船長統領下的「冒險號」的十名英國人。有位身歷其境的水手形容當時的恐怖場面，海灣邊遍地是肢解後的殘

骸，擺滿頭顱、內臟、人眼、手指與殘肢，火上還烤著人肉，遠處山頂還亮著火光與傳來毛利人的吼聲。「冒險號」船員只能將搜尋到的殘骸綑在吊床裡啟程回國。三年後庫克船長舊地重遊，儘管手下報仇心切，但他慈悲為懷，表示不會追究青草灣吃人事件，更不會報復與傷害毛利人。但在毛利人看來庫克有人有槍卻不為同胞復仇，是一種懦怯的行為。毛利武士瞧不起這種沒有精神力量的人，睥睨稱之為「陶瑞卡拉卡」（在毛利語中就是「奴隸」）。

庫克船長在毛利人與船員心目中失去了威嚴，他在日記中也流露出對毛利人看法的轉變，過去他讚揚毛利人「勇敢、高貴、開放」，現在卻尖銳地批評毛利人的殘忍難以言喻。史學家中有人把庫克這一變化，歸咎為他三度進入南太平洋後，享譽全球，又在諸島被土著奉若神明，絕對的權力導致徹底的墮落。他本人又覺得在青草灣吃人事件中遭受到欺騙與愚弄，因此性情大變，乖張暴戾，對手下與島民不再冷靜理智和友善容忍，動輒施以酷刑重罰，為日後危機埋下導火線。

在這次航行中，庫克在夏威夷被土著殺害，一個土著用英國匕首刺死了他。據記載當時也是因為庫克自己先失控，為快艇被盜的小事而大開殺戒，才招致殺身之禍。

在女王灣的和風細雨中重新咀嚼這段歷史，不能不引發人們對歷史本質與公正的思考，正如安妮‧薩爾蒙德所言：我們不能再站在殖民主義角度，去將發現南太平洋表述為歐洲人遠征探險的偉大史詩。因為這些所謂新土地，乃是原住民千百年的居所；而所謂新海洋，卻是原住人籍星宿潮汐航行來去自如的後院而已。

之所謂「新發現」，是因為原住民被錯誤地貶為野蠻人，而他們又因為樂天知命、歸真返樸，不具備影響、改變歐洲人的能力，從而失去擁有自身未來的權力。

懷著這一點歷史的沉思，穿越風雨中的夏洛蒂女王灣，沿東海岸南下，開始了為期三周的南島之旅。

Christchurch 基督城：愛芬河畔的輕歌

離開皮克頓（Picton）前夜，風雨大作，天搖地動，鬼哭神嚎，旅舍的房頂亦徹夜呻吟作響，竟夕不寐。晨起沿東岸一號國道南下基督城，途中方知昨晚——聖誕節的禮盒日，基督城再度地震。

車過倫威克（Renwick），天色已放晴，延伸到天邊綠葉青蔥的葡萄架，無邊無際，在陽光下顯得翠綠欲滴。三十五公里半徑以內就有二十五家酒莊，而整個馬爾堡有超過五十家酒莊。以致有人說在馬爾堡地區品酒，每家只喝上一小杯，都有可能醉倒而找不到回家的路。毋怪旅遊書上極力推薦騎車造訪酒莊，有公司專門經營出租自行車以及接送，萬一有觀光客貪杯連人帶車醉倒，他們會派車來把你接回去。

蒙大拿酒莊（Montana Brancott Winery）是紐國最大的葡萄酒生產商之一，那些巨大而熠熠發亮的不鏽鋼罐，遠望過去猶如充斥高科技設備太空城，與蒙大拿酒莊相比，北島的許多酒莊只是在澡盆裡釀酒而已。

這一帶的酒莊，除了佳釀，還有美食，再加上錦繡花園和藝術收藏，足已教人盤桓十天八天。只惜次行要遊遍南島，無法品酒了。

但南島東海岸國道的風景，很快就彌補了這點遺憾，多得讓你驚叫的海豹，棲息在路邊的礁石上，頭圓頸短，紡錘體型。有隻大海豹就酣睡在路旁，不時懶洋洋地翻轉滾圓的身子曬太陽，寫意地搖擺鰭狀的前肢，仿佛很清楚是在自己的地盤上，對圍觀的人不瞅不睬。我蹲在牠身旁靜靜看著，海豹突然轉過頭來，一雙黑亮的眼睛凝視著我，仿佛不滿意我打擾了牠，緩緩爬下水去，靈活地沒入海帶叢中深處。

海豹心地善良，見有動物在冰雪中凍僵，會爬過來偎抱，用自己體溫救活之。一些獵海豹者便在雪地裡躺下裝死，待海豹過來相救時突然襲擊牠。人類的殘忍，以及對其他生物善良天性的狡詐利用，有時真是令人感到羞愧而無地自容。

駛近延伸至海濱的Manakau山脈，南島山巒的莊嚴氣派，首度震撼了我。在連綿沙丘與荒涼石灘中，嵐霧未散，二千二百多米的雪峰高聳入雲，呈現出寧靜而又冷峻的灰藍，與陽光下棕色的牛群與桔紅的農舍屋頂，形成強烈對比。我很喜歡那些盤旋的山道，兩旁是金黃的野草與黑色的巨石，偶見清溪湍流在其間熠熠閃光。隨著坡度和彎道的變化，左迴右轉，上山下坡，景致奇妙地變化移動，教人目不暇給。

穿過擠滿觀鯨者的凱庫拉（Kaikoura）直下基督城（Christchurch），下榻的旅舍內門楣牆壁裂縫處處，可能是前幾次震後的遺痕，昨晚一場地震令市面顯得有點冷清。

我想起三百多年前德國青年安德里亞，他對歐洲新興資本主義帶來的社會變化與矛盾深有認知，又受文藝復興運動與人文主義清新氣息的熏染，在莫爾的《烏托邦》與康帕內拉《太陽城》的影響下，年僅三十三歲就寫出了空想社會主義的傑作《基督城》。此書不僅恰與紐西蘭基督城同名，書中對基督城的描述亦不可思議地多有相似。

方形的城區，棋盤式的街道，潔淨舒適的環境，對藝術、教育與科技的重視，書中臆造的理想之城，正呈現在我們眼前。

總有人提醒訪客這座城市是「英國之外最英國的」，但在夏日的驕陽下，與來自世界各地的遊客摩肩擦踵，幾乎在街頭巷尾都見到有人舉起相機按下快門。即便是在那些華美的古建築面前，人們也是簡單地讚美一聲便匆匆離去。要感受基督城的「最英國」當不在市中心，可往橫街僻巷行去，那些十九世紀中葉建

造的民宅、教堂與商廈維護良好，歷久如新。雖經現代商潮波湧浪淹，城區日漸時髦，但處處可見對歷史古跡文化遺產的珍惜尊重。即使在大地震中受損的老屋，有的也將震落的磚塊壁飾編號，以便日後依樣重建。

乘老式有軌電車遊基督城並不是一個好主意，在擁擠的車廂裡，如果找不到座位，不時要彎下腰來張望路旁那些宏偉的古建築，會讓人覺得頸痠背痛，其次，昂貴的票價也會令你心有不甘。

有顯眼的圓窗的大教堂，是來自牛津的早期移民的傳世傑作，在她面前的大廣場聳立著為紀念千禧年的聖杯雕塑，香港遊客比較形象地稱它為「蛋筒雪糕」。除了俊男美女，廣場的人字梯上立著一位巫師打扮的準名人，向臨時聚攏的聽眾，發表長篇大論的演說。由於他已半退休，所以在這裏想碰到這位名人要看運氣。在城裡住了數日，多次步經廣場都見到頭戴尖帽身著長袍的老人，與「魔戒」中的甘道夫極為相似，惟獨手中少了那根法力無邊的魔杖。

很佩服那些臨時聽眾的耐心，諸位搭飛機飛越大半個地球，該不是為了聽這一場冗長的演說吧?!

從廣場沿Worcester街步往博物館，必經哥德復興風格的藝術中心，名牌時裝與藝術品一齊求售，那些工藝品與擺飾的小店，擠滿了鰻魚群般的人流。其實只要再走多幾步，就見到昔日坎特伯雷學院的內庭花園，鋪砌寶藍馬賽克的水池，精心修剪的草坪一角有座愛侶題材的雕塑。

這裏有卷拱灰塑的柱廊，沿著她可以走過兩道沉重的雕花鐵門，門外地上有座世界最獨特的聖誕樹，它是二零一零年七月大地震時，從大樓上震下來的尖形塔頂，被巧思妙想地裝上燈飾變身成聖誕樹。

　　藝術中心灰褐色的石拱門裡有個隱秘的小酒吧，爬滿葡萄藤，幾組木桌椅隨意擱在外面，穿短裙的女郎斜倚著木椅背喝紅酒，腳邊還擱著黑皮的提琴匣。而在紐西蘭名人雕塑廊面前，槭樹的濃蔭下有三個毛利少女正撫琴輕唱，赤足散髮，美色天成。

　　她們與大教堂前廣場上發表高論的「巫師」恰成對照，那位的老人，不厭其煩地向過客演講，他的肥皂箱哲學雖然世故，卻太多飽經滄桑過顯沉重；而少女們甜美圓潤的歌聲，反而有著不知愁滋味遊戲人生的況味。

　　附近滿佈餐館酒吧和咖啡館 New Regen 步行街，像環球片場的佈景，兩旁是西班牙教會式的建築，外牆漆成雪白粉藍與桔黃，色彩鮮豔，線條洗練，望去猶如馬蒂斯晚年熱衷的剪貼畫，這是個很適合拍街頭照的地方。

　　一城有一城的個性，甚至可以擬人化。基督城的創建理念，基於營造一個典型的海外英格蘭社會，並且有別於骯髒混亂的殖民定居點。有則關於狄更斯作品的比喻，用作形容基督城倒也甚是貼切。詹姆斯在回憶獨步古今的英國作家狄更斯時，將狄更斯的作品形容為一座哥德式大教堂，遠看輪廓簡單，走近細看，方見千百繁複精細的圖案、怪異飾物，交織在一起，令人驚嘆創作者的確是曠世天才。

　　這座豐富與細膩的城市的誕生，歸功於一八五零年乘坐四艘大船抵達利文頓港（Lyttelton Harbour）的英國移民。我曾駕車經過一公里長穿山隧道造訪利文頓港，在旅客中心簡陋的小平房邊，立著一個樸素的牌子，上面標記著「一八五零年首批移民中的三百餘人曾宿營於此」，其餘四百人則留宿船上。

　　當時湯姆斯船長已勘察地形，規劃了從港口至基督城的道路，為了親身體驗一九六零年隧道打通之前的山路艱險，我還駕車沿山脊的公路走了一次，其崎嶇艱險，印象尤深。

依山而築的利文頓港仍完好地保持了百年前的古老風貌，在倫敦街的路邊咖啡館坐下吃一份英式早餐，見到掛蕾絲窗簾的老房子裡，走出戴裝飾著羽毛女帽的婦人，對面大戲院灰泥剝落的外牆，似乎還殘存昔日戲班的海報。你會發現身後的理髮店，黑格相間的地板上，豎著兩張懷舊電影裡才見得到的轉椅，櫥窗裡還擺滿一個半世紀以來的各款理髮推剪與刀具……我敢肯定，你會為昔日美好時光能夠倒流感極而泣。

除夕，大教堂十二口巨鐘齊鳴，午夜鐘聲響徹全城。新年第一個早晨，我走出房門，心儀已久的愛芬河近在咫尺，水邊垂柳依依，夏花繁盛。一葉平底船無聲滑過，船夫彬彬有禮掀起圓邊帽致意，船上一對中年夫婦正探身窺望迴游的綠頭鴨。篙桿攪碎愛德華風格古宅在水面的倒影，也擾亂了我在河畔的沉思。像與一位夢中情人突然不期而遇，我只聆聽追憶橋下的水聲，就憶起了畢生所經之苦難與愛情，並急切地欲向她傾訴吐露。

愛芬河，除了妳淺可見底的一泓清波，又有誰能解我心底深處這片真摯的情愛?!

別過臉去吧，莫讓人看見這灣灣熱淚奔流，因為我無法解釋，她絕非為一己承受之苦難磨折而流，而是對生命的感恩令她一發而不能收。

作者註：本文寫於二零一一年一月，其後不久即爆發大地震，文中描繪之景物種種，不少已遭摧毀，不復可見，輕歌化作悲歌也。

Banks Peninsula 班克斯半島：班克斯半島的三色旗

　　一七六八年八月，植物學家約瑟夫·班克斯登上「奮勇號」隨庫克船長遠征時，才二十五歲，庫克船長把船長室讓給班克斯作研究用，後來還將南島東部最大最美麗的半島命名為「班克斯半島」，足見班克斯對這一次探險貢獻殊異。後人還通過班克斯撰寫的遊記，比對庫克日記，發現兩人對南太島民特別是毛利人的不同看法，班克斯流露出他那種貴族對所謂「野蠻人」的傲慢與偏見，而庫克船長卻顯現出尊重土著的人道主義情懷。就此而言，將半島冠以班克斯，似乎高抬了此君，隨便給他一個海岬或小山頭命名就行了。

　　在吉比斯山口（Gebble's Pass）駐足遠望葵扇形的半島，你會驚嘆自然之力的神奇美妙，三座火山爆發後形成起伏崗巒與彎曲灣岬，百萬年後又在火山灰沃土上長出一片蔥蘢，一條又一條南北走向的山脈，如同一道又一道天成的屏障，隔斷了半島與外界的通行，使這裏別有洞天。

　　進入半島只有南緣唯一的道路，經過「小河」居民區，通往隱在群山中的阿卡羅阿港。從空中鳥瞰港口，它的形狀酷似一位扭臀起舞的毛利姑娘，法國小鎮阿卡羅阿（Akaroa）就在她翹起的臀尖上。

　　魯拉福德街上的老房子還飄著法國三色旗，建築風格跟紐西蘭其它村鎮並無差異，實乃英國建築本身受法國影響殊深，包括早期的哥特式以及十九世紀初的古典復興，都是源於歐洲的資本主義中心法國後傳至英倫三島。當然要是細看，還是能見到一些色彩明快、裝飾纖細的特點。

　　巴爾格里街上最多這種迷人的法國小屋，藏身在樹蔭與花影深處，倚著歪斜的柵欄窺望，屋舍門窗、外牆、屋頂色彩搭配相

宜，與夏花絢麗的庭園渾成一體，猶如一幅恰到好處的印象派作品，有雷諾爾的豐腴、西斯奈的清麗，雨後初霽，碧空如洗，落英紛飛，蒼苔斑駁的台階上鳥雀覓食，畫面油彩鮮豔強烈，似猶未乾，作者卻因事匆匆離去，遺下畫作遲遲未歸。

另一所法國式農舍的平房，是博物館的一部份，它是鎮上倖存下來的兩幢古宅之一，建於首批法國移民抵埠的一八四零年。農舍主人的親兄弟，就是「巴黎伯爵號」的船長朗格羅斯，他就是在英國殖民地裡建立法國殖民地的歷史締造者。

朗格羅斯船長一八三八年發現這個隱藏在崇山峻嶺深處的港灣，認為可以在此建立一個法國人的城鎮，以便來往南太平洋的捕鯨船得到補給。他付了六英鎊給當地毛利人作為買地的訂金，並約定日後再付清餘下買地款項二百三十四鎊。

朗格羅斯船長回到法國後組織了公司並成為股東之一，召集一隊六十三人的法國與德國移民家庭，為日後在阿卡羅阿建立法國殖民地作了差不多兩年的籌備。

一八四零年八月十八日，「巴黎伯爵號」載著朗格羅斯與六十三名移民抵達阿卡羅阿，才發現這裏已經飄揚著英國的米字旗，原來英國人與毛利人簽署了懷唐依條約，曾答應把地賣給法國人的兩名阿卡羅阿毛利酋長，也在條約上簽了名，並且收下了英國人贈送的煙草與毛毯。他們可能以為朗格羅斯一走兩年，也未必會重返，就沒把當年收的那六鎊訂金放在心上，所以「一女嫁二夫」把土地出手兩次，導致英國人和法國人對峙起來，令人欣慰的是沒有發生衝突，法國人終於獲准登岸定居。

朗格羅斯船長兄弟的房子在海濱，只有兩個房間，被恢復成早期首批移民家居擺設，起居室兼飯廳兩用，從狹窄的窗戶望出去是一片海景，水波不興，鷗飛魚躍，灘頭小舟無人，隨波起伏。窗前几上擺著精緻的茶具，純銀小匙在午後陽光下閃著亮

光，牆角的鋼琴蓋已掀起，樂譜鋪陳，撫琴的少女卻不見芳蹤。

這些早期歐裔移民的故居，雖然盡量營造原居地的氛圍，總難掩創業維艱的清苦與辛酸。安家在阿卡羅阿的海濱，寒夜圍爐撫琴輕唱，誦讀詩篇，聽異鄉朔風撲打窗扉，遙遠的故鄉一次又一次在夢境裡召喚遊子回歸……每念及此，就教人不由嗟嘆，初入蠻荒的墾殖歲月，也絕非如進流蜜與奶的迦南之地般理想！

把屋前花園佈置得美侖美奐而且自行享用，是法國人與英國人不同之處。傳統的英國人雖然也整理設計和照料前院，但再怎麼賞心悅目，他也只在後院活動，而法國人似乎更樂意在屋前享受戶外的陽光。朗格羅斯船長兄弟當年為什麼把長椅放在屋前望海，就變得不難理解了。

在薔薇圍繞的長椅上望海，柵欄外路人悠遊信步，我的遐思須臾飛越百年歷史時空，終於觸及朗格羅斯船長那隱秘的心弦：他之所以鍾情於眼前這微風吹皺的藍海，很可能是因為阿卡羅阿散發著地中海風情。還記得一篇寫地中海的散文裡提到：對於航海者與冒險家而言，大海便是不朽不變、永遠常在的母親。所以法國人稱海為 La mer，與母親 La mere 同一讀音。

紅白藍三色旗在風中飄揚，但它從來都不是主權的標誌，更多的時候被作為另類風情的色彩，輕抹在這個數百人口的美麗小鎮上。在旅遊旺季，當世界各地觀光客大批湧至，它又成為滿足好奇心的最佳廣告。儘管仍有人稱它為國中之國，因為阿卡羅阿迄今保存法文街名，升法國旗，還舉行紀念初履斯土的傳統儀式，戴拿破崙三角帽的法軍鳴炮慶祝，但載歌載舞的男女，只把驚起群鷗的巨響，當作節日的禮炮。

許是年代久遠了，又或者是識透歷史風塵，阿卡羅阿隱身在港灣深處與世無爭，一百多年了仍如此俏麗卻又那麼淡泊，教人愛上她只在不知不覺之中。

　　夜寒露重，南島的夏天仍有著幾分秋涼，日間人聲鼎沸的海濱一片荒寂，惟見潮汐不倦地湧來又復退，山坡上的人家都亮了燈，沿街信步，踏著月色也踏著那瀉滿一地的燈影，我聞到晚餐飄香，幻想有哪一扇窗扉，還亮著等我歸去的燈光，多想帶著我的書和畫箱入住這裏，從此在家人親友的視野中突然消失，斬斷那未了的恨愛情仇……倦了的遊人啊，你我俱是他鄉之客，匆匆來了復又離去，能悄悄推開某扇依呀作響的門扉，回夢中家園安息，實在並非逃離，而是一種解脫。

　　在這次旅途中，不斷有這種念頭，每至一地，見有小屋陋舍，遂起隱居之心，終因塵緣未了，後又作罷。惟獨在阿卡羅阿，是真真切切要留下來，不作他想。

Otago Peninsula 奧塔哥半島：雷雨中的拉納克城堡

清晨的陽光驚鴻一瞥，瞬即被席捲奧塔奇半島的雷雨遮沒。在通往山巔拉納克城堡的道路上，枝椏交錯的橚樹雖粗壯挺拔，在狂風中仍像孩子手中的糖果棒，弱不禁風地來回搖曳。多山的半島溪壑翠谷處處，斷崖峭壁世故而又冷漠地俯瞰山腳下驚濤拍岸。坡地上芊芊青草連接碧海長天，農舍屋頂的炊煙甫始升起，便沒入鉛灰色的雨霧之中，這番山野景致極似詩人彭斯筆下的蘇格蘭高地風光

在拉納克先生領地入口，有一管風笛在雨中嗚咽哀訴，迎接早上第一批訪客，城堡巍峨的身影，隱現在愛麗斯夢幻花園的綠樹叢中。這座紐西蘭唯一的城堡，嚴格說來跟菲利浦·韋布設計的哥德復興特徵的莊園大宅差不多。

為了呈現顯赫府邸的氣派，進入大門要攀登寬度不足而又過於陡峭的石階，兩旁還立著表情怪異的雄獅雕塑。很難想像拉納克家族中那些穿鯨骨撐起蛋糕裙的貴婦淑媛，是怎樣艱難地爬上石階而不失足跌倒的，因為無論怎麼看這都不是一個令人感到舒適與稱心的入口。

對於主人威廉·拉納克而言，生活這座花了十五年才蓋好的奢華城堡裡，他的家族生活未必稱心如意，否則管理處提供的指南上，就不會使用「悲劇故事」這個字眼了。可能出於厚道，指南中並沒有提及拉納克家庭悲劇的任何事實。

但凡深宅大院必多詭秘之事，因為巨大的財富與眾多的成員，積澱著乖戾個性怪癖奇好的夢魅，滋生陰謀與愛情，隱藏著謀殺、禁錮、亂倫的秘密，甚至有鬼魂出沒。在拉納克城堡陰暗的甬道裡，走進一個閃着藍光的房間，見到拉納克夫人的婚紗，蕾絲裝飾裙襬與領子袖口，腰身極細，竟可盈握，想像得出這位

美人的身材有多頎長苗條。整個房間雖然擺滿貴婦的霓裳，但始終陰氣森森，教人未敢久留。

拉納克娶的第一位夫人伊麗莎，帶來自己繼承的一筆遺產作嫁妝。三十八歲因中風猝死於自己的房間裡，她生前與拉納克共枕纏綿的那張用考裏木雕裝飾的大床，至今還擺放在這裏，門後懸掛著巨幅中國刺繡，用黃綠等素色繡出飛舞群鶴，手工精妙，當年由中國流入蘇格蘭，後為紐西蘭殖民者購得。

在伊麗莎與拉納克寢室的大窗裡，可以俯瞰愛麗絲花園盛開的杜鵑花，聆聽松濤鳥音，伊麗莎育有兒女六人，其中一個兒子長大後竟成了毀滅拉納克城堡的罪魁。

拉納克建造城堡，就是為了取悅伊麗莎這位美麗而極富有的法國女郎的，而建堡費用委實不菲，難免要動用伊麗莎的嫁妝，嚴格說來，拉納克也只是「借花獻佛」而已。

我不喜歡用「豪華」形容城堡，它並非金雕玉砌，只是出奇地精緻，亦甚典雅，嚴格說來匠氣太重。一方天花上的木雕，須由三個工匠花三年半時間刻成。旋扶樓梯彎曲的把手，要從整塊考裏木裡一刀一刀削出來。製作噴水池與浴缸的大理石來自意大利，瓷磚在英國燒製，玻璃來自威尼斯，就連地板上的每根鐵釘，概用手工一絲不苟打造。

拉納克和他三任夫人，經年搜羅許多能工巧匠製作的傢俱，有用一株紐西蘭特塔爾樹的木頭做出來的全套九件傢俱，也有從澳洲運來以暗榫與螺絲連接的胡桃木傢俱，還有用布勒木鑲以黃銅與龜甲的法國傢俱。在大廳、閱覽室、會客室裡四壁掛有油畫、浮雕，它們與城堡和花園一起，如壁爐中的餘燼，散發出十九世紀的紐西蘭那個時代的光輝，雖已黯淡，但仍閃著不滅之光。

我最喜歡駐足淺綠色調的會客室，細賞未完成的女紅，那細小的繡花針隨意插在布邊，仿佛伊人倦了，正斜倚榻上捧讀小

書。屋內擺飾和堡中所見的一樣均甚古樸，毫無珠光寶氣的鄙俗，線條簡潔，色調素淡清雅，彰顯主人的鑑賞力與審美觀。

連同婦人專用的會客室一起供遊人參觀的，還有書房、餐廳、主臥室與嬰兒房，而四十多個房間中的大部份是不開放的。

這些無聲的舊物，因了被百年前古人用過的緣故，總教人浮想翩翩追憶堡中的往昔奢華，徒羨俊男美女富足優雅的夢幻人生。推開厚重的木門，在宿草盈阡的園中低迴，風笛聲仍在悲鳴，拉納克堡為雨霧所掩，只現出高高的塔影。它後面庭院深深的另一部，卻無法見著。從緊鋼的鐵柵後窺望，灰褐色的奧瑪魯石築起層層厚牆，扇扇門窗緊閉，上面攀著許多茂密而詭秘的藤蔓，更多的秘史是否藏在了厚牆的後面?!

後人只知道，富甲一方縱橫政壇的拉納克，曾先後娶自己同母異父的兩位姐妹為妻，其中一位竟與拉納克同前妻伊麗莎所生的兒子相愛。兄妹母子亂倫的悲劇，一次又一次在堡中那些幽閉的密室裡發生，拉納克終於發狂，在國會樓上自殺以作了斷。

拉納克的子女出售了拉納克堡，傢俱等一應物品均分開拍賣，這座紐西蘭唯一的城堡從此多次轉手，除了在一戰時期供傷殘士兵療養居住，二戰時期還充當兵營，應了大廳地板上白色馬賽克鑲嵌的「兵營」（The Camp）的讖語。供紳士淑女作樂的舞廳，是拉納克贈與愛女凱迪的二十一歲生日禮物，也曾被用作羊廄。直至富有而極具仁心的巴拉克家族後人在一九六七年買下破舊的城堡，使之恢復原貌並對公眾開放，拉納克堡才終於有了一個真心珍愛它的主人，不再忍受凄風苦雨摧折殘破。

信步許願井之側，四周無人，只見如鏡清水，反照出一兩張半落而未到地的枯葉，夏的青蔥卻濃濃而化不開眷戀在四周。再望去那翼然聳出林表的拉納克堡，從它的盛衰枯榮，忽然生出了好些感慨，個人也罷，家族也罷，無論曾幾顯赫，極盛之際便

是衰微伊始，天地間本無常青之樹，人世裡亦難見亙古如一的榮光。說起來極顯淺的道理，世人卻偏偏不明不白，所以要貪婪擷取，所以要爾虞我詐，皆因我們從不點算自己已經擁有，只是一昧不滿足自己尚未佔有。毋論滿足與否，你我都終會與古堡中人一樣殊途同歸，把在生的野心欲望帶到來世去再一次企求永遠滿足不了的滿足。

離去時仍沿著松林夾道原路駛出，又一陣雷雨驟至，回望身後古堡已全然看不見，來自天外的電光閃過之後，驚聞響雷，窗外的世界早已一片白茫。

Dunedin 但尼丁：錯覺已身置天堂

　　但尼丁八角廣場邊，羅伯特・彭斯雕像上有隻白色的燕鷗駐足，雨絲中詩人凝神沉思，一手掌心向上，另一手優雅地下垂，似在歌吟，又似正在構思詩句，神情安詳而孤傲。紐西蘭其他城鎮並不多見銅像，尤其是詩人作家的雕塑更加少見，但尼丁市民為這位蘇格蘭民族詩人立像，想必是當年至此拓荒殖民者中蘇格蘭人佔多。

　　在該城盤桓數日間，從下榻處的 High 街一間裝修得過於冷冰的旅舍裡，可以望見許多蘇格蘭風格的老房子，看上去多少都有牆厚門高足以禦風寒的感覺。有些已從民居變身為商廈，間隔分成店鋪。柱廊雕飾依舊，窗前花壇一片色彩的喧囂。古風十足的招牌，懸在帶花紋的鑄鐵橫桿上，在夏末已顯涼意的晨風中，晃來晃去。馬克・吐溫形容但尼丁美得令人「錯覺已身置天堂」，可能正是因城區濃郁的愛丁堡風情有感而發。

　　儘管已近正午，城中街道人車並不見多，許多商店還未開門，八角廣場倒很熱鬧，剛到了一車遊客，下車後四散拍照，導遊不耐煩地頻頻看表。我想這便是自己從不參加旅行團的原因所在，與其忙作一團行色匆匆，不如逍遙自在即興漫遊。

　　剛來兩日便喜歡上廣場邊一間日本小店，東家是位容貌極似前首相小泉的日本男子，勤快麻利且廚藝高超。在和風十足的店中享用一客鰻魚飯，喝盅清酒，待蛙妻雙頰已泛春天櫻花的嫣紅，便帶著恰到好處的飽感與醉意，開始城中漫步，實有飄飄欲仙的感覺。足下稍微有點不穩地沿著斯圖亞特大街直行，就見到世上最美的火車站。有著法蘭德斯文藝復興的經典風格，精雕細琢，繁複堆砌，灰白相間磚瓦的外牆，遠望近看都像一隻糖霜奶油大蛋糕。

　　有個女孩四肢叉開平臥在車站大堂的地面上，她的男伴正在二樓取景俯拍。耐心地等她擺夠了並不雅觀的姿勢離去，才欣賞到皇家道爾頓燒制的磁磚火車拼圖。從大堂天花閃光的浮雕，手工細膩的灰塑，還有硬木雕成的弧形樓梯扶手，一些建築的細節，更能令人想像這裏曾經顯赫一時的昔日榮華。

　　十九世紀下半葉但尼丁人因金礦而富貴，諸業俱興，淘金客湧入，從這個火車站出發往各礦場尋找黃金。奧塔哥一帶白人淘金客未幾就轉往西陸（Westland）。一八六六年二月，十二名華人乘船從澳洲初抵但尼丁，大批華人陸續到來。他們當然無緣進入這個富麗堂皇的車站乘坐火車，只能肩扛行李步行前往礦區，遠者直達箭鎮。雨雪交加中跋涉二三百裡泥濘小路，須時月餘方能到達。途中飢寒哀號，病弱者相互攙扶，即使到了目的地，亦不成人形奄奄一息矣。

　　記得有位洋婦曾在參觀淘金遺址時感嘆：「那時候華人苦，歐洲人也苦，大家都苦。」細想她的話不是沒有道理，十九世紀那些歐裔移民又有哪個不是滿懷希望登上航船，為了在新大陸尋找土地與財富，忍受船艙擁擠不堪、空氣渾濁，在風暴惡浪中用祈禱減輕恐懼。

　　人們登岸後住在窩棚裡，用馬約卡樹葉製茶，射鳥、熏魚、採集野果充饑。除了種植、放牧和伐木，歐裔移民淘金者亦生活悲慘，挨凍受餓，有時要步行二十公里才能砍到僅夠繞開一壺水的木柴。一八六三年，曾發生過五百餘名礦工被大雪困於高山的慘案，許多年後仍可在該處發現白骨。（詳見楊培淋、何悅譯、茱迪斯等著《新西蘭的故事》一書）

　　華洋淘金歷史今仍保存完好，華人曾一度遭受歧視、排斥，交納過人頭稅，各地的博物館仍以尊重事實為準繩，竭力保存遺物舊址，著史者亦不諱言當年殖民者排華劣跡，二零零三年海

倫‧克拉克政府就「人頭稅」問題正式向華人社區道歉，並作出賠償。多年前的這一段不幸歷史，由於紐西蘭政府已將此作為「國家罪錯」正式道歉，在華社接受了道歉與賠償之後，此案當被視為已作了斷，只可作為種族歧視必遭唾棄的前車之鑒被記取，而不應被利用來算舊帳的藉口。

邊想邊步入月臺，只見空無一人，偌大車站宛若鬼魅世界令人傷感。不過從站中仍有火車發出，載著興奮的觀光客駛往一處名叫「天堂山」的地方（Pukerangi），從這裏還可乘車前往瑪可雷斯（Macraes Flat），該地有紐西蘭最大的金礦，當然也留下過先僑最多的足跡。

奧塔哥火車站和八角廣場一樣，形同但尼丁的臉面，無論如何裝扮修飾，終難掩曾經富貴過的凋零。要很細心去體味，才能發現她竭力保持的矜持與尊榮底下，不經意沾染的銅臭。

在經歷了短暫的奢華之後，但尼丁如今只剩下觀光與教育兩大財源。奧塔哥大學兩萬多學生成了主要消費者，一遇假期，便人去城空。為了招徠觀光客，奧塔哥半島一家旅遊公司不惜以組合照片作指南封面，宣傳一程可同時見到海豹、海獅、信天翁和黃眼企鵝四種珍稀禽獸。信以為真的我當即購票，結果見到的卻是比海豹、海獅、信天翁和黃眼企鵝多幾倍的遊客，而導遊仍然神秘兮兮的一次又一次叮囑我們躡足前行，不要打擾那些根本不存在珍稀禽獸。一路上且行且停，上車下車，導遊只是滔滔言說各種動物之習性，各位遊客亦乖乖如小學生洗耳恭聽，最終在一處狹小的洞穴裡，總算見到了我花七十五紐幣要看的黃眼企鵝，僅此一隻，而且還在打瞌睡。

導遊激動地撲過來握住我因心疼七十五元而有點發涼的手，熱烈祝賀我實在太走運了：「你終於見到了！」我只好苦笑著回謝他。在崎嶇山道上往返顛簸了三小時，此刻我只想回到日本小

店去，喝點什麼慰藉一下自己受傷的心靈，然後再去彭斯的雕像下靜坐片刻。我不想因為這件小事，損害對但尼丁的印象。

在蛙妻慫恿下，慕名去了「斜街」——鮑爾溫街（Baldwin Street），此街長達兩百多米，非常陡峭，被吉尼斯紀錄列為世界最陡的住宅區街道，斜度達十九度。很多車子在嘗試如何衝上坡頂，再得意洋洋地俯衝而下。到了七月的「吉百利巧克力嘉年華」，就會有人從斜街坡頂傾下數萬顆巧克力豆（Jaffa），進行一次被稱為「甜蜜賽跑」的巧克力豆大比拼，場面頗為有趣與壯觀，據說去年滾得最快的巧克力豆，從斜街高處滾到低處只用了不到二十秒。

吉百利巧克力工場、教堂、啤酒廠、中國花園還有植物園，因缺乏遊興，全都過門不入。「名勝」往往並非我旅行必看的目標。關於一些景點的歷史背景與軼聞，資料上都有，誰感興趣自己去查就是了，有時未必須要再在自己的遊記中舊話重提。

還是認同蔡瀾「要在名勝中生活」那句話。

所謂生活，就是「清心寡欲」，打消遊盡所有景點的好勝心，放下買便宜名牌貨紀念品的購物慾；所謂生活，就是有幸到一城一地，與其擠到名勝去留影，不如用手摸摸百年老樹，鋪一塊布在草地上野餐。

所謂生活，就是做一個普通的路人，在陌生的街巷逡巡，做一個好奇的行者，在新鮮的山林湖泊信步，讓你與這從來沒有到過地方，從此有了微妙的心靈溝通情感交流，以致過了許多年之後，還會像夢見舊情人一般夢見她，這才算是真正地到過這地方。

在造訪了奧塔哥半島的拉納克古堡後，曾把車停在百丈峭壁邊上欣賞山色海景，傾聽深沉濤音如戰鼓擂響，遠眺那綠茵遍佈的山地，長年承接天風海雨的滋潤，長成碧草連天。陽光在翻滾的雲海後面乍暗還明，不時把裂痕斧鑿的崖岸照射得通亮，顯現那些深不可測的山澗陰影處，有銀瀑飛濺直落千尺。

　　薄霧飄來，山影隱現，天昏地黑，這霧卻淡出有喜，濃出悲外，一朝散盡，又是驕陽高照，逸致清麗，山明水秀。這豈是在煙火風塵的人間?!雲濃雨烈，愛恨交纏間，可有那懾人心魄的高地之魂，歷歷游蕩在這沉寒濕鬱的山石草坡之間，直入是夜我的夢境。

　　有個傲峙山嶺之顛的男子，向我唸出如下詩句：

　　　　這裏不是家
　　　　你卻是生長根莖的影子
　　　　習慣把自己養在金黃的夢裏
　　　　……

　　他就是彭斯！
　　夢裡問他：知音遍世，閣下何須獨立蒼茫?!
　　詩人卻似塑就的銅像，默然不語。

Te Anau 蒂阿瑙—Milford Sound 米佛遜灣：
奇峰飛瀑一峽灣

　　向不習慣那種來去匆匆的旅行方式，「下車照像，上車睡覺，停車小便」，除了得著一個「累」字，回家後向人言「某地也去曾一遊」之外，別無所獲。因為紐西蘭南島景致極，自己又心儀久已，仿佛是要會一位素未謀面的佳人，始終期許初次的相會，難得的「第一次」，能發生在恰當的時候，畢生難忘。此次南來，預留了差不多一個月光景，不急不趕，只一路悠閒遊去。

　　在蒂阿瑙（Te Anau）兩日，首日只在湖邊餵海鳥與水鴨，充份恢復體力。湖畔小鎮平淡無奇，只是旅店甚多，鎮民千餘，遊客卻往往超過三千，除了附近的螢火蟲洞可供一遊，在鎮上留宿者都以米佛遜灣為目的地。

　　深達四百多米的蒂阿瑙湖也是冰河移動時，巨大的自然力量挖鑿出來的，景色雖美，但從南島的頂端南下，見過了瑰麗耀眼的蒂卡普湖與瓦卡蒂普湖，珠玉在前，再看蒂阿瑙湖就感覺平平了。

　　傍晚時分，去了蒂阿瑙以南的瑪那普利湖（Lake of Manapouri），一湖綠得如翡翠的水邊隱現著小小的珍珠港，搭乘港中渡輪，可至威爾莫特通道（Wilmot Pass），這裏有個深達地下一百八十米的水電站，山那邊是迷宮式的道特富爾峽灣（Doubtful Sound），青山翠巒間人跡罕至，可惜此無暇一遊。

　　幾乎所有旅遊資料都反覆提醒，自蒂阿瑙去米佛遜灣路程雖不到一百二十公里，但由於值得下車一遊之處實在太多，預留再多的時間也不會令人覺得後悔。途中沒有加油站，出發前往油箱裡注滿了汽油，絕對是必要的。

　　因為對峽灣奇景神往已久，晨起出發前往時，心裡很有了些朝聖的感覺。把車子開上米佛遜灣公路，沿蒂阿瑙湖畔向西行

駛，公路兩側皆是農場的青綠草坡，卻不見鄉村人家，若不是仍有著密密的羊群吃草，恍惚間還以為那只是荒原而非牧場。

走完這段稍嫌枯燥近乎平淡路程，駛入國家公園入口處，路旁突然出現茂密的山毛櫸林，透過叢林濃蔭，可以窺見一片又一片草色金黃的沖積平原。但跟前方的壯觀如巨幅油畫的艾格林頓山谷（Eglinton Valley）相比，公園入口只是小小一張淡彩速寫而已。

進入千米峰巒高聳環繞的艾格林頓山谷，遼闊的金色平川撲面相迎，宛如一座藍天為頂、高山作壁、草原鋪地的殿堂，儘管有人在這裏大興土木，調來各式機械，鋪設一條如此漂亮平整的公路，還劃上精緻的界線，但這惟一顯示工業文明力量的標誌，仍然被永恆而莊嚴的荒蕪寂靜所湮沒，立於平川之上，仰望彌高，除卻融化的冰川雪水潺潺流淌於足下，只覺得耳膜有股無形的壓力在律動，仿佛有位沉睡巨人在深深呼吸。

我幻想自己所立之處，百萬年前也曾經覆蓋千米厚冰，高可及雲，年復一年，冰河緩緩推進，雖然日移數吋，然所經之處，摧枯拉朽，岩石化為霽粉，地表也被挖鑿，深為湖泊，淺為平川。能親睹造物神工，除卻驚嘆，亦只能默禱無言。

在經過南阿爾卑斯山分水嶺時，生平頭一次目睹植被的明顯變化，仿佛有魔棒點化草木變色，適應寒帶的歐洲山毛櫸林突然變成了冷溫帶雨林，拜塔斯曼海的潮濕西風帶來年平均七公尺的豐沛雨量所賜，這一帶的草木生機特別蓬勃盎然，公路仿佛化為一條由錦葵科長綠樹木和晚櫻科植物構成的綠色隧道。

同美不勝收的綠色隧道相比，荷馬隧道（Homer Tunnel）就顯得愈加簡陋與陰暗。這條從堅硬如鐵的花崗岩中開鑿的隧道，從東向西作十度傾斜穿山而過，長達一千二百七十米。上一世紀三十年代經濟蕭條時期，政府為提供急需就業機會，規劃了這項

工程，前後總共化了近三十年才完成。我很詫異至今無人提起是誰決策開鑿隧道的，因為沒有這條隧道，米佛遜灣將因層巒險阻而永隔人世，更不會列為世界八大奇景之一。

經過黑暗中向下滑行的駕車驚險，一出隧道西口，雄偉的克雷道大峽谷豁然躍現，長年被雪水侵蝕得裂痕斑斑的花崗岩，帶來一種壓迫感，由此至米佛遜灣不遠矣。

迷宮似的十四條峽灣，港汊逶迤，峰巒疊起，巨石嵯峨，崖壑幽深，山險林密。有兩百多座島嶼，三百多個湖泊，十二道冰川，一千五百米以上高山三百餘座，瀑布數以千計。仿佛諸神為自己營造的秘密花園，加封了永隔塵緣的咒語，隱身在雪峰冰川後面，拒人於閫限之外，自成天地。秘密花園草萊未闢，不可嚮邇，從未有人一窺真貌。

立在徐徐駛入米佛遜灣的遊輪船首，已覺此刻擅入聖地，亙古不變的寧靜之中，只見一座座突起石峰，壁立水涯，下有綠樹，頂有白雪。峭壁上銀瀑飛瀉千尺而下，陽光從雲端間隙中直射下來，照出嶙峋巨石玲瓏剔透一面，亦映出峽灣碧水盈盈。要用人類蒼白貧乏的語言去形容描繪神祇花園，簡直是一種褻瀆。

甲板上的人全都靜默，有的人眼睛裡含著淚水，我心亦感一陣刺痛，就像在洗禮之後不僅神清氣爽，還突然很有了一些眷戀生命的感覺！

遊輪行行停停，不覺已駛出峽灣，船首劈開洶湧的波濤，如果再往東駛去，就可經過一道道峽灣到達黯淡灣，一七七三年庫克船長就在此下錨，整修「奮勇號」。船長寄泊峽灣離去後不久，兩族毛利人曾發生血戰，哈威一族叛變，暗殺酋長後逃至蒂阿瑙湖，對方追殺到湖濱，雙方惡鬥死傷慘重，哈威族一半被殲，另一半逃走，從此遁入峽灣地區，失去蹤影。直至殖民時

期，還有人在這一帶山林中，屢次發現神秘人出沒，哈威族人是否仍在別有洞天的峽灣存在，迄今還是一個謎。

船掉頭了，此時與蛙妻有了片刻的爭執，她非要說這才是秘密花園的入口，而我則堅持這是出口。但毋論出口還是入口，都不重要，重要的是一個古老的毛利傳說，証實了我的神之花園設想並非空穴來風。

毛利人一直肯定有位慈悲的神靈為了造福世人，打算改造這片土地，他掄起石斧劈崖開川，從南島底端開始，因為斧法未精，砍出了許多島嶼。待一直砍到北島，斧法已經得心應手，造出港灣又窄又深，可作漁場又可成為獨木舟的避風港。

那位童心未泯的神靈，正是在施展鬼斧神工塑造灣內山水之後，從這裏出去濯足洗手的。

甚至可以想像出，他坐臥其間，頭枕雪峰、足浸海水熟睡至今的神態。我倆都壓低了嗓門，只對著掠過的青山流水絮語，惟恐驚擾了神靈的清夢。

儘管景色四時更新別不相同，人類並沒有在這裏居住，也許包括庫克船長、蕭伯納、殖民者與毛利土著還有我們，過去、現在與將來都只是峽灣的過客，人們所夢想的並非在此長駐，只為尋找前往神奇新世界的通道。雪峰腳下，遠聞林鳥啼鳴，近見海豹翔游，你會覺得自己只是在湖山如畫間望風懷想，匆匆追趕白雲的過客。

調皮的船長把船開到了史特林瀑布（Sterling Falls）跟前，眾人衣褲均被濺濕，卻仍歡笑相迎那冰峰之水從天而降。

南島，我們終於在這神祇花園與妳相會，親睹了妳的絕色！

Lake of Tekapu 蒂卡帕湖：近天之山

不知是誰匠心獨具地在「好牧羊人」教堂臨湖的石壁上，開了一扇窗，它如同長方形的畫框，框住了蒂卡帕湖（Lake of Tekapu），以及倒映在粉藍色湖水裡的南阿爾卑斯山脈群峰。即便是到了夏季，灰褐色的石巒頂部，仍可見皚皚白雪。強烈的陽光下，湖山俱寂，雪峰嵯峨，倒影如鏡，宛如奧林匹亞諸神的盛會，似乎是為了讓他們的爭論穿透古今，思考明澄透徹，輕風吹散了天幕上最後一抹浮雲。

靜坐在窄小陰暗的教堂裡，默然望著這一幅色彩明豔、攝人魂魄的傑作，窗沿立著的十字架仿佛提醒我，別忘了感謝上蒼，是造物主的神來之筆，揮就眼前的人間仙境。

湖畔這座小教堂與附近的牧羊犬雕像，經常擠滿呆頭呆腦的遊客，他們從旅遊巴士裡鑽出來，大呼小叫奔跑著趨前拍照留念，手腳俐索的還爬上石座騎在狗背上。為逃離人聲喧囂，我獨自步往湖畔小丘，從彼處俯瞰景致絕佳，一幢黑石教堂立在無邊黃草叢中，湖水像碩大無朋的粉藍桌布，一直鋪到天邊的遠山腳下。

湖泊常被文人騷客稱讚為「大地之明眸」，在她雙目顧盼下，我佇立良久，不敢移步，只怕這天人合一的感動捨我而去，不能永駐心間。

從小鎮特威澤爾（Twizel）出發，沿著與蒂卡帕湖平行的普卡契湖（Lake of Pukaki）上庫克山，湖濱公路長達近六十公里，左側是巍巍雪山，右邊是粉藍的湖水。

居住在溫哥華的旅遊作家科莉娜，曾詩意地稱兩湖為「藍色摯愛」，這摯愛應該是出自造物主的鬼斧神工。

一萬七千年前，六百米厚的塔斯曼冰河向南移動中，以無比強大的浸蝕力一邊穿過地表，同時挖出湖的凹地，岩石摩擦形成

極細小的顆粒，冰河融化成水再積澱成湖，這些石粉有的懸浮水中，有的沉積湖底，在陽光下反射出耀眼奇彩，這就是蒂卡帕湖與普卡契湖，得「藍色摯愛」美名的由來。

沿南阿爾卑斯山脈分佈著的大小湖泊，多是冰河沿峽谷移動時形成的，所以皆成狹長帶狀，其中如瓦卡蒂普湖就長達八十多公里。冰河形成得自冬季降雪超過夏季融雪積雪受壓變成冰，經年累月增大的壓力和密度，堅冰變為水成「岩」。很難想像那數百米厚的巨大冰河是怎樣流動的，但理論上只要厚度超過三十至五十米的冰塊，都可以像柔軟物質一樣流動。冰河深處結晶的冰一旦到達壓力融點，並受重力影響，便會沿每個冰結晶體的滑動面移動。

這一條固體的河流移動很慢，每天只有幾十公分，但日久見功，一路上將兩側和谷底的岩土，小若碎石，大如房屋的巨石，統統挖起帶走，移動中底部磨擦銼刮地表，將峽谷加深擴闊。冰河融化後，就留下一片漂磧亂礫，甚是荒涼怪異。

在庫克山村聽到一個壞消息，一個月前預訂的塔斯曼冰河遊因氣候欠佳取消了，懊悔之餘，我們很快就為坐上大鬍子威廉的八輪越野車感到興奮。在黑色的亂石間奔馳時，童心未泯的威廉一邊追逐野兔，一邊告訴我們，這裏在萬年之前全是冰河。冒著風雨爬上石山，見到了一片灰白的塔斯曼冰河，我為它的平庸無奇失望，卻為三千七百五十五米的庫克峰而傾心。

她的山頂隱沒在繚繞的雲霧後面，銀鍊般的雪山飛瀑水花四濺。鋸齒利牙狀的山峰，絲毫不像是地殼劇變擠壓出來，而是亙古早已有之。

到了這座被毛利人膜拜為「穿雲之山」的面前，突然覺得神清氣朗，視風雨若無物，就地擇一大石坐定，想起尼采在《不合時代的沉思中》裡那一番感嘆：「爬到一個哲學家能爬到的高

度，爬入阿爾卑斯山純淨凜冽的空氣中；在那兒，所有的迷霧和朦朧都將消失，只有事物的根本結構以一種粗糙、嚴峻卻清楚得躲也躲不掉的聲音對你訴說！」

一百三十年前，迷戀高山的尼采，隱居在瑞士的西爾斯‧馬利亞山村，從租住的木造農舍的小房間裡，推窗可見松林與群山，在高山清新的空氣裡，他寫出了《善惡的彼岸》等傳世之作，悟出了追求圓融人生時，快樂與痛苦緊密相連的真理。

多少年來，人們都在探索對於承受無法避免的，如何學會承受；竭力去尋求生命裡積極與消極要素、圓滿與困頓之間相互依存的關係所在。我們不能不敬佩那些思想家所達到的高度，也不得不承認，在他們早已抵達離天很近的地方時，我們才剛剛腳步蹣跚地開始攀爬。

一路行來，實有太多的苦楚悲痛如影相隨，所到之處卻皆如仙境般柔美，帶淚的歡笑，令我迷惘，也引我沉思。恰應了哲人尼采那句預言：「所謂的快樂就是愉悅和痛苦的缺乏，所謂的不快樂就是痛苦與愉悅的缺乏。」

初探雲遮霧罩的庫克山，是文學的想像與哲學的迷思，多於直觀的欣賞。若是風和日麗，這裏一些通往山中的小徑，很適合孤獨漫步者在行走中遐想。從這裏可望見像月球表面一般荒涼的峽谷，聽得見雪水咆哮湍流。庫克峰在碧空下偶露崢嶸，近天之山冰雪千年，亙久不變，不比那人間四季總有嬗連，草木常見枯榮。

Mt. Cook 庫克山：雕自大地之山

上南島庫克山者，有見其峰也峻，其冰亦潔，無不嘖嘖讚嘆。除了以「雄壯宏偉」等乾癟俗句形容之，實缺乏足夠以及貼切的詞藻描繪。年前進山遇急風驟雨，只在酒店避雨時隔窗望着希拉裡雕像，不獨原先預訂冰河遊取消，就連庫克國家公園諸峰的真容亦未能一睹。

此行二次進山，時來運到，天無片雲，日照山野。推開住處的窗扉，庫克主峰以及她四周的 Mt. Seftin、Mt. Footstool、Mt. La Perouse 及 Mt. Hicks 諸峯，仿佛迎面逼來，伴着冷冽的寒風湧進屋中，以致滿室山色，遍地雪影。

進此山遊覽有三種方式：一是攀登，二是健行，三是觀星。在山上第一夜觀星已畢，次日早起後至胡克谷步道（Hooker Valley track）起點開始遠足。因為不打算走完往返四小時的全程，故僅攜一瓶礦泉水便向胡克山谷進發。足下的雪塔塞克禾草，柔軟而有彈性，如一張廣袤的金毯，鋪陳谷中。碎石小徑略嫌狹窄，僅可容兩人擦身而過，草叢中黑石處處，但百尋不見山中特產的巨百合，據說此花只在春夏之際盛開。爾今已近孟秋，谷中山裡只見萋萋黃草，極難見葉綠花紅。庫克山植物品種與顏色的變化，其實屬於植被垂直帶的變化，細觀草木便可知自己所處的海拔高度。

進入庫克山時森林茂密、綠草如茵，海拔僅在一千三百米以下。駕車繼續攀升，即見金黃色的雪塔塞克禾草由路邊一直長到天際，標示着高度已接近一千九百米。再往上就寸草不生，只見黑白分明的冰雪岩石了。而胡克步道大約是處在海拔一千多米左右的高度，空氣並不並稀薄但極清新，吸進肺腑如注入千年雪水般潔純清冷。因為寒冷，我疾步而行，全程只遇到的三兩個健行者，都掛着像機，手拄拐杖。其中有位蓄鬚長者，骨格清健，坐

於黑石之上紋絲不動觀賞山景，一派逍遙自在的世外高人風範。我這才曉得這種千米高山的行走，是會令人著迷的，原因可能就是純潔的大氣可以洗滌心靈的穢濁。

踏上胡克河吊橋，融自冰川的藍綠色雪水以令人炫目的速度、宛如雷霆的轟響穿過橋下奔出峽谷。穆勒冰川就在眼前不到五、六百米處，近年氣候轉暖冰川融化，谷中已形成穆勒冰湖，且水色呈現一種特異的銀灰色。因為受地殼運動與冰川侵蝕的影響，四周的冰峯似乎都是拔地而起，雖說不上壁立，却極為陡峭，其上覆蓋着數百米厚的冰層，可以見到一道道晶瑩透涼的冰瀑，宛如着了魔法凝固了的飛瀑流泉，懸掛在亘古不變的峰巒之間。

在吊橋邊覓得一塊巨石，攀上去坐着觀景，只記起五百年前米開朗基羅應教皇尤利烏斯二世之請至羅馬為其造像。米開羅朗其羅登臨卡拉雷山巔突發奇想，想把整座山從大地雕刻起來，成為一座在地中海都可望到的巨大無比的石像。

屹立大地高及雲端的庫克山諸峯，憑著她令人窒息的壯美，足可被視為米開朗基羅曾經夢想完成的巨像，只是這雕自大地之山，是神來手筆遺落人間罷了。

登臨冰河雪峰令人神清氣朗，突然有了一種飄若輕鴻的感覺，竟自覺可以無翼而高飛。在天之高處縱覽古今，如米開朗基羅這般的文藝巨匠，曾經矗立於文藝復興時代那樣的崇高山峰，為我們這個星球最聰明的物種——人類，在歷史的無限青天中，留下過最險峻偉岸的側影。但是自此以後呢，世界的地平線上就再也不曾出現過更高更峻的側影了！

在通往幽谷深處的崎嶇小路上，未再向前而是折返，這裏還有另一道吊橋跨過咆哮的胡克河，遠處有更壯觀的胡克冰川，還有被稱為「終極之處」的藍色冰湖。我將她留作下次再來才去尋訪的聖地。

　　恰如羅曼‧羅蘭所言：「我不說普通人類都能在高峰上生存。但一年一度他們應上去頂禮。在這裏，他們可以變換一下肺中的呼吸，與脈管中的血流。在這裏，他們將感到更迫近永恆。以後，他們再回到人生的廣原，心中就會充滿日常戰鬥的勇氣。」

　　庫克雪峯山影，漸被從塔斯曼海吹來的雨霧掩，雕自大地的她真是地母昭示莊嚴神威的象徵。

Queenstown 皇后鎮：膝上明珠皇后鎮

南阿爾卑斯山脈從南島中部向南伸延，以最高峰庫克山為中心，由二十二座冰峰組成雪嶺連天的壯麗美景。眾山圍繞庫克峰，高度都在二千餘米左右，猶如群臣俯首，眾星拱月。唯獨三千零二十七米的阿斯匹靈峰，在山脈南端昂著高貴的頭，挑戰庫克山擎天絕頂的權威。它腳下側臥著一位屈膝的美女，那就是瓦卡蒂普湖（Lake of Wakatipu），而皇后鎮（Queenstown）正是美女膝上的一顆明珠。

這個長達八十多公里的湖泊，唯有從高空俯瞰方可一窺全貌。所以很難理解，千百年來光著腳板身披斗篷的毛利人，是怎樣如此準確而又形象地，描述出瓦卡蒂普湖的形狀來的。

同其它湖濱小鎮相比，皇后鎮有著一種中年婦人獨具的成熟風韻，為著她倒映水中的倩影迷人如許，瓦卡蒂普湖仿佛亦在為之心動，每三十分鐘湖水都會升起復又降落，落差達十二到二十公分。卓越山（The Remarkable）冰峰聳立湖畔，拂曉時分推窗遠望，第一縷陽光剛照亮她雪雪一色的峰頂，卓越山就如一位初醒的新娘，浸浴瓦卡蒂普湖中，重重霧靄像未除下的婚紗為她遮羞，這可能是皇后鎮湖光山色最美的瞬間，只可惜此刻人人都在酣睡。

赤足信步湖濱，綠水清可見底，湖中卵石花紋歷歷可見，「湖上淑女」號的水輪上棲宿著夜鳥，我貪婪地吸著冰冷的空氣，它是如此新鮮純淨，甚至可以嗅出雪山的氣息、森林草木的清香。

一條很普通的狗沿著湖邊蹓躂到我跟前，討好地搖著尾巴，似乎在問我：「以前怎麼沒見過你？」它隨我走了一段路，便快步跑向一個看起來像它主人的健行者，頭也不回地走遠了。環顧湖

邊，起早的行人多是本地人，晨曦裡打招呼聊天，惟我是來自北島的過客，難怪連那小狗也好奇地跑過來看我。

我喜愛旅行，用心靈去觸碰自然，除了異地的旖旎風光能讓我狂喜驚詫，這裏的人與事包括已逝的歷史，也令我感興趣。可惜鎮中算得上有歷史價值的建築並不多了，其中威廉農舍與聖彼得教堂碩果僅存，擠身賭場與珠寶店之間顯得有點格格不入。為應大批觀光客湧至的需要，許許多多設計得光怪陸離的商業樓宇、酒店不斷湧現，參差不齊地爭相建在臨湖的狹長地帶上，遠遠望去這些房子只可稱為皇后鎮一「醜」而非一「景」。

從每天上午開始，如蟻的觀光客擠滿了碼頭、商店，湖面上大小快艇穿梭往返，除了滑水和跳傘，還有噴氣船在玩一些旋轉三百六十度的瘋狂遊戲，乘客的尖叫響徹雲霄，驚飛了一湖的水鴨。皇后鎮瓦卡蒂普湖一帶迅速而過度的現代化，尤其是允許驚險遊戲業者在湖區經營，破壞了凡湖區均必不可少的寧靜與安謐，也擾了訪客的清興。

有尋古探幽情趣的人，都喜歡到附近的箭鎮去，這裏狹窄的馬路兩旁，完整保存了許多維多利亞木頭房子，可能是整修得過於光鮮，略嫌做作，望去有如舞臺佈景。入秋後銀杏泛黃、楓葉染紅，樹影落在一幢幢漆成雪白或是米色的小屋上，也悄悄橫過落英繽紛的德芬大街。清風徐來時，樹影斑斑，款款搖曳，甚是耐看。這條極美的路盡頭，清晰可聞箭河潺潺水聲，穿過參差不齊的樹林便是另一個曾經充滿貧寒悲苦的世界，它被稱為「中國村」。

十九世紀中葉，差不多兩千華人在此淘金。低矮而簡陋的房子，還有依山而築的窩棚，有的僅可容一人半臥。很難想像這些在廢礦上淘金的先僑，是怎樣熬過那漫漫苦工歲月的，他們之中

只有很少數人如願衣錦還鄉，大部份人連同發跡的夢、思鄉的苦埋骨於此，荒塚難尋。

　　回想自己去國彈指三十載，浪跡天涯，雲遊南太平洋諸島，所到之處接觸僑史，探訪前輩，無論文字記載抑或是口耳相傳，概可有先人足跡可尋。莫說我等僥倖成功，得獲枝棲，但許多新移民仍在兩種文化之間進退兩難，實際上從未離開過狹隘的精神樊籠，我們的自錮封閉形同與這些華工同居陋室，彼此的思想與見地又何曾超越過那矮小的屋頂？

　　有位叫蘇珊妮的女作家曾說過：有些人應該生在另一個世紀。我想自己便是這樣的人。我生來便與時代格格不入，厭惡所謂新世紀的誇誇其談，那些大話不值一哂。我煩透了自命淵博的學人，只說著些半通不通的理論騙人騙已。

　　要是我可以選擇，寧願去做那華登湖畔一哲人，像梭羅那樣不理潮流，鄙視膺偽，只執著堅持個人價值，堅定地生活，簡樸刻苦地生活。

　　重返瓦卡蒂普湖畔，遊人嬉戲的鬧劇還未謝幕，我知道此非吾家，亦不願久留，遂啟程去蒂阿瑙鎮。但待去遠了，再回望那膝上的明珠，皇后鎮又回復了美色天成的魅力，那與天地同壽的壯麗山脈與廣袤湖泊，永遠不會在意人類掀起的小小喧囂。

　　只須心中有湖，則處處「華登」！

　　一如愛默生在哀悼梭羅哲人其萎時所言：「有知識的地方，有德行的地方，有美的地方，那就是他的家。」

　　個人亦然，有書的地方，有風景的地方，有思想和創作自由的地方，便是吾家。

Arrow Town 箭鎮：箭鎮的「秋天節」

　　打電話到箭鎮白金漢大道的一間農舍訂房，主人回絕我：「很抱歉！本店包括全鎮的房間都訂滿了！」即便隔着千里都聽得出說此話之人內心的那份滿滿自得。鎮上爆滿是因為舉行「秋天節」，每年的四月下旬，鎮民都會傾盡想像力與幽默感，製作無數造型奇特又滑稽的稻草人，立在門邊坐於桌旁，這些沒有生命的玩偶雖是啞然卻似在哂笑，它們在秋熟捍衛果實不被鳥獸啄食，與孩兒稚夢、古老童話一起，被視為農家的伙伴，家庭的一員。

　　在鎮中一處角落有株葉正金黃的槭樹，樹下一椅橫陳，上面半臥着「胖姑娘」稻草人，落葉覆蓋在她身上，滿街人流只顧着分享喜慶，沒有人駐足停留，令這小小一角反呈現幾分悲涼，見「胖姑娘」顯得如許孤單寂寞，忍不住趨前伴她同坐。她雖為人形穿衣着裙，却了無生命，但我回首一望，却被胖姑娘臉上詭異笑容嚇了一跳，細看才發現這是有人用畫筆隨意在布面上一勾，無意中描出似笑非笑的微妙笑靨。

　　箭鎮保留着大量古老的木屋石廈，可能是翻新粉飾的過度，讓人覺得多少顯得有點做作。兩旁精品店林立的白金漢大道，在她的盡頭變身為鎮上最美最優雅的林蔭路。葉色金黃的參天大樹，如紳士無言佇立兩側，似在迎候姍姍而來的盛裝淑女。踏著落葉信步其間，一幢幢小巧的維多利亞木屋，漆成各種和諧悅目的淺灰、象牙白與奶油色，屋頂多為深黑淺藍，還矗立着紅磚砌就的煙囱。屋與屋之間的窄巷，有的僅容一人通過，也別具匠心地覆以白玫瑰編成的拱頂，低矮僅可及腰的木柵欄上，搖搖欲墜懸掛着使用百年的信箱。信箱邊靠着老舊的自行車，車頭籃子裡擺滿摘自後院的鮮花。

　　走過這些老房子，可以窺見某一扇窗扉裡面壁爐的火光，

櫥櫃裡手繪的瓷盤，桌上佈滿銅綠的燭臺，旁邊還有一本翻開未及閣上的書。明知偷窺不禮貌，還是忍不住駐足。時光在這裡並沒有倒流，但亦未急急前趨，只如屋後箭河靜水流深，緩了半世紀，慢了五十年。

這林蔭道與古屋，必得與秋林盡染的背景一起來品賞，近山綴滿金黃艷紅淺綠的林木，五色雜陳，深淺有別，粗看一片斑駁燦爛，細觀株株不同，參差有致。到了此鎮，方知南島孟秋之美非在丹楓而是黃葉也。

這黃，非早春的鵝黃，一如閃爍的金，但又鬆化柔和。仿佛拭淨了的平原遠山染成金黃一色，與燦然蔚藍的九霄迥成強烈對比，又暈化融合。

這黃，成熟中稍帶羞澀，無處不在誘惑你，即使在山之一隅，路之一側，也會驀地躍現三五秋樹，讓你驚喜尖叫一番。據說有人秋遊南島把嗓子都叫啞了，以我親身體驗，此說絕非誇大其詞。

小鎮為秋天辦一個節慶很有深意，除了讓發燒友有機會把古董車車開到大街上遊行，招徠遊客吃喝玩樂購物忙，還能喚起大家共賞稍縱即逝的秋色。

我看黃葉縱然苦戀着枝梢不忍飄落，然而陣陣秋風終還是拂來將她帶了去，零落飄轉空中淒美一舞，最後回歸大地。她昭示人之生死與萬物榮枯一般有序，不盡是醜陋的腐爛代表了難以逃避的死亡。南島秋色，能讓人誦起大地之詩，唱起生命之歌。

黃昏時分，欲在Pesto嘗嘗意大利燉飯，居然亦是客滿。悵然折返箭河邊上，還見一家老小蹲在水邊作「淘金」遊戲，不遠處盡染金黃的密林裡，隱現着華人淘金遺址「阿林士多」的黑色屋頂，自從去年來過，這次就不想入內再看。除了心酸還覺得這裏有點陰森。

　　街頭音樂會已經開始，有女歌手唱出普契尼的「我親愛的父親」，夜色中漫山黃葉漸呈暗黑，惟歌聲在燈火通明的小鎮上空飛揚，山風帶來寒氣砭骨的冷，我蹲縮着身子坐在教堂邊的長凳上，堅持聽畢雋永一曲，厚可沒踝的落葉，不安地發出夢囈般的輕響。

　　今夜是不能在鎮裡宿下了，駕車離去途中又見晝間窺望的那扇窗扉，此刻它映照出爐火正紅，屋內流瀉出蒼黃溫暖的燈光，投射在空寂無人的林蔭道上，燈光啊，燈光！妳可曾照亮過一個孤獨靈魂的歸家之路?!

Glenochy 格倫諾奇：來到天堂的入口

　　瓦卡蒂普湖總長幾近八十公里，皇后鎮恰好在湖的中段，去年來南島，從庫克山下來經康沃爾、箭鎮進入皇后鎮，離開時沿湖畔公路向東南往蒂阿瑙去米佛遜灣。唯獨略去瓦卡蒂普湖西北那一部景色未及瀏覽，這其中的遺憾，此行總算一得彌償。

　　離開皇后鎮湖畔那一溜俗不可耐的酒店，道路沿湖逐漸攀升，右側為山，左側是湖，瓦卡蒂普湖面顯得開闊，倒映出南阿爾卑斯山脈鋸齒形的雪峰身影。因為人煙稀少，四周又是盡染秋黃的湖光山色，內心泛起一種遠離塵囂漸入蠻荒的寂寥。

　　許是受緯度的影響，路邊的山只見稀疏而低矮的灌木林與黃草，此地冬雪逾尺且土壤貧瘠，不宜農牧。車子就在大片的黃草山坡與藍水湖濱之間穿行，除了三兩幢精緻的渡假屋不時隱現，也有意志頑強的拓荒者，在很少有的平地上開闢農場，白色房舍外由牆根堆至屋簷高的木柴，告訴人們這裏的冬季有多嚴酷。雖時值暮秋，蒼苔累累的屋頂上，紅磚煙囪已冒出青烟裊裊，看來農家中人早已不耐衾寒要生火取暖了。

　　究竟穿過幾多奇山懸谷，已經記不清了，印象猶深的是一處豪華渡假農莊，從大門駛入至莊園古宅要十多分鐘，驚鴻一瞥得見林中有明鏡似的小湖，環水佇立許多秋樹，株株盡是丹楓黃葉，水中倒影清晰無比。此湖不遠處另有一湖，其間有一清溪相連，水聲潺潺，溪中卵石間還見數尾游魚。沿著枯葉滿地的林蔭路走了幾十步，就驚起樹間鳥兒「撲簌」一聲飛出。

　　四周景致因了秋葉斑駁的緣故，色極濃艷，但又襯托着大片的嫩綠鵝黃，將畫面調子化作柔和，甚至受厚厚雲層折射天光的影響，稍帶一抹響亮的銀灰。人一生中能遭逢此情此景的機緣並不多，即使日後再來，一樣的地方也未盡然再有一樣的心境、

一樣的光線、一樣的草木、一樣的湖水。念及於此，不由傷感莫名，久久留連，不忍離去。

不知甚麼緣故，淚水也湧了出來，想到美妙瞬間往往能成永恆，化為一生中不滅的柔情堅貞。塵俗功利是非的糾結，就顯得如此齷齪下作，不值也不可取。想到自己活著還能欣賞、體驗與察知，特別是尚在堅守真我，就再一次回到這小湖邊上，重新立下今生決不違棄的誓言：愛美求真！

離開兩湖之際，忽聞林間鳥音，有山風吹來，拂落幾多戀枝的秋葉，那明鏡似的湖面，也被吹皺泛起萬千銀波，有一線陽光穿越雲層照射下來，如舞臺追燈把秋林照得遍紅似火又一派金黃。

不能再留在這裏駐足細看了，再看必會心醉也心碎，我把離去前的這一刻，當作美人給我的臨別秋波，種種讚美期許與不捨，盡在只能意會不得言傳的目光流盼之中了。

進入一點也不像城鎮的格倫諾奇（Glenochy），除了棋盤形的街道，極少店鋪，望去有如工礦的宿舍區。唯獨湖畔殘存一幢磚紅色的貨倉以及帶棧橋的碼頭，還使人懷想常年移民通過瓦卡蒂普湖在此地與皇后鎮之間以船代步的歷史。寬闊而深邃的湖面至此變得狹窄，淺灘乍現，化為一道道河溪，其中達特河（Dart River）可通噴射快艇。從格倫諾奇再往北十五公里便到了一處名為「天堂」的地方，險峻的里斯山谷（Rees Valley）在這裏稍微展現了一下阿斯匹林國家公園的野性之美。由於不少著名的遠足步道的起點在此，世界各國步行者均將這裏視為「步行者的天堂」，並因此而設有許多探險公司的運營總部，而格倫諾奇也就理所當然被稱作「天堂的入口」。

享受都市精緻細膩生活過於長久，早就對粗獷豪放的荒林山野心嚮往之。進入那神祕誘人、雲霧繚繞的高山密林，夜宿簡陋但設備齊全的小木屋（Hut），在千米峯頂觀星看日出，讓自己的

神思馳騁於群峯之巔，視線遠及地之盡頭天之邊際。若再在高山松枝點燃的篝火上，煎熟一份醃肉香腸早餐，來作繼續前行的伊始，那就真是行者的天堂，不可不入了。

釀旅人05　PE0045

 毛利土地上的萊茵河
　　——帶你深度遊覽紐西蘭

作　　　者	南太井蛙
攝　　　影	周永傑
責任編輯	廖妘甄
圖文排版	賴英珍、楊家齊
封面設計	秦禎翊

出版策劃	釀出版
製作發行	秀威資訊科技股份有限公司
	114 台北市內湖區瑞光路76巷65號1樓
	電話：+886-2-2796-3638　傳真：+886-2-2796-1377
	服務信箱：service@showwe.com.tw
	http://www.showwe.com.tw
郵政劃撥	19563868　戶名：秀威資訊科技股份有限公司
展售門市	國家書店【松江門市】
	104 台北市中山區松江路209號1樓
	電話：+886-2-2518-0207　傳真：+886-2-2518-0778
網路訂購	秀威網路書店：http://www.bodbooks.com.tw
	國家網路書店：http://www.govbooks.com.tw
法律顧問	毛國樑　律師
總 經 銷	聯合發行股份有限公司
	231新北市新店區寶橋路235巷6弄6號4F
	電話：+886-2-2917-8022　傳真：+886-2-2915-6275

出版日期	2013年5月　BOD一版
定　　　價	400元

國家圖書館出版品預行編目

毛利土地上的萊茵河：帶你深度遊覽紐西蘭 / 南太井蛙著.
-- 一版. -- 臺北市：釀出版, 2013.05
　　面；　公分
　BOD版
　ISBN　978-986-5871-31-4(平裝)

　1. 遊記　2. 紐西蘭

772.9　　　　　　　　　　　　　102004768

讀者回函卡

感謝您購買本書，為提升服務品質，請填妥以下資料，將讀者回函卡直接寄回或傳真本公司，收到您的寶貴意見後，我們會收藏記錄及檢討，謝謝！
如您需要了解本公司最新出版書目、購書優惠或企劃活動，歡迎您上網查詢或下載相關資料：http:// www.showwe.com.tw

您購買的書名：＿＿＿＿＿＿＿＿＿＿＿＿＿＿＿＿＿＿＿＿＿＿＿＿＿

出生日期：＿＿＿＿＿年＿＿＿＿＿月＿＿＿＿＿日

學歷：□高中 (含) 以下　　□大專　　□研究所 (含) 以上

職業：□製造業　□金融業　□資訊業　□軍警　□傳播業　□自由業
　　　□服務業　□公務員　□教職　　□學生　□家管　　□其它＿＿＿

購書地點：□網路書店　□實體書店　□書展　□郵購　□贈閱　□其他

您從何得知本書的消息？
　　□網路書店　□實體書店　□網路搜尋　□電子報　□書訊　□雜誌
　　□傳播媒體　□親友推薦　□網站推薦　□部落格　□其他＿＿＿＿＿

您對本書的評價：（請填代號　1.非常滿意　2.滿意　3.尚可　4.再改進）
　　封面設計＿＿＿　版面編排＿＿＿　內容＿＿＿　文／譯筆＿＿＿　價格＿＿＿

讀完書後您覺得：
　　□很有收穫　□有收穫　□收穫不多　□沒收穫

對我們的建議：＿＿＿＿＿＿＿＿＿＿＿＿＿＿＿＿＿＿＿＿＿＿＿＿＿

＿＿＿＿＿＿＿＿＿＿＿＿＿＿＿＿＿＿＿＿＿＿＿＿＿＿＿＿＿＿＿＿＿

＿＿＿＿＿＿＿＿＿＿＿＿＿＿＿＿＿＿＿＿＿＿＿＿＿＿＿＿＿＿＿＿＿

＿＿＿＿＿＿＿＿＿＿＿＿＿＿＿＿＿＿＿＿＿＿＿＿＿＿＿＿＿＿＿＿＿

11466
台北市內湖區瑞光路 76 巷 65 號 1 樓

秀威資訊科技股份有限公司　　　收

BOD 數位出版事業部

....

（請沿線對折寄回，謝謝！）

姓　　名：＿＿＿＿＿＿＿＿　年齡：＿＿＿＿　性別：□女　□男

郵遞區號：□□□□□

地　　址：＿＿＿＿＿＿＿＿＿＿＿＿＿＿＿＿＿＿＿＿＿

聯絡電話：(日) ＿＿＿＿＿＿＿＿＿　(夜) ＿＿＿＿＿＿＿＿＿

E-mail：＿＿＿＿＿＿＿＿＿＿＿＿＿＿＿＿＿＿＿＿＿